Institute for the Application Chinese Minority Languages and Characters
Minzu University of China

Applied Linguistics of Minority

民族语言文字应用研究

戴庆厦　曲木铁西　主　编

闻静　副主编

第二辑

《民族语言文字应用研究》编委会
中国民族语言文字应用研究院

民族出版社

图书在版编目（CIP）数据

民族语言文字应用研究 . 第二辑 / 戴庆厦，曲木铁西主编 . — 北京：民族出版社，2021.12

ISBN 978-7-105-16593-3

Ⅰ. ①民… Ⅱ. ①戴… ②曲… Ⅲ. ①民族语—研究—中国 Ⅳ. ① H2

中国版本图书馆 CIP 数据核字（2021）第 281343 号

民族语言文字应用研究：第二辑

责任编辑：向征
封面设计：金晔
出版发行：民族出版社
地　　址：北京市东城区和平里北街 14 号
邮　　编：100013
电　　话：010-64228001（汉文编辑二室）
　　　　　010-64224782（发行部）
网　　址：http://www.mzpub.com
印　　刷：北京中石油彩色印刷有限责任公司
经　　销：各地新华书店
版　　次：2022 年 1 月第 1 版　2022 年 1 月北京第 1 次印刷
开　　本：787 毫米 × 1092 毫米　1/16
字　　数：280 千字
印　　张：14.25
定　　价：90.00 元
书　　号：ISBN 978-7-105-16593-3/H · 1188（汉 402）

前　言

为顺应新时代我国语言研究方法创新的需要，本辑《民族语言文字应用研究》将重点关注分析性语言方法论的研究。分析性语言研究法是近年来语言学界新出现的一种针对我国分析性语言特点的语言研究方法。世界语言类型的复杂性、多样性，决定了语言研究的方法也应该是多视角、多元化的。对于不同类型的语言，应在努力发掘语言事实的基础上，采用不同的、具有针对性的研究视角及方法，才有可能从语言类型实际出发，科学地解释语言事实的实际真相。

我国境内语言，究竟有哪些特有的语言现象及演变规律，对于这些现象应如何发掘提取、如何进行描写分析和解释，这些都需要从我国的语言实际出发，跳出以往的研究范式，以语言事实为依据，提出适合研究对象的观点或方法。我国近百年的语言研究事实证明，唯有立足本土语言的优势，才是发展我国语言学的必由之路。

我国的汉藏语系语言，以分析型为主，是分析型语言研究的巨大“宝藏”。用“分析型的研究眼光”来探索我国的语言资源，能发现一些使用一般性研究方法所看不到的现象和规律。语言作为民族传统优秀文化的重要组成部分，加快构建针对我国本土语言研究的方法论，无疑是学界保持文化定力、提升文化自信、形成中国学术精神的内在要求。因此，充分挖掘我国汉藏语独特的研究价值，用独立的眼光来观察、审视汉藏语的个性特征，在世界语言研究中彰显我国语言研究的特色和魅力，成为新时代语言研究者所肩负的历史使命。

本辑《民族语言文字应用研究》主要集中于我国境内汉藏语系语言类型特征的研究。在宏观层面，既包括分析型语言研究方法的构建、研究角度的选取及具体的操作方法，也有对个体语言整体分析性特征的探究，还有对语言的分析性层次及语言类型转换的讨论。在微观层面，涉及对分析型语言特有的句法结构形式（四音格词、述补结构等）、句尾词、结构助词、双音节化、重叠的分析型功能特点等具体的语法现象的分析、解释等。

目　录

论分析性语言研究法的构建／戴庆厦 …………………………………… 1

羌语的空间范畴／黄成龙 …………………………………… 18

分析性视角下的工具状语句法类型
——以藏缅语为例／闻　静 …………………………………… 47

彝语义诺话的交互范畴／曲木铁西 …………………………………… 67

$kun^{51}tai^{51}$ 词义考
——从语言文献田野调查说起／戴红亮　玉腊光罕 …………………………………… 85

壮语词语 $ta\eta^{2}$ 的语法化分析／黄平文 …………………………………… 92

论碧约哈尼语分析性类型属性／经典 …………………………………… 103

山苏彝语的分析性特点／袁梦 …………………………………… 116

梁子寨阿卡话反响型名量词及其衰退／赵勇 …………………………………… 128

垤玛哈尼语宾谓同形短语的特征及其形成条件／戴庆厦　李浩 …………………………………… 140

布兴语分析性特点探析／杨志喆　杨晓平 …………………………………… 153

瑞丽傣语 ju^{21} 的语法化／伦静 …………………………………… 164

分析性视角下古寨壮语前缀的类型特点及产生机制／蓝盛 …………………………………… 175

论浪速语重叠手段的分析性属性／闻静 …………………………………… 187

德昂语是分析性为主的语言
——以梁方言风吹坡话为例／杨晓平　杨志喆 …… 201

汉语寻甸方言横山话“讲”的多功能性及语法化／胡淇研 …… 214

论分析性语言研究法的构建

戴庆厦

我国有丰富的语言资源，不同的语言存在不同的类型，既有共性又有个性，呈现出丰富复杂又有规律的语言类型的演变链。立足本土语言优势，是发展语言学的必由之路。本文主要以作者多年来汉藏语研究的经验、教训为依据，分四个方面论述构建分析性语言方法论的重要性和必要性。

一、语言研究要有语言类型学眼光

世界的语言多种多样，类型不一，要科学地、深入地揭示语言的真相，必须要有适合具体语言特点的理论和方法，必须解决使用什么眼光的方法论问题。这里所说的"眼光"，就是观察、研究语言的角度和方法，"类型学眼光"，就是区分语言的不同的类型，发掘语言的特点、规律，而不是笼统地使用一般的语言研究方法研究语言。眼光对了，容易贴近语言实际，能够发掘出新的语言现象；眼光不对，研究就不会到位，势必出现"张冠李戴""削足适履"的偏差。所以，如何根据语言的具体特点构建不同的方法，是语言研究的一个重要方法论问题。

语言是分类型的，但语言类型可以从不同的角度做不同的分类。如：按语序的异同可以分为 OV 型、VO 型，按声调的有无可以分为声调型和无声调型，按语言功能的强弱可以分为强功能型和弱功能型，等等。但语言研究的实践证明，最常用的、对语言现象最有解释力的，是按语法特征把语言分为分析型（孤立型）、黏着型、屈折型、多式综合型等类型。分析型语言是世界语言中使用人口较多的一类语言，它有自身的、不同于非分析性语言的特点和规律。

在亚洲地区，使用分析性语言的人口最多，分布最广。我国有 130 多种语言，其中属于分析型的语言数量最多。据《中国的语言》一书统计，在所收录的 128 种语言中，分析性语言有 89 种，占语言总数的 69.5%，非分析性语言有 39 种，占语言总数的 30.5%。在分析性语言内部，还存在各种不同的层次。我国蕴藏着无比丰富的研究分析性语言的资源，是分析性语言占优势的国家。在泰国、缅甸、老挝、越南、尼泊尔等国，使用的语言大多也是分析性语言。①

分析型语言具有单音节性、缺少形态变化、语序固定、虚词发达、韵律丰富等特点，它不同于形态丰富的印欧语系，也不同于词缀丰富的阿尔泰语系。② 比如，属于形态丰富的印欧语，具有多音节性、形态变化丰富、语序不甚固定、虚词不甚发达等特点。语言类型的特点，规定其结构特点和演变特点。

做语言研究的，在研究中必然都会存在一个用什么方法的问题。"有的放矢"，使用适合语言特点的方法研究该语言，才能更有效地揭示语言的内在规律。这应该是语言研究必须坚持和倡导的一个原则。为什么这么说呢？

一般说来，人们研究语言使用的方法，不外乎来自两个方面，有的是从书本上或老师那里学习来的，有的是自己在研究实践中逐渐摸索出来的。但不管是通过什么途径获得的，都存在一个是否切合语言实际的问题。由于各人所学到的知识来源不同，自身母语的特点不同，势必影响其观察语言的视角，即出现研究方法与所要研究的语言并不对路。客观的事实是，从书本上或老师那里学到的知识和方法，有的适合自己所研究的语言，有的可能不完全适合；个人的母语特点，以及由母语特点形成的观察语言现象的方法，有的与所研究的语言可能相同或接近，有的会差异很大。所以，语言研究者如果不能切实地把握或调整语言眼光，就会不自觉地、程度不同地带着自己固有的眼光去对待所研究的语言。比如：以印欧语为母语或学习印欧语的，容易用印欧语的眼光来看待汉语；以汉语为母语或研究汉语的，容易过多地用汉语的眼光来评判非汉语。

这就存在一个如何摆脱固有的和不符合语言实际的眼光、找对符合语言实际的眼光的方法论问题。眼光对了，容易认清语言的真相；否则就看不清语言的真面目。所以，无论是从语言类型的角度，还是从重视本土语言的角度，都必须重视分析性方法论的研究和应用。怎样针对我国的语言实际，揭示分析性语言特征的各种表现及其演变，并构建适合分析性语言特点的方法论，是我国语言学建设的一大任务。

① 孙宏开、胡增益、黄行：《中国的语言》，1 ~ 5 页，北京，商务印书馆，2007。

② 戴庆厦、闻静：《论"分析性语言"研究眼光》，载《云南师范大学学报》（哲学社会科学版），2017，49（5），1 ~ 8 页。

二、用“分析性眼光”研究汉藏语是有效的

通过对汉藏语研究经验、教训的反思，我深深地体会到使用分析性眼光有助于发现汉藏语的特点和规律，有助于发现和解释汉藏语的语言演变规律。

（一）有助于发现汉藏语的特点和规律

汉藏语形成的各种特点和规律，与其分析性类型的特点紧密相关。所以，从分析性类型的角度来研究语言，能够更好地觉察、发现、解释语言现象。下面举些例子来说明。

例一：如何认识景颇语句尾词的属性

研究景颇语时，我发现景颇语有丰富的、不同于亲属语言的句尾词（因位于句子的末尾而得名，也称“语尾助词”）。景颇语的句尾词不仅数量多，约有 320 多个，而且其功能丰富复杂，能表示谓语的人称、数、方向、体、式等语法意义。它虽属于虚词类，但有丰富的包括变音和加词缀的形态变化。① 如：句尾词 n^{31}ŋai^{33} 表示句子的主语是第一人称单数，叙述式；n^{31}tai^{33} 表示句子的主语是第二人称单数，叙述式；ai^{33} 表示主语是第三人称单数，叙述式；sai^{33} 表示主语是第三人称单数，叙述式；kăʔ^{31} 表示主语是第一人称复数，一般命令式；să^{55}kaʔ^{55} 表示主语是第一人称复数，强调命令式；lit^{31}ni^{51} 表示主语是第二人称领属式，疑问式；luʔ^{31}ni^{51} 表示主语是第三人称领属式，疑问式。这种语法现象在亲属语言里少有，成为景颇语的一个独特的语法现象。怎么认识句尾词的属性及其类型学特征，是景颇语语法研究中的一个重要的难题。开始时我是按传统的方法做概念梳理、分类、功能分析，并进而探讨其历史的演变，虽然取得了不少新认识，但总觉得还不到位。后来，我用分析性属性的眼光来分析，发现了它在类型演变中的重要地位，觉得对景颇语句尾词属性的认识清楚多了。

景颇语在语言类型上，属于带有显著形态特征的分析性语言。而作为景颇语词类之一的句尾词，属于带有显著形态特点的虚词类。句尾词这一属性，正是景颇语类型演变阶段的特征反映之一，与藏缅语形态演变的走向相一致。藏缅语语法历史演变的研究已经形成了这样一个认识：古代藏缅语的动词有丰富的后缀，用来表示谓语的人称、数、语气等语法意义，后来向分析性方向演变，出现了后缀逐渐脱落的趋势。但

① 戴庆厦：《语言转型与词类变化：以景颇语句尾词衰变趋势为例》，载《民族语文》，2019（1），3 ~ 10 页。

不同语言由于演变的速度不同，出现了不同的层次，这在现代藏缅语里都有反映。如：形态转型较弱语言，还保留较多的词缀，如嘉绒语、羌语、普米语等；分析性属性较强的语言，词缀已基本消失，表示人称、数的功能转由词汇手段担任，如彝语支的彝语、哈尼语、拉祜语等。景颇语处于二者之间，后缀与动词分离变为虚词，但形态特点在虚词上仍有遗存，使虚词带有形态变化。通过分析性眼光的观察，能够看到景颇语句尾词之所以出现如此复杂的特点，是语言类型演化的结果，不是偶然的，其各种特征的存在都能得到语言类型演化的合理解释。

例二：彝缅语的“来、去”为什么有复杂的用法

彝缅语的“来、去”使用频率高，而且有丰富的特点，其产生和演化与语言的类型有关。我曾与李泽然合写了一篇名为《哈尼语的“来、去”》的论文，系统分析了哈尼语“来、去”的语法、语义、语音的特点。[①] 在语义特征上，“来、去”的起始义因地势的高低、河流的上下而区分。如：la^{55}、la^{33} “来”、li^{33} “去”，表示“由下方向上”；j$\underline{i}$^{33} “来”、ji^{55} “去”，表示“由上方向下方”。上下方的概念还能类推到表示自然现象、喜怒哀乐的发生和变化的不同意义上。“来、去”还能与其他动词组合，构成多种类型的谓语结构和连动结构，还能借助语音的变化和语法化手段，表示各种不同的动词语义。

哈尼语的“来、去”为什么会有如此复杂的变化？如果使用分析性的眼光就能得到令人可以接受的解释。哈尼语是一种强分析性语言，单音节性是一个突出的特点，由于音节少影响表义的功能，就必须寻找别的语法手段来扩大表义功能，而通过单音节的组合和单音节的语音变化，能够扩大语义功能。在“来、去”上采取变换语音或构词的手段，大大地弥补了单音节动词表义功能的不足。

例三：怎样认识藏缅语语言的隐性语义实化

所谓“隐性语义实化”，是指常用词中有些词单独没有意义或意义不明确，但进入特定的构式结构中，由于受到上下文的制约发生实化，浮现出所需要的实在语义。“语义实化”，是用有限的形式表达更多的意义。这是单音节性的分析型语言为了扩大表义功能而采取的一种语言表达手段。

比如，景颇语的动词中有一类泛指动词，具有泛指义，同一个词能表达多种相关的语义。但单独出现时，语义是模糊的、不确定的，而在具体的句式中能够根据上下文的条件浮现出具体的语义。如泛指动词 ti^{33} 的用法：

1. joŋ^{31}khʒut^{31} k$\underline{a}$u^{55} sai^{33},　khum^{31} ti^{33}　uʔ^{31}!
   都　洗　掉　（句尾）别　（泛 - 洗）（句尾）
   都洗掉了，你别洗了！

① 戴庆厦、李泽然：《哈尼语的“来、去”》，载《民族语文》，2000（5），26 ~ 34 页。

2. kă^{31}lo^{33} ŋut^{55} sai^{33}, khum^{31} ti^{33} uʔ^{31}!
做 完 （句尾）别 （泛 - 做）（句尾）
做完了，你别做了！

例 1、2 的 ti^{33}，单独出现时意义都不清楚，但在句中有了实义，例 1 是“洗”，例 2 是“做”。

又如“宾谓同形”式，藏缅语许多语言如普米语、傈僳语、载瓦语等，都有这种句法模式。所谓“宾谓同形”，是指谓语使用宾语的形式，构成宾谓同形的结构。从语义上看，谓语单个出现时没有明确的意义，只有隐性意义，但在宾谓短语模式中能根据宾语的意义浮出具体的显性意义。这种结构，是分析性语言扩大语义能力的一种能产的句法模式。如垤玛哈尼语的 pɯ^{55}（脓）pɯ^{55}（谓 - 长）“长脓”，ɣ^{31}tshɔŋ^{31}（帽子）tshɔŋ^{31}（谓 - 戴）“戴帽子”；载瓦语的 pan^{31}pɔ^{55}（花）pɔ^{55}（谓 - 开）“开花”；景颇语的 tiŋ^{31}je^{55}（地）je^{55}（谓 - 扫）“扫地”。即便是近代的外来借词，也能与固有词一样组成宾谓同形短语。如 thu^{31}xɔ^{55}（图画）xɔ^{55}（谓 - 画）“画画”（借汉语）。景颇语的 ʃe^{33}（社）ʃe^{33}（谓 - 办）办社（借汉语）。

藏缅语的不同语言，宾谓同形结构出现的频率受分析性强弱的制约。一般是，分析性强的语言如哈尼语、载瓦语等语言，宾谓同形结构比较发达，出现数量多；而屈折、黏着比较丰富的语言如羌语、普米语等语言，宾谓同形结构不太发达，出现数量少，景颇语介于二者之间。这说明，宾谓同形结构隐性语义实化的强弱受分析性类型强弱的制约，成正比状态。

“隐性意义实化”，是分析性语言依靠构式内力增强表达能力的一种手段。分析性语言，由于缺乏形态变化，加上单音节性，音节少，要表达更多的语义就需要从自身特点中挖掘潜力，利用现有条件扩大表义功能，而采用隐性意义实化则是一种最为简便而又符合分析性特点的手段。所以，许多分析性语言都程度不同地采用这一手段来增强表义功能。可见，用分析性眼光能发现、解释新的语言现象。

（二）有助于发现、解释汉藏语的历史演变

汉藏语中，除了汉语、藏语、泰语、缅甸语等语言有历史较长的古文字外，大多数语言没有古文字，所以探求汉藏语的历史演变主要靠语言比较。而语言类型比较的眼光，有助于发现、梳理、验证语言演变规律。下面举些例子：

例一：如何在类型比较中发现景颇语使动范畴的类型学特点

使动范畴是景颇语的一个重要特点，其现状及历史演变涉及语法、语音、语义三者相互制约的关系。早期对其特点的认识，主要是对共时特点的梳理和分类，

并对其功能做分析。比如，看到景颇语表示使动的有加前缀的形式和加虚化动词 ʃă^{31}ŋun^{55} “使” 的形式，还有少量音变式。这是认识景颇语使动范畴必要的一步，是基础的一步。① 随着视野的扩大，特别是有了类型学的视野后，对使动范畴的认识深入了，从表面的形式看到它内在的属性，从单一语言的特点进而看到它在语言演变中的地位。

通过亲属语言比较，我们看到景颇语的使动范畴与亲属语言有共同来源，其差异是由于演变的不平衡性形成的。我们再用分析性眼光进行分析，进而发现景颇语使动范畴的演化经历了从黏着屈折性向分析性演变的过程。其具体表现是：变音形式大量消失，加前缀式成为主要的形式，但随之而来的是加虚化动词 ʃă^{31}ŋun^{55} 的形式。这一形式属于分析式特征，与加前缀式并存并用，但在功能上存在差异。前缀式的功能有限，只能加在单音节动词之前，而不能加在双音节动词和一个半音节动词之前；而分析式则能加在单音节、一个半音节、双音节的动词之前。例如：

变音式：pjaʔ^{55} 垮，phjaʔ^{55} 使垮；ʒoŋ^{33} 在，ʒoŋ^{55} 关（使在）

加缀式：ʃă^{31} tsa̱p^{55} 使站，ʃă^{31} ka̱ʔ^{31} 使裂，tʃă^{31} phai^{33} 使抬
（缀）站　（缀）裂　（缀）抬

分析式：tsa̱p^{55} ʃă^{31}ŋun^{55} 使站，kă^{31}lo^{33} ʃă^{31}ŋun^{55} 使做
站　使　做　使

并用式：ʃă^{31} tʃu̱t^{55} ʃă^{31}ŋun^{55} 使追，ʃă^{31} jup^{55} ʃă^{31}ŋun^{55} 使睡
（缀）追　使　（缀）睡　使

这几种形式的共存，反映了景颇语使动范畴类型的演变。但不同形式出现频率不同，功能有差异，反映出其类型演变的层次。不同形式共同存在于使动范畴的系统里，既有互补又有竞争，推动着使动范畴的转型。我们可以通过这几个不同的形式构成的演变链中，看到景颇语使动范畴是由最初的变音式向黏着式、再向分析式演变的路径。

例二：藏缅语声调的演变

声调研究，是汉藏语研究中备受语言学家关注的一个课题。汉藏语系语言中，有声调的语言占绝大多数，但发达程度存在较大的差异。有的语言有声调，有的没有，有的语言声调多（最多的有 13 个），有的少（只有 2 个），有的语言的声调正处于萌芽状态。声调的功能主要是区别词汇意义，但有的语言还能区别语法意义。这些是声调的共时特征，是研究声调的基础。20 世纪六七十年代，我对声调研究有浓厚的兴趣，

① 徐悉艰：《景颇语的使动范畴》，载《民族语文》，1984（1），35 ~ 42 页；戴庆厦、徐悉艰：《景颇语参考语法》，5 页，北京，中央民族学院出版社，1992。

但开始研究声调时仅停留在孤立地梳理语言声调的共时特点上，未能深入挖掘声调内在的内容。

声调研究中蕴含了无数的谜，一直困扰着语言学家。如：为什么会产生声调，声调产生的条件或土壤是什么，声调有哪些类型，是如何演变的。后来，通过汉藏语亲属语言的比较，特别是懂得用分析性语言的眼光研究声调，对声调的认识有了新的认识。发现在声调类型的比较中，声调的发达与否与语言的分析性强弱有关。大致是：分析性强、形态变化少的语言，如汉语、壮语、侗语、苗语等语言，声调相对发达；而分析性弱、形态变化多的语言，如嘉绒语、普米语等语言，声调相对不发达或者没有声调。通过类型的对比，可以解释汉藏语声调从无到有的演变过程，以及声调演变与声母的清浊、送气不送气、韵尾的舒促互为条件的密切关系。还看到，声调的产生与发展是在从简原则的作用下，语音系统自我平衡、调节的结果。这种蕴含关系的强弱，受语言分析性强弱的制约。具体是，汉藏语中分析性特点相对弱的语言，由于形态变化多，声母、韵母的数量相对会多、多音节词的比例相对会大，这些因素为表义提供了条件，不需要出现声调来补充；但分析性强的语言，由于形态变化少，单音节词的比例大，不能满足不断扩大的表义需要，就要通过产生声调来补充。声调的产生，符合语言成分表义的“补偿”原则，其出现扩大了表义的空间和功能。

例三：怎样认识景颇语一个半音节的生成和演变

景颇语词的音节数有单音节、双音节、多音节、一个半音节等几种类型，一个半音节类型，与单音节、双音节一样出现频率高，是一个能产的语音模式。据《景汉词典》15245 条目统计，“半音节”在词典中出现的总数是 5370 次，占音节总次数 34336 次的 15.64%。再看“半音节”在话语中的比例。据《景颇语语法》附录的 11 篇话语材料统计，共有 8532 个音节，“半音节”有 788 个，占 9.24%。[①] 从以上统计数字看到，“半音节”在景颇语里是个出现频率较高、比较活跃的语音要素，必然会对景颇语语音结构的存在和发展起到重要的影响作用。但怎样认识一个半音节的属性，如果孤立地看景颇语只能理出一些表面的语音现象，无法认识深层属性。通过语言类型的比较，特别是使用分析性眼光来观察藏缅语语音类型的演变，我对一个半音节在语言类型演变中的地位有了新的认识。

景颇语的一个半音节，是藏缅语语音系统演变的一个阶段。分布在北部地区的许多语言，有丰富程度不同的复辅音声母，反映了藏缅语乃至汉藏语早期的语音形式；景颇语的一个半音节，大都与亲属语言的复辅音声母音节对应。从这一对应中可以发现，“一个半音节”是由复辅音声母音节演变来的。但南部地区语言的语音特点已趋简

① 戴庆厦、徐悉艰：《景颇语参考语法》，5 页，北京，中央民族学院出版社，1992；徐悉艰等：《景汉辞典》，12 页，昆明，云南民族出版社，1983。

单化，语言复辅音声母大都消失，没有一个半音节。三个不同的语音类型，反映了藏缅语形态由多到少、语音由复杂到简化的演变。例如：

词义	景颇语	藏语	羌语	哈尼语	载瓦语
星星	ʃă^{33}kan^{33}	star ma	ʁdʐə	a^{31}gɯ^{55}	kji̱^{51}
脚	lă^{31}ko^{33}	rkaŋ	dɱu qu	a^{31}khɯ^{55}	khji^{51}
胆	ʃă^{31}kʒi^{33}	mkhris	xtʂə	phi^{31}khɯ^{55}	siŋ^{21}kji̱^{51}
舔	mă^{31}ta̱ʔ^{31}	ldag	ȵɛ tɛ	mjɤ̱^{31}	joʔ^{21}
闻	mă^{31}nam^{55}	snom	ɕɛ tɛ	mɔ^{55}	nam^{51}
弯	mă^{31}ko̱ʔ^{31}	ŋguʔ^{55}（巴塘）	quɾʁəɹ	ɣu̱^{31}	koi^{55}
三	mă^{31}sum^{33}	gsum	khsə	sɔ^{55}	sum^{31}
五	mă^{31}ŋa^{33}	lŋa	ʁuə	ŋa̱^{31}	ŋo^{21}

景颇语单音节词在有复辅音声母的语言里，多与单辅音声母对应；在无复辅音声母的语言里，都与单辅音声母对应。例如：

词义	景颇语	藏语	羌语	哈尼语	载瓦语
盐	tʃum^{31}	tshwa	tshə	tsha^{31}dɤ̱^{31}	i^{55}tʃum^{21}
猪	waʔ^{31}	phag	piɛ	a^{31}ɣa̱^{31}	vaʔ^{21}
狗	kui^{31}	khji	khuə	a^{31}khɯ^{31}	khui^{21}
鱼	ŋa^{55}	ȵa	ʁzə	ŋa^{31}de^{55}	ŋo^{21}tso^{21}
我	ŋai^{33}	ŋa	qa	ŋa^{55}	ŋo^{51}
吃	ʃa^{55}	za	dzə	dza^{31}	tso^{21}

这条语音演变链显示了藏缅语复辅音演变的路线：先是单音节的复辅音声母复辅音出现松化，分离为一个半音节（即半音节加一个音节）；然后半音节丢失，变为单音节（声母是单声母）。从复辅音的单音节变为一个半音节，再到单辅音的单音节，完成了语音分析化的过程。

三、从三个维度看分析性方法论建设的必要性

语言研究方法还受语言的属性、语言认知规律的制约。这里从语言研究的三个认

知维度，进一步论述构建分析性语言方法论的必要性。

（一）从共性和个性的关系看分析性方法论建设的必要性

世界语言有数千种，相互间有共性又有个性。共性和个性各有不同的特点，各有不同的来源及演变规律。做具体的语言研究，必须认识共性和个性的关系，并确定方法论的定位。

语言之间的共性，决定了语言研究要有共同的对付策略。比如：把语言都看成传达信息的工具，是随着社会的发展而发展的；都是由语音、语法、语义、词汇等要素组成的；语音有辅音、元音、音高等要素，词有同义词、反义词、近义词、同音词等，语法有复合词、派生词、前缀、后缀、词序等。掌握语言的共性，是认识语言、研究语言的基础。语言学专业的入门书《语言学概论》讲的多是语言的共性，是语言研究者要掌握的入门知识，所有做语言研究的，一般都要掌握语言共性的有关知识。语言的共性还存在不同的层次，有表层的，也有深层的。以乔姆斯基为代表的转换生成语言学派提出了人类共有的深层语言共性，即人类共有的生成语言的大脑机制。以上这些，都是认识语言、深化语言研究的基础。

但是，要深入地、准确地认识语言，还必须进一步认识不同语言的个性。语言个性，构成了语言的特质，而不同语言的特质共同构成了一类类语言的特性。研究语言，必须进一步研究不同语言的个性，从个性中认识具体语言的特点和规律，从而加深对语言共性的认识。

语言的个性，可以从不同的角度、不同的领域进行分析。如：从语音结构上，能够发现有的语言有丰富的复辅音声母，有的语言没有；有的语言有松紧元音对立，有的没有；有的有长短元音对立，有的没有；有的有声调，有的没有，有的语言声调正在萌芽；有的语言有鼻冠音声母，有的没有。从语法结构上，能够发现有的语言有丰富的形态，有的贫乏；有的有介词、句尾词，有的没有；有的有把字句、被字句、离合词，有的没有。从语法手段上，能够发现不同语言的特点，如表示疑问语气有的使用词缀表示，有的使用重叠表示，有的用疑问助词或虚词表示，有的用实词表示，等等。

语言学家更重视从语言类型的角度研究语言。古典类型学把世界的语言分为分析语（又称“孤立语”）、黏着语、屈折语、多式综合语等不同的类型，这是语言史上一次巨大的进步。[①] 因为语言类型的视角是认识语言个性特点的重要窗口，能够帮助研究者捕捉不同语言的特点。从语言类型的角度，更能看清语言的结构特点及演变规律，

---

① 蒋颖：《论普米语的类型定位》，载《民族语文》，2018（3），70 ~ 80 页。

对语言共时比较、历史比较以及语言教学等的研究，都具有更重要的价值和意义。

总之，共性和个性的辩证关系能够说明建立分析性语言研究方法论的重要性和必要性。但回顾过去，语言研究者对共性研究较多而对个性研究重视不够。因而，在汉藏语研究领域如何使用分析性眼光揭示、解释汉藏语的各种奇特现象，有待今后大力开发。

（二）从模仿和创新的关系看分析性方法论建设的必要性

做语言研究的，一般都会经历从不会到会一些、再从会一些到比较熟练的过程。开始时，总是避免不了模仿别人的研究或照书上说的“照样画葫芦”，对使用什么方法、是否对准语言实际则不太考虑。回顾 20 世纪 50 年代我们这批学习少数民族语言的汉族大学生，由于缺乏少数民族语言研究成果可读，只能全神贯注地去学习汉语研究的成果。当时，王力、吕叔湘、高名凯等师辈给我们上语言学、汉语研究的课，讲得非常精彩，我们如饥似渴地听几位大师的讲课，打下了一定的语言学理论、方法的基础，成为我们后来进行少数民族语言研究的武器。但回顾起来，由于我们在学习中着力模仿而缺少创新，使得我们后来做少数民族语言研究时，都带有汉语研究的眼光或烙印。比如，对藏缅语的词类究竟怎么分、分几类，我们模仿汉语的分法去分，不免出现生搬硬套的做法。如：汉语有介词，我们在描写哈尼语语法时也列了介词一类，其实有些语言如哈尼语就没有介词。景颇语没有被动句，我们也受汉语的影响，按被动表达列出被动句。20 世纪出版的《中国少数民族语言研究丛书》，可谓中华人民共和国成立后民族语文研究的重大成就之一，现在回头审视，其不足之一主要是带有汉语模式的影响。

我认为，做语言研究，模仿是必要的，特别是遇到一种新语言，避免不了模仿。汉语语法研究的开山之作《马氏文通》，也一定程度上模仿了印欧语语法，但仍在汉语语法史上有其重要的地位。除了模仿还要有创新。所谓“创新”，就是根据语言实际，提取语言特点和规律。虽然开始阶段的模仿会有着启发、借鉴，但不能替代研究的全过程，还要在模仿的同时根据语言实际发现新的特点和规律。这虽然是个普通的道理，但要真正做到很不容易。

比如我开始做景颇语研究时，由于受汉语语法的影响也认为其有被动句。因为汉语的被动句意思，景颇语能够通过翻译表达。后来，随着研究的深入，我才认识到景颇语没有被动态，而有一种由“施动者 + 助词 + 动词”构成的“强调施动句”，如 $ʃi^{33}$（他）$aʔ^{31}$（施动助词）$kă^{31}jat^{31}$（打）“由他打”，在翻译时多用这种强调施动句来对译汉语的被动句，但不是被动句。我继而对施动句的句法、语义、语用特点进行了比较深入的研究，并挖掘其成因，写出了《景颇语的“NP+e^{31}”式——兼与汉语比较》一文。文中写道：“景颇语的‘NP+e^{31}’式虽用来对译汉语的被动义，但在语法形式、语法意义上与汉语的被字式相比，特点很不同。”“景颇语由‘NP+e^{31}’式组成的句子，在语法上、意义上有不同于其他句子的特点，应视为一种独立的句型。”由此，我认识到应该根据藏缅语的特点建立适合藏缅语特点的研究方法论，要重视创新，而不能只停留在模仿上。①

再以汉藏语的名量词研究为例。汉语的名量词发展得比较充分，在语音、语义、语法、语用等方面都有大量特点可以挖掘，不同方言的主要特点比较一致；但藏缅语的名量词，不同语言发展很不平衡，呈现出不同的历史层次。在藏缅语内部，有些语言如景颇语的名量词正处于萌芽状态，表示名词的量时，名量词可用可不用，不是强制性的。为适应双音节韵律的需要，景颇语在名量词中还出现一些双音节复合型的名量词，如ʃan^{31}（肉）po^{33}（头）“（一）头（猎物）”，语序也与汉语不同，是“名词＋量词＋数词”语序。但有些语言如哈尼语、载瓦语等，与汉语一样名量词比较发达，数量比较多，语序是“名词＋数词＋量词”，与上述萌芽型的语言很不相同。值得研究的是，藏缅语许多语言如彝语、拉祜语、哈尼语、载瓦语、阿昌语、缅甸语等，还有使用频率很高的反响型名量词，这显然是分析性语言为扩大表义功能而产生的一种同形形式。反响型名量词在古汉语里也有少量遗迹，但后来不知为什么不发展了。总的看来，汉藏语诸语言名量词的不同层次和不同的演变规律，是受分析性演变特点制约的，如果能够使用分析性眼光来观察不同语言的名量词状态，肯定能够挖掘出更多的特点。

藏缅语与汉语有亲缘关系，相似点有不少，藏缅语的研究可以借鉴、汲取汉语研究的经验，非死板的模仿是必要的，但藏缅语与汉语从原始汉藏共同语分化久远，各自创新了许多不同的特点，若照搬汉语的研究方法来研究藏缅语，肯定会出现“削足适履”的弊病。

研究者在语言研究中总避免不了使用习惯思维硬搬已有的方法。为什么？原因之一是研究者学习做语言研究，开始时总是要从前人那里学习研究方法，而前人使用的方法或是一般普遍的方法，或是适合前人他所研究的某一特定的语言的方法，由于研究对象的差异，这种方法也许并不完全适合你所研究的语言。这样学来的方法，虽在共性部分上也能解决些问题，但在个性部分上容易造成“削足适履”，甚至会出现与事实不符的“生搬硬套”。我给博士生讲语言方法论课，自知自己讲的方法多偏重藏缅语特点的研究方法，所以我总要提醒他们“只能借鉴，要独立创新”。我也提倡重视学习现代语言学理论，但认为现代语言学理论有许多是在印欧语的特点上归纳出来的，用到汉藏语研究

① 戴庆厦：《景颇语的“NP+e^{31}”式——兼与汉语比较》，见邢福义主编：《汉语被动表述问题研究新拓展》，57～65页，武汉，华中师范大学出版社，2006。

中总会有格格不入的地方，不能盲目迷信，要防止机械照搬。

总之，从模仿与创新的关系上看，汉藏语的研究必须重视创新，要用分析性的眼光揭示汉藏语的特点。

（三）从隐性和显性的关系看分析性方法论建设的必要性

语言结构的形式有显性和隐性两种。显性形式是一眼就能看见的，如词的前缀、后缀，词的变音等；隐性形式是一眼看不见的，必须通过比较分析、抽象提取，才能发现其存在。如：藏缅语动词和形容词的区分，在外表上没有截然的界限，必须通过语言结构的语义分析和词的结合特点才能显示其不同的类别。又如，名词个称与类称的区别，汉语大多无语法标志，“我今天吃一个水果”和“水果是有营养的”两句中，前一个“水果”是“个称”，后一个“水果”是“类称”，语法形式上没有区别。但景颇语存在不同的语法形式，“水果”的个称是 $nam^{31}si^{31}$，类称是 $nam^{31}si^{31}nam^{31}so^{33}$，通过含有韵律特点的语音变化区别。其他例子又如：$mau^{31}mi^{31}$ 故事，$mau^{31}mi^{31}mau^{31}sa^{33}$ 故事类；$k\underline{u}m^{55}pha\text{ʔ}^{55}$ 礼物，$k\underline{u}m^{33}pho^{33}k\underline{u}m^{55}pha\text{ʔ}^{55}$ 礼物类。个称和类称在句法上各有不同的特点。

不同语系的语言，显性和隐性的特点和比例存在差异。总的说来，印欧语系、阿尔泰语系的语言显性特点（包括屈折形式、加词缀形式）比较丰富；而汉藏语隐性特点比较突出。汉藏语内部的不同语言，显性和隐性的比例也有不同。大致是，汉语、壮侗语、苗瑶语的隐性特点比较显著，但存在强弱的差异；藏缅语北部语言的显性形态较多，显性特点比南部语言多。

语言中显性特点和隐性特点比例的差异，决定了语言研究方法论存在不同的特点。对隐性特点比较丰富的汉藏语，应当有一套挖掘隐性特点的方法。如：怎样细致地揭示虚词的特点及其功能间细微差异；怎样深入揭示语义对语法的作用；怎样认识韵律在表义及句法中的作用；怎样认识同形异义语素的功能；如何认识语气助词的地位；等等。

四、构建分析性语言方法论的几个要点

（一）必须进一步完善分析性语言的概念

对分析性语言的特点，学界已有所认识，但要使分析性语言分析法真正成为一个

有用的理论方法，还必须对分析性语言的特点进一步细化和进行科学的论证。

1. 进一步确定分析性语言的特点有哪些

对分析性语言的特点，目前认识到的主要有：（1）单音节性。即常用的基本词中，单音节词所占比例大。双音节词多由两个单音节词根或一个半音节构成。（2）复合词丰富。复合词主要由两个单音节的实词素构成。（3）缺少形态。即表示语法意义的形态少。已有的形态再生能力弱，并存在逐渐消失的趋势。（4）语序比较固定，不能随意变动；若要变动，要有条件。如藏缅语的宾语若要移到主语之前，必须是为了强调宾语，而且有的还要加虚词标记。（5）虚词丰富，种类多。如：表示句法关系的助词有定语助词、状语助词、补语助词、宾语助词、话题助词，还有丰富的语气助词。（6）韵律丰富，是构词和组成句法结构、用以扩大语义表达功能的重要元素。包含构词韵律和句法韵律两类，分析语的构词韵律比句法韵律更为丰富。韵律手段有多种，以双声叠韵和双音节化出现频率最高。（7）词的义项发达，即一词多义的现象多。这与分析性语言的单音节性特点有关；词的音节数少，就要扩大义项来增强语义表达能力。但如何扩大义项，汉藏语的手段很丰富，不同语言还存在差异。（8）词类的兼类现象较多。如有的形容词可以当动词使用，有的名词可以当动词、量词使用等。

除了以上的特点外，是否还有别的特点？比如，歧义现象多是否也是分析性的特点之一，有待于今后进一步探索。我初步认为，分析性越强的语言，歧义现象越多；形态丰富的语言，歧义现象没有分析性语言多。这可能是因为分析性语言缺少表示语法成分的形态标记。

2. 必须确定分析性特点的主次

分析性特点中哪个是主要的，哪些是次要的？有没有主宰其他特点的主要特点？比如，究竟形态少是主要特点，还是单音节性强是主要特点，是形态少制约着单音节性，还是单音节性规定形态少？语序和虚词的关系，是语序固定制约虚词多，还是虚词多影响语序的固定？确定分析语的标准是什么，应如何确定，都需要不断完善。

3. 进一步区分不同语言分析性强弱的层次

确定了分析性语言的主要特点之后，随之而来的一个重要问题，是怎样在分析语内部区分分析性强弱的不同层次。

分析性语言内部分析特点存在强弱不同的层次，有的强些，有的弱些。我们已大致认识到：汉藏语的汉语、壮侗语、苗瑶语以及藏缅语南部地区的哈尼语、傈僳语、缅甸语等语言，分析性特征相对强些，而藏缅语北部地区的嘉绒语、安多藏语、普米语等语言，分析性特点相对弱些。在形态的多少上，藏缅语的形态比汉语丰富，而在藏缅语内部北部，语言的形态比南部语言丰富。而景颇语的强弱，在上述两类之间，处于居中状态。总之，分析型的强弱，相互间存在内部联系，可以连成一条

"类型演变链"。

怎样看待汉语在分析性语言群中的地位？我通过汉语和非汉语的比较，初步认为汉语是分析性语言中分析性最强的，可称之为"强分析性语言"或"超分析性语言"。这个认识是否成立？

分析性语言，在语言教学、语言应用上必然有其特点。如词典编写突出"字"，即音节。《现代汉语词典》虽名曰"词典"，但以字为主条，用字带动出同类的双音节词和多音节词。还有以字编成的《新华字典》。这与印欧语词典以词为纲不同，不能不与汉语的强分析性特点有关。又如，《藏汉词典》，词条以藏文的字母为纲，词按字母分类排列。[①]但有些语言的词典，则以词为主条，严格按词的拼音顺序排列，如《景汉辞典》。[②]

研究语言，可以通过区分分析性的强弱，揭示语言的不同特点和演变规律，区分分析性的层次。我曾想过制定量化标准来确定分析性的强弱，不知能否做到，如果能够做到，就能增强区分分析性强弱的科学性。

（二）如何从多角度、多方法发掘分析性语言的个性

深入认识分析性语言的特点，还必须从不同的方面、不同的视角，使用不同的方法进行发掘。

比如声调的产生是分析性语言扩大表义的需要，但声调的表义除了区别词汇意义、语法意义外，还有哪些功能？在我的母语闽语仙游话里，变调的功能丰富，除了增强表义功能外，还能通过是否变调区分复合词和词组结构。[③]又如，重叠式在分析性语言中承载哪些功能，其功能应如何定位？为什么有些语言包括藏缅语、汉语方言能通过动词的重叠表示疑问？藏缅语大多数语言的量词都是单音节的单纯词，没有双音节的复合词，但景颇语为什么会产生一些复合型的双音节量词？虚词是分析性语言的一个重要特点，但虚词的功能呈多层次性的分布，其分层次的规律是什么？

又如，语言接触的研究是语言研究的一个重要的课题，特别是在亚洲地区，不同语言的接触频繁，存在不同于非分析性语言的特点。分析性语言具有单音节为核心、双音节再生能力强的素质，所以在语言接触过程中，对外来的单音节和双音节词特别是双音节词容易吸收。如哈尼语半个多世纪以来从汉语里吸收了许多双音节借词，而且很快就融入了自己的词汇系统。分析性语言富有的词类兼用特点，在语言接触中也

① 西北民族学院藏文教研组：《藏汉词典》，10页，兰州，甘肃人民出版社，1979。

② 徐悉艰等：《景汉辞典》，12页，昆明，云南民族出版社，1983。

③ 戴庆厦：《闽语仙游话的变调规律》，载《中国语文》，1958（10）。

会把借用成分改造词类兼用。如景颇语借用了汉语、傣语的名词后，也能同固有词一样构成谓宾同形的谓宾短语，如 tsau^{31}khai^{31}（草鞋，借汉语），khai^{31}（穿），穿草鞋，kjep^{31}tin^{33}（鞋，借傣语），tin^{33}（穿）穿鞋，总之，使用分析性眼光来观察、分析分析性语言的语言接触，能够取得更多新的成果。

语言学史上的一些重要的语言学派别，也曾主张研究语言必须“对症下药”。如：20 世纪 20 年代形成的美国描写语言学派（American descriptivists），在《美洲印第安语手册》（1911 年）中所写的从事语言调查和研究的理论总结中曾强调，对语言事实要作客观的描写，不可用其他语言的或者传统语法的框框去套；为了描写不同结构的语言，应该创立新的概念和方法。萨丕尔在他的名著《语言论——言语研究导论》（1921 年）中也强调必须尊重美洲本地人民的言语，从而作出客观的共时系统的描写。朱德熙先生曾经说过一段非常精辟的话：“现代语言学许多重要观点是以印欧语系的语言事实为根据逐渐形成的。采用这种观点来分析汉语，总有一些格格不入的地方。这是因为汉语和印欧语在某些地方（最明显的是语法）有根本性的不同。由此可见，如果我们不囿于成见，用独立的眼光去研究汉藏语系语言，就有可能对目前公认的一些语言学观念加以补充、修正甚至变革。”我学习了这段话，感到有三个闪光点特别重要：一是指出现代语言学许多重要观点是在印欧语系的语言事实上形成的；二是指出汉语的特点与印欧语存在根本性的不同，汉语研究照搬印欧语方法格格不入；三是指出要用独立的眼光研究汉藏语。可见，研究汉藏语要有独立于印欧语的眼光。

但是我们看到，在语言研究中存在不习惯于认同汉藏语的“独立性”的现象，有的同仁总想把汉藏语的特点往印欧语上靠。比如，汉藏语缺少形态，而有些学者就想方设法用汉语虚词表示的不同意义归纳出各种形态，还认为是提高了汉语的语言地位。藏缅语许多语言根本就没有被动态，而有些研究总想从表义上、对译上去弄个被动态。汉藏语的虚词是个“大知识库”，有强大的语义、语法功能，大有作为，而这一大“金矿”则容易被印欧语眼光所遮盖。

至于汉藏语的系属问题，20 世纪 50 年代，汉藏语语言学家运用历史比较法和原始母语构拟法，孜孜不倦地进行了探索，但至今未能得到解决，为什么？现在悟出一个原因是对汉藏语的固有特点没有吃透。历史比较法是在印欧语基础上产生的，用这种方法来研究汉藏语肯定不会完全适应，理应根据汉藏语的特点另辟蹊径才能奏效。历史语言学是 1786 年英国的威廉 · 琼斯以印欧语为依据，提出梵语、希腊语、拉丁语有亲属关系，拉斯克、格里姆使琼斯的假设进一步完善，后来施莱赫尔用进化论思想解释语言的发生分类，并提出了“谱系树理论”，开创语言分类研究的新阶段。但至今我们还没能形成解决汉藏语系属问题的理论与方法，这是今后要努力去实现的。中国传统的音韵学、训诂学、文字学的研究，博大精深，是中华文化的精髓，它是在汉语、汉字的基础上，充分重视汉语、汉字的特点铸造起来的。古人由于对自己的母语有强烈的语感，才能达到如此辉煌的高峰。

学习现代语言学理论是必要的，有益的，但不能只停留在“印欧语有，我这里也有”上，而应是“你有，我这里怎样。特点完全一样或有差异。”话题理论传入我国后，无疑对我国的句法研究起了推动的作用，促使一些汉藏语研究者去发现汉藏语一些语言也有话题标记。但汉藏语的话题有自身的特点和规律，不同于印欧语。我们在引进话题理论时，必须多想想汉藏语的话题除了语言共性外，还有哪些个性。[①]

当然，要树立汉藏语研究的分析性眼光是有一定难度的，因为语言研究方法的习惯性思维是很顽固的，不易改变的。模仿相对容易，而创新相对难。

（三）必须培养对分析性语言的敏锐性

对语言现象是否有敏锐性，是语言研究是否有成就的一个重要因素。在研究中，要善于发掘分析性特点在语言各方面的表现。比如，汉语为什么有大量的离合词，而且能产性特强，是否与汉语的分析性特点有关，为什么与汉语有亲缘关系的藏缅语没有，是否与分析性强弱差异有关？藏缅语使动范畴的演变，是否受语言类型由黏着屈折型向分析性转变的制约，在演变中是否存在系统的、有规则的层次？藏缅语乃至汉藏语有些语言存在动词重叠表疑问，是什么条件使得这些语言出现这种语法形式？汉藏语的虚词为什么具有多功能性，其多功能的强弱是否与分析性强弱有关？分析性语言的实词兼用特点有哪些，为什么能“一身数职”？不同于非分析性语言，兼用能力的强弱、兼用类型是什么？汉字的产生、发展与语言分析性存在什么关系，其适应性是什么，为什么亚洲许多分析性语言都出现汉字式文字，如何用分析性眼光加深认识汉字的起源与演变？

我反思自己过去的语言研究，发现在使用方法上常常存在惰性。有时会被习惯的、传统的、共性的方法所束缚。所以，每个人都要不断自觉地调整自己的研究方法，使之符合语言实际，防止定式思维。要知道，语言研究方法先入为主的“定性思维”“习惯性思维”是很顽固的，不易改变的。

我从汉藏语研究的实践中认识到，把握好分析性眼光必须强调两点：一是对分析型语言要有语感。有了语感，才能掌握好分析性语言的内在特点，否则如隐性的语义制约、韵律和谐、音节为主等特点就很难被快速发现和取得恰当解释。二是要把握系统，认识系统内不同要素的相互制约关系。

---

① 戴庆厦：《景颇语的话题》，载《语言研究》，2001（1），100 ~ 105 页。

（四）充分利用我国丰富的分析性语言资源发展语言学

我国的语言资源以分析性语言为多，非分析性语言中，也都不同程度地含有分析性成分，分析性语言中，存在分析性强弱的差异，是研究分析性语言绝好的天然宝地。如何更好地利用分析性语言资源发展语言学，是我国语言学建设必须面对的问题。

诚然，我国的汉藏语研究过去取得了很大的成绩，许多语言从无到有地搭起了一个个可资继续研究的框架，同时还建立了一些适合汉藏语分析、研究的方法，如三个平面研究法、声韵调分析法、语义语法研究法等。但回顾过去，我们在对如何使用分析性眼光认识语言上还重视不够。

历史经验证明，坚持以本土语言资源为主的原则，是各国语言学家有成效地发展语言学的必由之路。

羌语的空间范畴[①]

黄成龙

一、引言

每种自然语言都有表达空间概念的认知范畴。莱文森（Levinson）[②]认为空间是人类思想的核心认知域（central cognitive domain）；同时，空间概念是人们了解内部世界的窗口。空间概念一直是西方哲学、心理学、语言学、人类学和认知科学研究的热门问题之一。莱文森详细介绍了从古希腊哲学家巴曼尼狄思（Parmenides）、伊壁鸠鲁（Epicurus）、季诺（Zeno）、亚里士多德（Aristotle）到近代的牛顿（Newton）、康德（Kant）、赫尔姆霍兹（Helmholtz）等人古典空间观都认为空间是先天的概念。[③]在20世纪，动物行为学、认知和行为心理学、儿童发展、神经生理学和脑科学对空间

① 我2005—2007年在台湾省“中央”研究院语言学研究所跟余文生（Jonathan P. Evans）博士作博士后期间，余文生博士对羌语的空间范畴很感兴趣，想跟我合作撰写几篇有关羌语空间认知范畴的论文，也做了一些初步研究，并希望我回北京后继续这项研究。我从那时起就对空间认知范畴产生了浓厚的兴趣，2007年3月，我申请了中国社会科学院重点项目“中国少数民族语言空间认知范畴”，欲重点考察13种中国少数民族语言的空间认知范畴，并顺利立项（课题编号：YZDN）。2007年7月笔者博士后工作结束回到北京后，因余文生博士去美国Michigan大学研修一年，与他的合作研究中断，此时，已经申请了中国社会科学院项目，只好单独从事荣红羌语空间认知范畴的研究，在此向余文生博士表示最诚挚的谢意。本文以及项目执行过程中得到我的业师罗仁地（Randy J. LaPolla）教授的鼎力支持和帮助，为了使本项目研究能够顺利进行，他帮我联系到荷兰奈门亨（Nijmegen）的马普心理语言学研究所（Max Plank Institute for Psycholinguistics），在得到奈门亨马普心理语言学研究所的许可后，我得到了他们的空间认知调查的一些工具和图片，在此也向业师罗仁地教授和荷兰奈门亨马普心理语言学研究所深表谢意。孙天心老师对我积极鼓励，并对本文提出许多宝贵建议，谨此向孙老师表示诚挚的感谢。

② Levinson, Stephen C. Space in Language and Cognition: Explorations in cognitive diversity. Cambridge: Cambridge University Press, 2003.

③ Levinson, Stephen C. Space in Language and Cognition: Explorations in cognitive diversity. Cambridge: Cambridge University Press, 2003: 6-9.

认知进行了广泛的研究。当代认知心理学者皮亚杰和尹赫德尔[①]（Piaget & Inhelder）、人类学者尼德罕[②]（Needham）、认知语言学者杰肯多夫、兰道[③]（Jackendoff；Landau & Jackendoff）、语言习得研究者约翰斯顿和斯洛宾[④]（Johnston & Slobin）、认知科学研究者李佩吉和格雷特曼[⑤]（Li & Gleitman）仍然认为空间概念是以自我为中心（egocentric），通过不同语言中的介词，包括前置词和后置词原生概念（primitive concepts）表征出来。而空间概念以自我为中心的观念，受到当代语言学者[⑥]的极大挑战，他们通过跨语言，尤其是对非印欧语的空间认知范畴的研究后发现，不同语言的空间认知范畴虽然通过身体部位表达抽象空间，空间表达通常还广泛来源于景观、天体、气象和动物体[⑦]，然而，不同语言中空间认知范畴的表征仍有相当大的差异性。若要了解人类空间概念的普遍性和差异性，需要深入描写和分析不同语言的空间概念。本文从认知语义学、语义类型学，尤其是在莱文森对跨语言角度考察语言与认知所建立的基本分析方法的基础上，系统地描写和分析羌语的空间认知系统。在讨论羌语的空间概念之前，我们先简要介绍本文所采用的莱文森及其团队（Levinson；Levinson &

---

① Piaget, Jean and Inhelder, Barbel. The Child's Conception of Space. London and New York: Routledge, 1956 [1948].

② Needham, Rodney (ed.). Right and Left: Essays on Dual Symbolic ClassiFication. Chicago: The University of Chicago Press, 1973.

③ Jackendoff, Ray S. Semantics and Cognition. Massachusetts: MIT Press, 1983. Landau, Barbara and Jackendoff, Ray. "What" and "where" in spatial language and spatial cognition. Behavioral and Brain Sciences, 1993(16): 217-238.

④ Johnston, Judith R. and Slobin, Dan I. The development of locative expressions in English, Italian, Serbo-Croatian and Turkish. Journal of Child Language, 1979(6): 529-545.

⑤ Li, Peggy and Gleitman, Lila. Turning the tables: Language and spatial reasoning. Cognition, 2002(83.3): 265-294.

⑥ Svorou, Soteria. The Grammar of Space. Amsterdam/Philadelphia: John Benjamins Publishing Company, 1993. Brown, Penelope. The INs and ONs of Tzeltal locative expressions: The semantics of static descriptions of location. Linguistics, 1994(32): 743-790. Brown, Penelope and Levinson, Stephen C. 'Uphill' and 'downhill' in Tzeltal. Journal of Linguistic Anthropology, 1993(3.1): 46-74. Levinson, Stephen C. Frames of reference and Molyneux's question: Cross-linguistic evidence. In P. Bloom, M. Peterson, L. Nadel, and M. Garrett (eds.), Language and Space, Massachusetts: MIT Press, 1996: 109-169. Levinson, Stephen C. Space in Language and Cognition: Explorations in Cognitive Diversity. Cambridge: Cambridge University Press, 2003. Levinson, Stephen C.; Kita, Sotaro; Haun, Daniel B.and Rasch, Björn H. Returning the tables: Language affects spatial reasoning. Cognition, 2002(84.2): 155-188. Levinson, Stephen C. and Meira, Sérgio. 'Natural concepts' in the spatial topological domain–Adpositional meanings in crosslinguistic perspective: An exercise in semantic typology. Language, 2003(79.3): 485-516. Levinson, Stephen C. and Wilkins, David P (eds.). Grammars of Space: Explorations in Cognitive diversity. Cambridge: Cambridge University Press, 2006. Pederson, Eric, Eve Danziger, David Wilkins, Stephen Levinson, Sotaro Kita, Gunter SenFt. Semantic typology and spatial conceptualization. Language, 1998(74.3): 557-589.

⑦ Svorou, Soteria. The Grammar of Space. Amsterdam/Philadelphia: John Benjamins Publishing Company, 1993. Heine, Bernd. Cognitive Foundations of Grammar. Oxford: Oxford University Press, 1997.

Wilkins）的空间认知研究框架。①

（一）空间认知范畴的分类

莱文森和莱文森的团队通过跨语言空间认知的研究，对人类语言的空间范畴进行了如下分类：

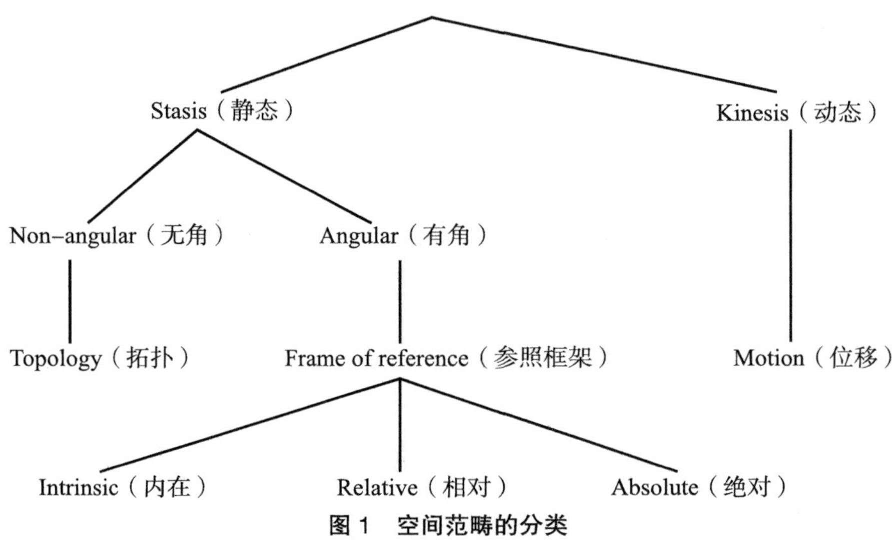

图 1　空间范畴的分类

从图 1 可以看出，空间范畴由静态和动态两类空间组成。静态空间可分为无角与有角，在空间范畴中观察者注目的焦点（figure）② 与背景（ground）③ 分离的用法并不多见，一般只有物体表面的结构，称为拓扑空间，是没有参照点的，所以称之为无角。多数情况下，观察者需要从某个背景的方位确定观察者注目的焦点（figure），某种坐标系在起作用，这种观察者注目的焦点依赖于背景的空间关系称之为有角的。一般而言，可根据背景的一个侧面，或者根据观察者自身的坐标，或者根据任何固定支架（fixed bearings）（如绝对空间系统：东南西北，风向、山势等）指明观察者注目的焦点。有角的称为参照框架。

① Levinson, Stephen C. Space in Language and Cognition: Explorations in Cognitive Diversity. Cambridge: Cambridge University Press, 2003. Levinson, Stephen C. and Wilkins, David P (eds.). Grammars of Space: Explorations in Cognitive Diversity. Cambridge: Cambridge University Press, 2006: 1–23.

② 论文审稿人指出 Figure 这个词来自格式塔心理学；心理学家常常翻成“图形”，但这种翻译不理想，因为在格式塔心理学里 Figure 不是图形的意思，是观察者注目的焦点。本文把 Figure 翻译成观察者注目的焦点。

③ 根据塔尔米 Talmy（1983）的术语，“所指 / 指称（referent）”称为 Figure“观察者注目的焦点”，所指所处的位置称为 ground“背景”。本文 Figure“观察者注目的焦点”简称为 F；Ground“背景”简称为 G。

拓扑空间指物体表面的结构。一般指汉语和英语里的“……里”（in）、“……上”（at）、“……上”（on）、“……下”（under）、“……附近”（near）以及“……上方”（above）等。拓扑空间具有 coincidence［观察者注目的焦点（Figure）与背景（Ground）并存，无角］、contact（观察者注目的焦点与背景接触）、containment（观察者注目的焦点包含在背景里）、contiguity（观察者注目的焦点与背景毗邻）和 proximity（观察者注目的焦点与背景邻近）等特征。①

参照框架是指一个坐标系（coordinate system）用于辨别焦点（F）所处的位置。在人类语言中使用不同的参照框架：内在参照框架（intrinsic frame of reference）、绝对参照框架（absolute frame of reference）和相对参照框架（relative frame of reference）：

1. 内在参照框架

内在参照框架涉及物体中心协调系统，其坐标由固有 / 内在特征（inherent features）所决定。固有 / 内在特征是指作为背景或被关系者的物体的内在方位，它提供了内在参照框架的基础。通过确定作为背景或被关系者的物体的方位和角度，判断 F 的空间位置。

2. 相对参照框架

相对参照框架的坐标点位于观察者的视觉点上，以视觉点（view）为中心，以观察者自身为参照物，常用“前、后、左、右”作为坐标轴，或者将背景中的某一方向定为“前”，然后顺时针转动，形成“右、后、左”，从而形成四个方位。视觉点、观察者注目的焦点和背景形成三维空间关系。在相对参照框架中，坐标系统所指的方向并不固定，随视觉点变化。在向他人描述物体的空间位置时，使用相对参照框架的人会使用“前、后、左、右”术语，如树在我的右边，或者树在房子的右边。

3. 绝对参照框架

指空间定位以太阳和地球磁场为参照，也就是由地球引力所提供的固定方向作为背景的空间参照系统。描述物体的空间位置时，常用“东、西、南、北”等术语。绝对参照框架的使用根本不参照讲话人的位置，仅要求人们一直保持一个固定方位，并充分利用环境因素，如山的坡度、风向、河流流向以及天体方位等。绝对参照框架的坐标系是固定不变的，无论环境中的事物或视角如何改变，背景所代表的方向都是固定的。

绝对参照框架与内在参照框架具有某些相同的特点，它们都是表达二元空间关系，但也有明显的不同之处。绝对参照框架可以确定一种非对称性的转换关系，假如观察者注目的焦点（F1）是在背景（G）的北面，F2 又在 F1 的北面，我们就可以说

---

① Levinson, Stephen C. Space in Language and Cognition: Explorations in Cognitive Diversity. Cambridge: Cambridge University Press, 2003: 67.

F2 在背景（G）的北面。反之，如果 F 在背景（G）的北面，那么背景（G）就在 F 的南面。

动态空间主要指观察者注目的焦点（F）的空间位移，常用位移动词、词缀、连动结构等表示。除了拓扑空间关系、参照框架和空间位移外，还包括语言中的空间指示系统（deictic system）。空间指示系统也属于无角。

（二）荣红羌语的分布

“荣红”（也名迎红）是羌语 [joχ-tɑ] 的音译名称，因有 [joχotʂɑː]“荣红沟”而得名，是属于四川省茂县雅都乡（原赤不苏区）木鱼村的一个自然村寨，约 30 户，160 人。该寨子东面为曲谷乡河西村，西面为雅都乡其他村寨和维城乡，北面为赤不苏中心村以及黑水县各乡、村，南面大山作为天然屏障。其周围全是羌语分布区，是现今羌语分布最为完整的区域之一，由于离县城约 80 公里，三面环山，是相对封闭的一个村落，过去无论是媒体还是学者到该地采风或田野调查的较少。

荣红羌语与雅都乡其他村寨羌语、维城乡羌语、曲谷乡羌语被划归为北部方言雅都土语[①]，与黑水县大部分羌语（除小黑水知木林乡等地羌语差别较大外）都可以相互通话。过去因较封闭，幼童一般只会说羌语，成年人兼通汉语西南官话。进入 21 世纪后，随着教育的发展以及卫星电视的普及、移动通讯的传入，无论是孩童还是成年人，无论是否识字都是双语人。

二、拓扑空间

所谓的“拓扑”（Topology）一词来源于希腊文，它的原意是“形状的研究”。拓扑空间表示物体之间表面支撑（surface support）、附着（attachment）、包含（containment）、近处（proximity）等空间关系，这种空间关系不随观察者的视角变化而变化。拓扑空间关系是回答“某个事物（观察者注目的焦点 F）在哪儿（背景 G）”的问题，即“一个所指（或者指称 F）在什么地方（背景 G）”这样的问题。除了地名以及一些常用的机构名常常作“背景”外，羌语中普通名词后加方位词也可以构成背景，例如：

① 孙宏开：《羌语简志》，北京，民族出版社，1981。刘光坤：《麻窝羌语研究》，成都，四川民族出版社，1998。

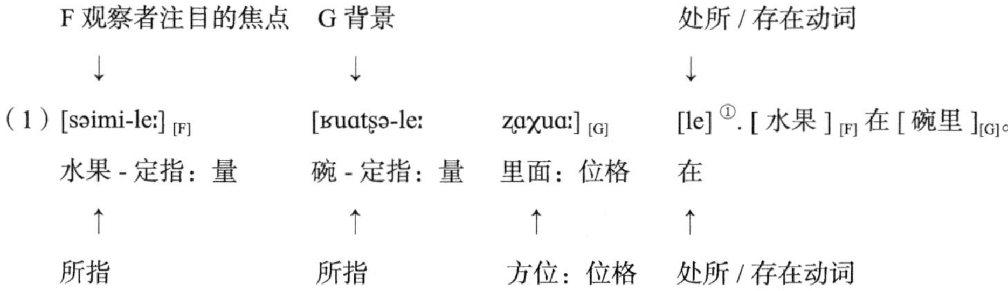

例句（1）中特指的所指 [səimi-leː]“水果”作为观察者注目的焦点，它处在 [ʁuatʂə-leː ʐɑχuaː]“碗里”作为背景的里面，这种结构常用处所 / 存在动词。有时普通名词后也可以接非自由方位语素（relator），作为 F 所处的背景，如例句（2）：

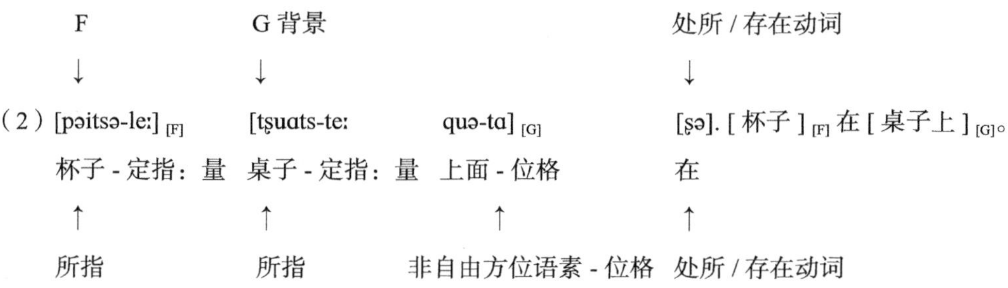

拓扑空间关系一般包括方位词、处所词、地名、机构名以及有前置词语言的前置词（介词）和有后置词语言的后置词（位格）。在荣红羌语中，无论是方位词、处所词还是地名或者机构名基本上都带位格标记。

例句（1）和（2）的差别不仅在位格上，例句（1）背景 [ʁuatʂə-leː ʐɑχuaː]“碗里”的 [ʐɑχuaː]“里”由方位词 [ʐɑχuɑ]“里面”和位格 [-lɑ] 缩减而成，例句（2）中背景 [tʂuats-teː quə-tɑ]“桌子上”的 [quə-tɑ]“上”由不能单独使用的方位成分[②] [quə] 和表示“在…上”的位格 [-tɑ] 组成。除此之外，由于羌语有比较丰富的处所 / 存在动词，羌语还使用不同的存在动词表示拓扑空间，例句（1）用处所 / 存在动词 [le]“表示 F 在空间里存在”，例句（2）用处所 / 存在动词 [ʂə]“表示 F 在平面支撑物上面存在”，仅此而言，羌语与汉语和英语在拓扑空间的表达上有所差异。由于荣红羌语中方位词、处所词还是地名或者机构名基本上都带位格标记，我们先介绍荣红羌语的位格标记。

---

① 本文语料提供人王林，男，羌族，1965 年生，初中文化，兼通汉语。笔者记录于 2009 年 5 月。

② DeLancey（1997）称之为 relator noun。

（一）位格标记

本文所指的“位格”包括表示事物所处空间位置的后置词，类似于英语的介词on“在……上”、in“在……里”、under“在……之下”、from“从……”、to“到……”、over“在……上方”等概念。羌语的位格标记见表1。

表1 羌语中的位格标记

羌语位格标记	空间概念	汉义	格标记名称
-tɑ/-lɑ①	处所	在……上	Superlative（上位格）
-tɑ/-lɑ	处所	在……下	Subessive（下位格）
-tɑ/-lɑ	处所	在……	Adessive（近处格）
-tɑ/-lɑ	处所	经过……	Translative（转变格）
-tɑ/-lɑ	目标 / 终点	到……	Allative（向格）
-ʁɑ	处所	在……里	Inessive（内格）
-wu	源点 / 起始点	从……	Ablative（由格）

从表1可以看出，羌语的位格标记主要有三个：[-tɑ/-lɑ]“在……上、在……下、到……”、[-ʁɑ]“在……里”和[-wu]“从……”。其中，[-tɑ/-lɑ]“在……上、在……下、到……”和[-ʁɑ]“在……里”表示拓扑空间关系，而[-wu]“从……”表示空间位移。例如：

（3）ʁuq-tɑ　pe ʂə.
　　山 - 位格 雪 有
　　山上有雪。

（4）mutu-lɑ　zdɑm o-qůtu　ʂə-tɑ.
　　天 - 位格　云　一 - 量 有 - 强调
　　天上有朵云。

（5）kuetsue-ʁɑ　tsʰə me-le.
　　酸菜 - 位格 盐　否定 - 有
　　酸菜里没有盐。

① 位格标记[-tɑ/-lɑ]互补分布，如果位格前面的名词是单音节或者非流音韵尾或者元音弱化时，用[-tɑ]；如果位格前面的名词是多音节或者是流音韵尾时，用[-lɑ]。

（6）tsɑ-wu ʂpəχs-tɑ i-pək guaha ŋuɑ?
这儿 - 由格 赤不苏 - 位格 向里 - 到达 远 疑问
从这儿到赤不苏远吗？

例句（3）~（6）是位格标记最典型的用法。例句（3）中位格前面的名词 [ʁuq]“山”是单音节，且有小舌音韵尾 [-q]，所以用位格标记 [-tɑ]。例句（4）位格前面的名词 [mutu]“天”是双音节词，用位格标记 [-lɑ]。例句（5）表示 F 在空间里，用位格标记 [-ʁɑ]。例句（6）[tsɑ]“这儿”表示空间的源点，用由格标记 [-wu]。

羌语中表示 F 在背景的上面（接触）时，一般用位格标记 [-tɑ]“……上”。如例句（7），如果 F 在背景的上方（无接触），一般用方位词 [məq]“上面”加位格标记 [-tɑ]“……上”，如例句（8）~（9）。

（7）χaitʰɑn-leː-tɑ dʐoqu jimigů̊ə̊ we-wu.
海滩 - 定指：量 – 位格 脚 印 有 - 亲见
海滩上有脚印。

（8）fəŋtʂən [səf-teː] [məq-tɑ] lɑ-tɑ.
风筝 树 - 定指：量 上面 - 位格 飞 - 强调
风筝在树上飞。

（9）tən-leː tʰu [tʂuɑts-teː] [məq-tɑ] tə-ʁue-ji ŋuə-tɑ.
灯 - 定指：量 那儿 桌子 - 定指：量 上面 - 位格 向上 - 吊 - 状态变化 是 - 强调
电灯在桌子上方吊着。

例句（7）中 [dʐoqu jimigů̊ə̊]“脚印”印在背景 [χaitʰɑn]“海滩”上，[dʐoqu jimigů̊ə̊]“脚印”和背景 [χaitʰɑn]“海滩”有接触。例句（8）的 [fəŋtʂən]“风筝”在背景 [səf-teː]“树”的上方，[fəŋtʂən]“风筝”与背景 [səf-teː]“树”没有接触；例句（9）的 [tən-leː]“电灯”在背景 [tʂuɑts-teː]“桌子”的上方，[tən-leː]“电灯”与背景 [tʂuɑts-teː]“桌子”也没有接触。从这三个例句可以看出，在羌语中，只要 F 与背景接触，一般只在背景后用位格标记 [-tɑ]，如果 F 与背景没有接触，一般用方位词 [məq] 再加位格标记 [-tɑ]。

如果 F 附着在背景上时，一般用表示向里的位格 [-ʁɑ]，例如（10）~（11）；或者 F 悬吊在背景上时，也用位格标记 [-ʁɑ]，如例句（12）~（13）；当 F 串在背景上时，也用位格标记 [-ʁɑ]，如例句（14）。

（10）tʰeː quaha-laː①-ʁɑ sɑ jimigů̃ə we-wu-jɑ.
3单 脸-定指：量-位格 血 印 有-亲见-强调
他脸上有血迹。

（11）ɕinfəŋ-laː-ʁɑ jəupʰiɑu ɑ-tʂɑn we-tɑ.
信封-定指：量-位格 邮票 一-量 有-强调
信封上有一张邮票。

（12）mufu-leː tʰu tʰiɑnχuɑpan-laː-ʁɑ tə-ʁue-ji ŋuə-e.
灯-定指：量 那儿 天花板-定指：量-位格 向上-吊/挂-状态变化 是-强调
电灯在天花板那儿吊着。

（13）fɑ-leː tʰɑ ʂuntsə-laː-ʁɑ ɦa-ʁue-n̥i we.
衣服-定指：量 那里 绳子-定指：量-位格 向下-吊/挂-状 有
衣服在绳子那儿挂着。

（14）tʰeː-tɕ jisaq-tɑ-lə-ʁɑ tɕetʂə ɑ-lə we.
3单-属格 手指-定指-量-位格 戒指 一-量 有
他手指上有一个戒指。

例句（10）的 [sɑ jimigů̃ə]“血迹”和（11）中的 [jəupʰiɑu ɑ-tʂɑn]“一张邮票”分别附着在背景 [tʰeː quaha-laː]“他的脸”和 [ɕinfəŋ-laː]“信封”上，例句（12）中的 [mufu-leː]“电灯”悬吊在背景 [tʰiɑnχuɑpan-laː]“天花板”上，例句（13）中的 [fɑ-leː]“衣服”悬挂或者吊在背景 [ʂuntsə-laː]“绳子”上，例句（14）中的 [tɕetʂə ɑ-lə]“一个戒指”穿在背景 [tʰeː-tɕ jisaq-tɑ-lə]“他的手指”上。这 5 个例句的背景都带表示“向里”的位格标记 [-ʁɑ]。例句（12）和例句（13）中动词 [ʁue]“吊/挂”分别用不同的方向前缀。例句（12）中用表示向上的方向前缀 [tə-]，表明在羌族的认知中 [mufu-leː]“电灯”通过天花板向上吊着；而例句（13）中用表示向下的方向前缀 [ɦa-]，表明在羌族的认知中 [fɑ-leː]“衣服”在绳子上向下吊/挂着。

从例句（10）~（14）看，位格标记 [-ʁɑ] 所反映的认知范畴不完全等同于汉语“向里”或英语的 inside 所反映的认知范畴。

如果 F 在背景（容器）里面时，既可以用方位词 [ʐ̩ɑχuɑ]“里面”加位格标记

① 荣红羌语中定指标记（definite marking）[-te/-le] 与位格标记 [-tɑ/-lɑ] 一样，互补分布，出现条件也与 [-tɑ/-lɑ] 出现的条件相同。定指标记 [-te/-le] 与其后的量词发生元音和谐，当 [-te/-le] 与量词 ze“个”结合时，一般缩减为 [-teː/-leː]，如例句（1）、（2）、（7）、（8）、（9）等。当 [-teː~-leː] 后有位格标记 [-ʁɑ] 时，[-teː~-leː] 的元音也与 [-ʁɑ] 和谐，变为 [-taː/-laː]，如例句（10）、（11）、（12）、（13）、（16）等。如果定指标记 [-te/-le] 后面是其他量词，其元音也与量词和谐，但不能缩减为一个音节，如例句（14）、（19）等。

[-lɑ]，如例句（15），也可以用位格标记 [-ʁɑ]“……里”，如例句（16）。

（15）pʰinko-leː　　ʁuɑtʂə-leː　　ʐɑχuɑ-lɑ　　le.
苹果 - 定指：量 碗 - 定指：量 里面 - 位格 在
苹果在碗里。

（16）pʰinko-leː　　ʁuɑtʂə-laː-ʁɑ　　le.
苹果 - 定指：量 碗 - 定指：量 - 位格 在
苹果在碗里。

（二）方位词

羌语中一般表示 F 所处的位置，即询问“F 在哪儿”时，常常由方位词作为背景。荣红羌语中表方位的疑问词 [tɕɑ-lɑ]“哪儿”由疑问语素 [tɕɑ] 与位格标记 [-lɑ] 结合而成。荣红羌语常用的方位词一般只能带位格 [-tɑ/-lɑ]，不能带位格标记 [-ʁɑ]，如表 2。

表 2　荣红羌语常用的方位词

羌语	空间方位概念	意义
məq(-tɑ)	上面	F 在 G（立体、平面）的上面
qəl(-lɑ)	下面	F 在 G（立体、平面）的下面
qəstaː-lɑ	顶部	F 在 G（立体、平面）的顶部
ʂqəl-lɑ	下	F 在 G（立体空间、覆盖物）的下面
kuə-tɑ	地上	F 在 G（地面）上
ni-lɑ/ni-ze	水源 / 斜上方	F 在 G 的水源 / 斜上方
kʰi-lɑ/kʰi-ze	流水 / 斜下方	F 在 G 的流水 / 斜下方
tɕiquɑ(-lɑ)	里面	F 在 G（三维空间）的里面
kʰuaqa(-lɑ)	外面	F 在 G（三维空间）的外面
ʐɑχuɑ(-lɑ)	里面	F 在 G（三维空间）的里面
ʁuɑ-lɑ	外面	F 在 G（三维空间）的外面
ʐeːʴků̃ə̊-tɑ	中心	F 在 G 的中心
dʐuků-tɑ	附近	F 在 G 的近处
ha-fůə̊ tu-tsu(-lɑ)	周围 / 四周	F 在 G 的四周 / 环绕
pienɑː/pienɑ-lɑ	旁边	F 在 G 的旁边
miɑntsɑː/miɑntsɑ-lɑ	表面	F 在 G 的表面
titsɑː/titsɑ-lɑ	底儿	F 在 G 的底部

从上表可以看出，方位词 [pienaː]“旁边”、[miantsaː]“表面”和 [titsaː]“底儿”借自西南官话，这 3 个方位词借入羌语后，按照羌语方位词的规则，在它们后面要加位格标记 [-la]。方位词 [pienaː]“旁边”由 [pien]“边儿”加位格 [-la] 构成，[miantsaː]“表面”由 [miantsə]“面子”加位格 [-la] 构成，而 [titsaː]“底儿”由 [titsə]“底子”加位格 [-la] 构成。其他方位词都带有位格标记 [-la] 或者 [-ta]。以上 17 个方位概念都可以单独使用，可以做话题。除了上面这些方位词外，羌语还有 1 个非自由方位语素 [quə~qə-ta]“……上”和方位词缩减形式 [quaː]“……里”，这两个不能单独使用，一般出现在名词之后，如例句（17）~（19）。

（17）pəitsə-leː　tʂuats-leː-quə-ta　ʂ̩ə-wa.
杯子 - 定指：量 桌子 - 定指：量 - 上 - 位格 在 - 强调
杯子在桌子上。

（18）wətsʰi-leː　səf-teː-quə-ta　da-lə-n̩i　da-qə-ta.
鸟 - 定指：量 树 - 定指：量 - 上 - 位格 离心 - 飞 - 状 离心 - 去 - 强调
鸟儿飞着过了树。

（19）ˀo! zdu-le-tɕi　tɕym-lou　tsə-quaː　ə-ʁue-ku　wo!
噢 鹿 - 定指 - 量 孩子 - 定指：量 水 - 里：位格 向里 - 扔 - 推断 哦
噢！那只鹿把那个孩子扔进河里了哦！

例句（17）的 [pəitsə-leː]“杯子”接触于背景 [tʂuats-leː]“桌子”之上，方位语素 [quə] 加位格标记 [-ta] 出现在背景 [tʂuats-leː]“桌子”之后，句尾用表示“无生命物体存在于一个平面上”的处所 / 存在动词 [ʂ̩ə]“在 / 有”。例句（18）中 [wətsʰi-leː]“鸟”在背景 [səf-teː]“树”的上方（没接触到树），方位语素 [quə] 加位格标记 [-ta] 出现在背景 [səf-teː]“树”之后。从这两个例子可以看出，方位语素 [quə/qə-ta]“……上”既可以用于接触于背景的上面，也可以用于与背景没有接触的上方。例句（19）背景 [tsə-quaː]“水里”，[quaː] 从方位词 [tɕiqua]“里面”加位格标记 [-la] 语音简化为 [tɕiquaː]，即（[tɕiqua-la<tɕiquaː<quaː]），方位语素 [quaː]“……里”也不能单独使用。

羌语中的机构名，如学校、办公室、四川省政府等都借自西南官话，但在机构名之后都可以带表示空间“……里”的位格标记 [-ʁa]，如例句（20）~（21）。

（20）tʰemle　tɕymi-leː　ɕoɕau-ʁa　ləɣz tɕo-su-wu.
3 复　孩子 - 定指：量 学校 - 位格 书　还 - 学 - 亲见
他（们）的孩子还在学校读书。

（21）tʰeː　sitʂʰuansən tʂənfu-ʁɑ　ʂanpan pu.
3 单　四川省　　政府 - 位格 上班　做
他在四川省政府上班。

有些处所或者机构名称可以把不及物或者及物动词句中的谓语动词名物化，由处所名物化标记 [-s]，再加位格标记 [-tɑ] 构成，如例句（22）～（23）。

（22）a. peitɕi zʅmətʂi zʅ.
北京 皇帝　有 / 在
北京有大首长。
b. zʅmətʂ zʅ-s-tɑ　　　　　mi wu-wa.
皇帝　在 - 名物化 - 位格 人 多 - 很
大首长在的地方（北京）人很多。

（23）a. tʰeː　mi ʐdʑi tʂʰopů.
3 单 人 病　医治
她给病人治病。
b. tʰeː　ʐdʑi tʂʰopu-s-tɑ　　　　dʐə　bəl.
3 单 病　医治 - 名物化 - 位格 事情 做
她在治病的地方（医院）做事。

例句（22a）是不及物动词句，而例句（23a）是及物动词句。例句（22b）中不及物处所 / 存在动词 [zʅ]“在 / 有”后加表处所的名物化标记 [-s]，再加位格标记 [-tɑ]，构成“F 在的地方”，这个名物化结构就可以作为背景。例句（23b）中及物动词 [tʂʰopu]“医治”后加表处所的名物化标记 [-s]，再加位格标记 [-tɑ]，构成“ F 在治病的地方”，这个名物化结构也可以作为背景。例句（22b）和（23b）作为背景的名物化结构内分别还含有一个观察者注目的焦点 [zʅmətʂ]“大首长”和 [ʐdʑi]“病（名词）”。

荣红羌语还有一个以动词 [ɣlə]“翻”与方向前缀①和位格一起构成八个方位词。这八个方位词通常以山梁、台地或者房间为参照点（reference point），如图 2。

①“方向前缀”概念是孙宏开先生在调查中国境内六江流域语言时首次发现并提出的。见孙宏开：《羌语动词的趋向范畴》，载《民族语文》，1981（1）。孙宏开：《六江流域的民族语言及其系属分类》，载《民族学报》，1983（3）。

图 2　羌语以动词 [ɣlə] 与方向前缀构成的方位词

（24）tə-ɣlɑː 山梁或台地的上方　　ɦɑ-ɣlɑː 山梁或台地的下方
nə-ɣlɑː 山梁或台地的斜上方　　sə-ɣlɑː 山梁或台地的斜下方
zə-ɣlɑː 山梁或台地的这边　　dɑ-ɣlɑː 山梁或台地的那边
ə-ɣlɑː 里屋或者屋里　　hɑ-ɣlɑː 外屋或者屋外

这八个方位词由动词 [ɣlə]“翻”前加方向前缀 [tə-]、[ɦɑ-]、[nə-]、[sə-]、[zə-]、[dɑ-]、[ə-]、[hɑ-][①] 构成，动词 [ɣlə]“翻”与位格 [-lɑ] 合为一个音节，且元音变长 [ɣlɑː]。尽管这八个方位词由方向前缀和位移动词 [ɣlə]“翻”构成，但没有位移的意义，已词汇化为方位概念。前六个方位词以山梁或者台地作为参照点。而 [ə-ɣlɑː]“里屋或者屋里”和 [hɑ-ɣlɑː]“外屋或者屋外”以房间或房子作为参照点。

羌语还有一个语素 [ɣdu]（不能单独使用）与八个方向前缀和位格 [-lɑ] 结合，构成八个极性方位概念，如（25a）。同时，羌语中还有一个语素 [xʂə]（也不能单独使用），其前面加八个方向前缀，其后面加名物化后缀 [-s]，再加位格标记 [-tɑ]，也构成八个极性方位概念，如（25b）。

（25）a. tu-ɣdu-lɑ 最上面　　ɦo-ɣdu-lɑ 最下面
nu-ɣdu-lɑ 最斜上方　　su-ɣdu-lɑ 最斜下方

① 当方向前缀黏附在动词词根之前时，要与动词词根发生元音和谐（vowel harmony），方向前缀元音 [i~u~ə] 与词根元音舌根前伸和谐（advanced tongue root，简称 +ATR harmony），而方向前缀元音 [e~a~o~ɑ] 与词根元音舌根非前伸和谐（-ATR harmony）。见黄成龙：《羌语动词的前缀》，载《民族语文》，1997（2）。Evans, Jonathan P.（余文生）, and Chenglong Huang（黄成龙）. A bottom-up approach to vowel systems: the case of Yadu Qiang! Cahiers de Linguistique Asie Orientale (CLAO), 2007.

u-ɣdu-lɑ 最里面　　ho-ɣdu-lɑ 最外面
zu-ɣdu-lɑ 最近处　　do-ɣdu-lɑ 最远处
b. tə-xʂə-s-tɑ 最上面　　ɦɑ-xʂə-s-tɑ 最下面
nə-xʂə-s-tɑ 最斜上方　　sə-xʂə-s-tɑ 最斜下方
ə-xʂə-s-tɑ 最里面　　hɑ-xʂə-s-tɑ 最外面
zə-xʂə-s-tɑ 最近处　　dɑ-xʂə-s-tɑ 最远处

例句（25a）中 [ɣdu] 后不能带名物化标记，而（25b）[xʂə] 后必须要带名物化标记 [-s]，由此可以看出，[xʂə] 应该是个动词语素，跟量词 [xʂe]“边”没有关系。

（三）地名与村寨名

荣红羌族对自己生活的周边环境非常熟悉，这些周边环境是当地人日常生活赖以生存的生态环境，因此，寨子周边的每一座山、每一条沟甚至每一块地都有羌语名称。羌语地名（toponym）一般都带位格标记 [-tɑ/-lɑ]，如图 3。

图 3　荣红寨南面、西面地名

图 3 列举了荣红羌寨常用的一些地名，除了 [xʂe ɕpiʁu] 不带位格标记外，其他所有地名都带位格标记 [-tɑ/-lɑ]。地名 [zəlɑː] 由 [zəl]+ 位格标记 [lɑ] 结合而成。

一般离自己居所越近的村寨名分得越详细，可以把村子分成几个不同的堡子；离自己越远的村寨，就分得越粗略，只分乡、镇、县等名称。荣红寨由四个不同的堡子组成，如 [waxs-ta]、[ʁuaʁua-la]、[ʁlo-ta]、[kʰetsəkůə̊-ta]。荣红寨邻村 [buja-la]“木鱼寨”由 [loʁu-la] 和 [tʂoʁu-la] 两个堡子组成，往西 [quaʁ-la]“瓜里寨”由 [quaʁ-la] 和 [bezəq-ta] 两个堡子组成，[ʁoʁu-la]“窝窝村”由 [ʁoʁu-la]“窝窝”和 [qʰoʁu-la]“卡窝”两个堡子组成。

固有的乡、镇地名除了 [queʴpu]“黑水县维古乡”、[loŋpaq-pə]“黑水县龙坝乡”不带位格标记外，其他乡、镇地名都带位格标记 [-ta/-la]。例如，[ʂpəχs-ta]“茂县赤不苏镇”、[segůə̊-ta]“黑水县色尔古乡”、[zet-ta]“松潘县”、[detʂa-la]“黑水县瓦钵乡”、[ʁuatɕi-la]“茂县洼底乡”、[χseitɕi-la]“茂县三龙乡”、[squn̥i-la]“茂县凤仪镇”、[qʰusu-la]“汶川县威州镇”、[ʂatʂʰə-la]“理县薛城镇”，等等。

如果地名不是固有词，一般只能带位移的位格标记 [-wu]，不带位格标记 [-ta/-la/-ʁa]。如 [petɕʰi]“茂县白溪乡”、[kəukʰəu]“茂县沟口乡”、[Feiχon]“茂县飞虹乡”、[weimen]“茂县渭门乡”以及 [tsʰontɕʰin]“重庆”、[petɕin]“北京”、[meikue]“美国”等都是汉语借词，都没有带位格标记。如果地名后加别的词缀，位格标记一般不出现，如地名后加 [-pə]，表示“某个地方的人”时，[①] 没有出现位格标记，如例（26）。

（26）ʂpəχs-pə 赤不苏人　　quaz-pə 大瓜子人
ɕiquaz-pə 小瓜子人　　jo-tə-pə 雅都寨人
χseitɕə-pə 大寨子人　　ɕtɕulu-pə 黑水县石碉楼乡人

羌语中不仅地名、方位词、处所词带位格标记 [-ta/-la]，普通名词和时间词也可以带位格标记。时间词一般带位格标记 [-ʁa]，这些时间词只有在当状语的时候带位格标记 [-ʁa]，如例（27）。

（27）tɕiu-la 家里　　ʐoʁu-ta 打谷场
qʰua-la 河坝　　tʂʰaq-ta 街上
zəq-ta 高山草甸　　ʁuq-ta 高山
a-s-ʁa 一天　　e-je-ʁa 一夜
a-ɕ-ʁa 一个月　　a-p-ʁa 一年

羌语的空间位格标记从典型平面到典型的空间里面之间不是孤立存在的，在它们中间有些用法把它们联结起来，如图 4。

① Huang, Chenglong（黄成龙）. Shared morphology in Qiang and Tibetan, In Yasuhiko Nagano (ed.), Issues in Tibeto-Burman Historical Linguistics (Senri Ethnological Studies), 75: 223–240. Osaka: National Museum of Ethnology, 2009.

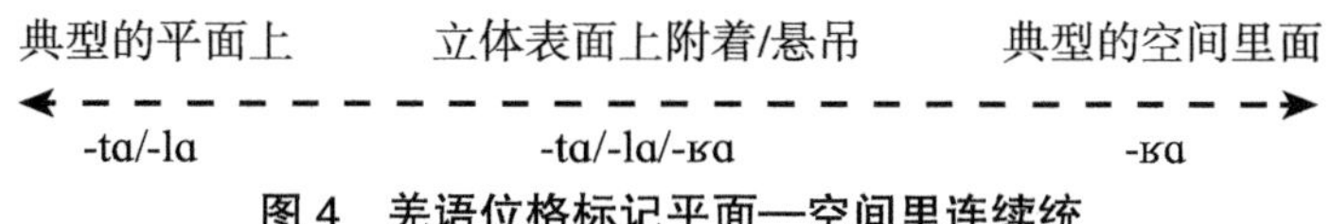

图 4 羌语位格标记平面—空间里连续统

图 4 所示，羌语的位格标记是二分法（dual system），即分为空间里与非空间里（包括平面上下、立体上下）等。最左边表示背景是平面时，一定用位格标记 [-tɑ/-lɑ]，最右边表示背景是立体空间内时，一般用位格标记 [-ʁɑ]，二者之间非典型平面和非典型空间内时，有时用 [-tɑ/-lɑ]，有时用 [-ʁɑ]，因此，这两个表示拓扑空间的位格标记不是相互孤立、毫不相干的，而是由中间的非典型平面、立体等（附着、悬吊、部分包含）把二者连接起来，这样就构成了一个拓扑空间内与拓扑非空间内之间的连续统。

（四）处所 / 存在动词

羌语各方言土语中都有多个处所 / 存在动词，这些处所 / 存在动词根据 F 和 G 之间的关系和所指的有生命和无生命之别进行分类。荣红羌语最常用的处所 / 存在动词有 4 个[①]，如表 3。

表 3 荣红羌语处所 / 存在动词

存在动词	意义
zi̥	表示有生命物之存在
ʂə~xu	表示 [无生命物] $_{[F]}$ 在一个 [平面参照物上] $_{[G]}$
we	表示 [无生命物] $_{[F]}$ 附着在一个 [立体参照物上] $_{[G]}$
le	表示 [无生命物] $_{[F]}$ 在一个 [平面参照物里面] $_{[G]}$

（28）puɳu-leː tɕiʁuɑ-leː ʐɑχuɑː zi̥.
猫 - 定指：量 房子 - 定指：量 里面：位格 在
猫在屋里。

（29）ku~kuə-tɑ pi ɑ-lɑ xu~ʂə.
地 - 位格 笔 一 - 量 有
地上有支笔。

① 黄成龙：《羌语的存在动词》，载《民族语文》，2000（4）。LaPolla, Randy, J.（罗仁地）, with Chenglong Huang（黄成龙）. A Grammar of Qiang, with annotated texts and glossary. Berlin: Mouton de Gruyter, 2003: 133–136. LaPolla, Randy, J.（罗仁地）, and Chenglong Huang（黄成龙）. The copula and existential verbs in Qiang. Bulletin of Chinese Linguistics, 2007.

（30）qʰɑts-teː-tɑ　　　　　ʂpeʂpe we.
墙 - 定指：量 - 位格 灰尘　有
墙上有灰尘。

（31）pʰinko-leː　　　　ʁuatʂə-leː　　　zɑχua-lɑ　　le.
苹果 - 定指：量 碗 - 定指：量 里面 - 位格 在
苹果在碗里。

例句（28）中 [puɳu-leː]“那只猫”在背景 [tɕiʁua-leː zɑχuaː]“房子里”，因 [puɳu-leː]“那只猫”是有生命的所指，故用表示有生命的处所 / 存在动词 [zi̥]“在 / 有”。例句（29）中 [pi ɑ-lɑ]“一支笔”在背景 [ku~kuə-tɑ]“地上”，用表示平面支撑的处所 / 存在动词 [xu]“在 / 有”，也可以用 [ʂə]“在 / 有”。例句（30）中 [ʂpeʂpe]“灰尘”附着在背景 [qʰɑts-teː-tɑ]“墙上”，所以用表示附着在背景上的处所 / 存在动词 [we]“在 / 有”。例句（31）中 [pʰinko-leː]“那个苹果”在背景 [ʁuatʂə-leː zɑχua-lɑ]“碗里面”，因此，用表示空间里面的处所存 / 在动词 [le]“在 / 有”。

羌语中同一个 F 根据“活的”（有生命）或者“死的”（无生命），使用不同的处所 / 存在动词。当 F 是活的，就用有生命的处所 / 存在动词 [zi̥]“在 / 有”，如果 F 是无生命，且附着在立体表面上，就用立体附着处所 / 存在动词 [we]“在 / 有”，如果 F 无生命状态处于平面上，就用平面支撑的处所 / 存在动词 [ʂə]“在 / 有”，如例（32）。

（32）a. tʂʰəʂ ou　　　qʰɑts-teː-tɑ　　　　　zi̥.
蜘蛛 一：量 墙 - 定指：量 - 位格 在 / 有
有一只（活）蜘蛛在墙上。
b. tʂʰəʂ keː　　　　　qʰɑts-teː-tɑ　　　　　we.
蜘蛛 不定指：量 墙 - 定指：量 - 位格 在 / 有
有一只（死）蜘蛛在墙上。
c. ku~kuə-tɑ tʂʰəʂ (die-ʂe-ji)　　　　　ou　　ʂə.
地 - 位格　蜘蛛 离心 - 死 - 状态变化 一：量 在 / 有
地上有一只死蜘蛛。

例句（32a）中 [tʂʰəʂ ou]“一只蜘蛛”在背景 [qʰɑts-teː-tɑ]“墙上”，因 [tʂʰəʂ ou]“一只蜘蛛”是有生命的所指，故用表示有生命的处所 / 存在动词 [zi̥]“在 / 有”。例句（32b）中 [tʂʰəʂ keː]“一只蜘蛛”也在背景 [qʰɑts-teː-tɑ]“墙上”，但是，[tʂʰəʂ keː]“一只蜘蛛”是死的，并附着在墙上，因此，用附着在背景上的处所 / 存在动词 [we]“在 /

有”。例句（32c）中 [tʂʰəʂ ou]“一只蜘蛛”也是死的，但在平面背景 [ku~kuə-tɑ]“地上”，因此，用表示平面上的处所 / 存在动词 [ʂə]“在 / 有”。

三、参照框架

在不同语言中参照框架的表征不一样，有的语言只有绝对参照框架（如澳大利亚的 Guugu Yimithirr 语），有的语言只有内在参照框架（如 Mopan 玛雅语），有的语言只有绝对和内在参照框架（如 Tzeltal 玛雅语），有的语言只有内在和相对参照框架（如荷兰语、日语等），有的语言这三种框架都有［如汉语、英语、Yucatec 玛雅语、Kgalagadi（属于班图语）等］。这三种参照框架中内在参照框架是基本，绝对参照框架和内在参照框架可以单独出现，相对参照框架不能单独出现，需要内在参照框架为基础。①

羌语中常以日出 / 日落与河流流向、平台、楼层、火塘、房子作为参照框架。羌语根据参照框架的不同，有多个不同于汉语和英语的“上面”“下面”空间概念。羌语的参照框架，见表 4②。

表 4　羌语的参照框架

参照框架	上面 / 上方	下面 / 下方
山	məq-(tɑ)	qəl-(lɑ)
平台、台地	zuχu-(lɑ)	guaq-(tɑ)
河谷	niː~ni-(lɑ)	kʰiː~kʰi-(lɑ)
楼层	tɕy-tɑ	tʂʰə-lɑ
火塘	wətɕi-(lɑ)	wəi-(lɑ)
房子	tɕuχu-(lɑ)	tɕike-(lɑ)

（一）绝对参照框架

绝对参照框架是以“环境为中心”（environment-centered）的参照框架，是一个二

① Levinson, Stephen C. Space in Language and Cognition: Explorations in Cognitive Diversity. Cambridge: Cambridge University Press, 2003: 93.

② LaPolla, Randy, J.（罗仁地）, with Chenglong Huang（黄成龙）. A Grammar of Qiang, with annotated texts and glossary. Berlin: Mouton de Gruyter, 2003: 58.

元系统（binary system）。观察者注目的焦点（物体）的位置根据任何固定支架（fixed bearings）（如绝对空间系统：东南西北，风向、山势等）来体现。也就是说，绝对参照框架是根据自然环境定位的绝对空间（cardinal directions）系统，如汉语和英语都有“东、南、西、北”绝对空间系统。从跨语言角度看，不同语言的绝对参照框架有所不同，有的语言以山谷、河流走向作为绝对参照框架，有的语言以海风作为绝对参照框架。羌语常以山势高低、河流流向、平台/台地作为绝对参照框架。羌语的绝对参照框架，见表5[①]。

表5　羌语的绝对参照框架

绝对参照框架	上面/上方	下面/下方
山	məq-(tɑ)	qəl-(lɑ)
河谷	niː~ni-(lɑ)	kʰiː~kʰi-(lɑ)
平台、台地	zuχu-(lɑ)	guaq-(tɑ)

从表5可以看出，任何山（垂直）的上坡称为[məq-(tɑ)]“上面”，下坡称为[qəl-(lɑ)]“下面”；任何河谷或者山谷，斜坡坡度高或者水源方，称为[niː/ni-(lɑ)]“斜上方/水源方”；斜坡坡度低或者流水方，称为[kʰiː/kʰi-(lɑ)]“斜下方/流水方”；任何平台或者台地有角一面称为[zuχu-(lɑ)]“上面”、无角一面称为[guaq-(tɑ)]“下面”。这三对是以环境作为参照框架，是绝对的，不受说话人或者听话人视角的制约，因而是绝对参照框架。

1. 日出/日落与山谷/河流与斜坡

荣红寨坐西朝东，即在阳山，三面环山，河谷、山谷众多。羌语没有对应于英语和汉语的“东、西、南、北”，绝对坐标参照系是以日出/日落和河流流向来定位，如图5。

图5　日出/日落与山谷/河流作为绝对参照框架

① LaPolla, Randy, J.（罗仁地）, with Chenglong Huang（黄成龙）. A Grammar of Qiang, with annotated texts and glossary. Berlin: Mouton de Gruyter, 2003: 58.

从图 5 可以看出，在荣红羌语中河谷两边分别以 [tɕʰupu-lɑ] 与 [dʐupu-lɑ] 定位，这两个词并没有日出或者日落的意思，碰巧对应于汉语的绝对空间方位“东、西”方位。而河谷 / 山谷以“河流流向 / 斜坡”[ni-lɑ]“水源方 / 斜上方”、[kʰi-lɑ]“流水方 / 斜下方”定位[①]，碰巧对应于汉语的绝对空间方位“南、北”方位。图片中的羌语词所表达的意思不等同于汉语的“东南西北”，如 [tɕʰupu-lɑ] 这个词，因为荣红寨特有的地理位置，因而 [tɕʰupu-lɑ] 巧然与汉语“东”的方向相同。如果换一个地理位置不一样的寨子，[tɕʰupu-lɑ] 就不是“东”。荣红羌语中已经借入西南官话的绝对空间系统 [tunfɑŋ]“东方”、[lanfɑŋ]“南方”、[ɕifɑŋ]“西方”、[pefɑŋ]“北方”。

荣红寨是高山村寨，山地、田地多斜坡，即使再平的山地或者田地都有一定的斜度。羌语中 [ni-le-xʂe]“水源 / 斜上方”是指任何有斜度的空间的上方，而 [kʰi-le-xse]“流水 / 斜下方”是指任何有斜度的空间的下方，包括河谷、田地和房间等。其空间参照不以观察者（说话人）视角的变化而变化，因此是绝对参照框架。

2. 平面上 / 下（房顶晒台、田地、路）

羌语还以水平面，如房顶晒台、田地、路的两侧作为绝对参照框架，如图 6。

图 6　台地、路两侧作为绝对参照框架

图 6 是指边角方位与非边角方位，因荣红羌寨地势关系，边角方比较危险，非边角方较安全。凡是有“角”和“边角”的平面，有“角”的那一方位 [məq-te-xʂe]“上面”，称为 [zuχu]“墙角”，是安全之地。带有“边”的那一方位 [qəl-le-xʂe]“下面”，称为 [guaq]，是危险之地。“[zuχu]”和“[guaq]”这对空间参照不以观察者（说话人）

① 我们尚不清楚其他村寨是否以日出 / 日落和山势、河流流向定位，有待今后进一步调查。

视角的变化而变化，因此也是绝对参照框架。

（二）内在参照框架

内在参照框架包含物体为中心（object-centered）的坐标系，这个坐标系是由被用作背景物体的面（facet）或边（sideness）的内在特征（inherent features）决定的[①]。也就是说内在参照框架是二元空间关系（binary spatial relation），F（物体）的位置根据另一物体的一部分（其前、其后或其边）来体现。内在参照框架是背景物体的一部分或者区域，不受观察者视角的影响，而是独立于观察者，指背景所具有的属性，如羌寨的房子一般都是 2 ~ 3 层，有上下和正背之分，在羌语中楼层和房子都是内在参照框架，如表 6。

表 6　羌语内在参照框架

内在参照框架	上面 / 上方	下面 / 下方
房子	tɕuχu-(lɑ)	tɕiki-(lɑ)
楼层	tɕy-tɑ	$tʂ^{h}$ə-lɑ

1. 房屋作为参照点

房屋作为参照框架时，因当地地势的原因，房子一般都建在有一定坡度的地方，坡度高的一面一般是房子的背面，坡度较低那一面一般是房子的正面或者门的位置。如果房子作为参照框架，房子的背面 / 背后和正面 / 前面，在羌语中可用三对空间方位词表示，见表 7。

表 7　房子作为参照框架

房子正面	汉义	房子背面	汉义
qəl-lɑ	下面	məq-tɑ	上面
putu-lɑ	前面	wəs-tɑ	后面
tɕiki-lɑ	正面	tɕuχu-lɑ	背面

表 7 所示，房子的上面“[məq-tɑ]”，也就是房子的背面 / 后面“[wəs-tɑ]”，就称为“[tɕuχu-lɑ]”。房子的下面“[qəl-lɑ]”，也就是房子的前面或者正面“[putu-lɑ]”，

① Levinson, Stephen C. Space in Language and Cognition: Explorations in Cognitive Diversity. Cambridge: Cambridge University Press, 2003: 41.

就称之为“[tɕiki-lɑ]”。房的背面 / 后面“[tɕuχu-lɑ]”和房子的前面 / 正面“[tɕiki-lɑ]”由 [tɕi]“房子”这个词与黏着语素 [-ki] 和 [-χu] 组合而成，因黏着语素 [-χu] 的元音 [u] 为后圆唇元音，[tɕi]“房子”的元音与 [u] 元音和谐，变为 [tɕu]。

2. 屋里 / 屋外与外屋 / 里屋

羌寨的住房一般有两三层，而且每层都有数间房子。就房子而言，有前文介绍的屋前和屋后、楼上和楼下；就房子里外而言，有屋里和屋外；就房间而言，有里屋和外屋。屋里与屋外、里屋与外屋这两对参照框架都是房子所具有的内在特征，因此，也是内在参照框架。如果住房内房间多间，里屋称为“[tɕiqua-lɑ/tɕiquaː]”，外屋称为“[kʰuaqa-lɑ/kʰuaqaː]”。如果以 [tɕiʁuɑ]“房子”作为参照框架，就有屋内和屋外空间，屋内称为“[tɕiu-lɑ]”，而屋外称为“[ʁuɑ-lɑ]”。

3. 屋内火塘

羌族村寨每户屋内火塘是羌族饮食起居、待人接物以及社交活动等的重要场所，因此，火塘在羌族乃至西南一些少数民族中有十分重要的文化内涵。火塘一般位于二层房间正中间，一般呈正方形，如图 7 所示。

图 7　火塘作为参照框架

图片中，火塘四边都有名称，每个方位都有其特定的功能。[wətsʰi-lɑ] 是添柴方位，按照顺时针方向，[wətɕi-lɑ] 是长辈和男人专座，[wətɕiʂ-tɑ] 是最年长者和贵宾专座，[wəi-lɑ] 是做饭的地方以及妇女和儿童专座。在荣红羌族的意识里，[wətɕi-lɑ] 可称之为 [məq-te-xʂe]“上面那边”，[wəi-lɑ] 可称之为 [qəl-le-xʂe]“下面那边”；而 [wətɕiʂ-tɑ] 可称之为 [ni-le-xʂe]“斜上方 / 水源方那边”，[wətsʰi-lɑ] 可称之为 [kʰi-le-xʂe]“斜下方 / 流水方那边”。

4. 前后左右

除了上表所列的内在参照框架外，还有类似汉语和英语中的空间方位概念“前”“后”“左”“右”。空间方位概念“前”和“后”是矢状轴（sagittal axis），而“左”和“右”是横轴（transverse axis）[①]。而羌语有 [tɕiqe(-lɑ)~qeːʴ]“前面”、[steke(-lɑ)]“后面”、[wəs-tɑ]“背后”、[putu-lɑ]“前面、正面”、[tɕikůə̊(-tɑ)]“前面”、[ʁua-xʂe]“左边”、[na-xʂe]“右边”、[jə-xʂe]“面前、两边”。空间方位概念 [tɕiqe]“前面”、[steke]“后面”和 [tɕikůə̊]“前面”可以不带位格标记。[ʁua-xʂe]“左边”、[na-xʂe]“右边”和 [jə-xʂe]“面前”带黏着语素 [-xʂe]“边”。羌语中有两对表示“前”“后”概念的空间方位词，其中一对是朝说话人的“左”和“右”方向，也就是地理学上的“纬度”，人们常说的横向，羌语称为 [zə-tʂə̊ dɑ-tʂə̊]“朝向心—离心”方向，如图 8。

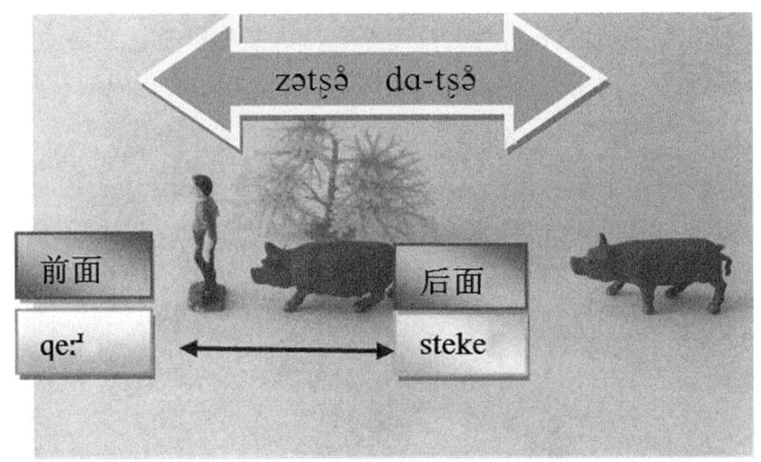

图 8 横轴“前、后”作为内在参照框架

如图中所示，羌语中表示横向的 [tɕiqe(-lɑ)~qeːʴ]“前”和 [steke]“后”是人和动物都有的内在特征，人的面部是“前”，而背部是“后”，动物头部是“前”，尾部是“后”。横向的 [qeːʴ]“前”和 [steke]“后”用于人和动物作为参照物时，是人和动物所具有的内在“前”和“后”特征，因此，图中所示横向的 [qeːʴ]“前”和 [steke]“后”是内在参照框架。

（三）相对参照框架

相对参照框架是观察者为中心的（viewer-centered）参照框架，是一个三元（a

① Pederson, Eric. Spatial language in Tamil. In Levinson and Wilkins (eds.). Cambridge: Cambridge University Press, 2006: 433.

ternary system）参照框架。F（物体）的位置根据观察者的观点和另一个物体所处的位置来体现，从观察者自身的视角把“前”“后”“左”“右”方位概念映像到背景物体中。无特征的所指，如“树”“板凳”“桌子”等作背景时，根据说话人的视角，以他的角度赋予背景“前”“后”“左”“右”空间方位。羌语中的参照框架“前”“后”“左”“右”可以用于F所处的相对参照框架（参见图9～图12）。图9中“前”和“后”空间概念是相对参照框架用法。

图9　矢状轴“前”“后”作为相对参照框架

图中[wu-leː]“那匹马”在背景[xʂe-leː]“那头牛”的[putu-lɑ]“前面”，[xʂe-leː]“那头牛”在背景[wu-leː]“那匹马”的[wəs-tɑ]“后面”。既不是牛的前后，也不是在马的前后，而是根据说话人的视角，离说话人近的[wu-leː]“那匹马”所在的位置称为[putu-lɑ]“前面”，离说话人远的[xʂe-leː]“那头牛”所在的位置就称为[wəs-tɑ]“后面”。因此，图中的[putu-lɑ]“前面”和[wəs-tɑ]“后面”是相对参照框架。

另一对是以说话人的正前方作为参照点，使用的“前”“后”概念，也就是地理学上的“经度”，人们常说的纵向，羌语称为[ə-tʂə̊ hɑ-tʂə̊]“朝里—外”方向，如图10。

图10所示，羌语中表示纵向的[putu-lɑ]“前”和[wəs-tɑ]“后”，用于人和动物正朝着说话人的正前方。动物头部所朝的方向是[putu-lɑ]“前”，而动物尾部所朝的方向是[wəs-tɑ]“后”。[xʂe-leː]“那头牛”和[wu-leː]“那匹马”的[wəs-tɑ]“后面”分别有棵[səf-to-zgu]“树”，那头牛的[putu-lɑ]“前面”有[pie eː]“一头猪”。图9所表示的纵向的[putu-lɑ]“前”和[wəs-tɑ]“后”也是内在参照框架。

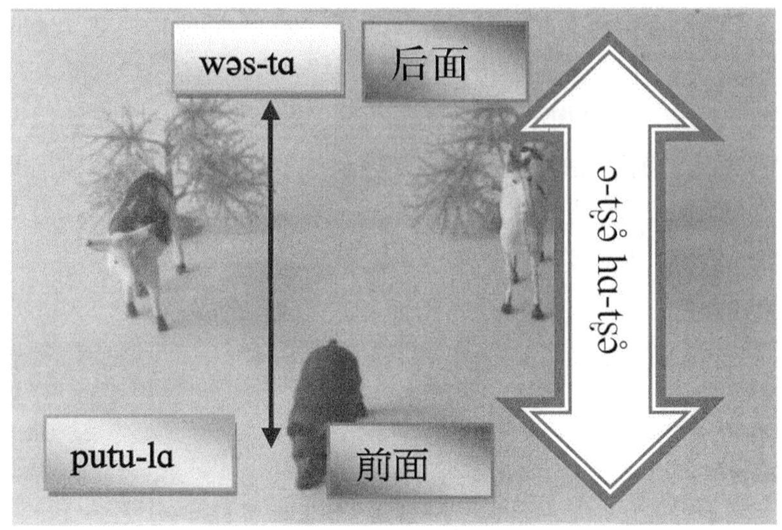

图 10　矢状轴"前、后"作为内在参照框架

空间方位概念"左"与"右"的相对参照框架见图 11 ~ 图 12。

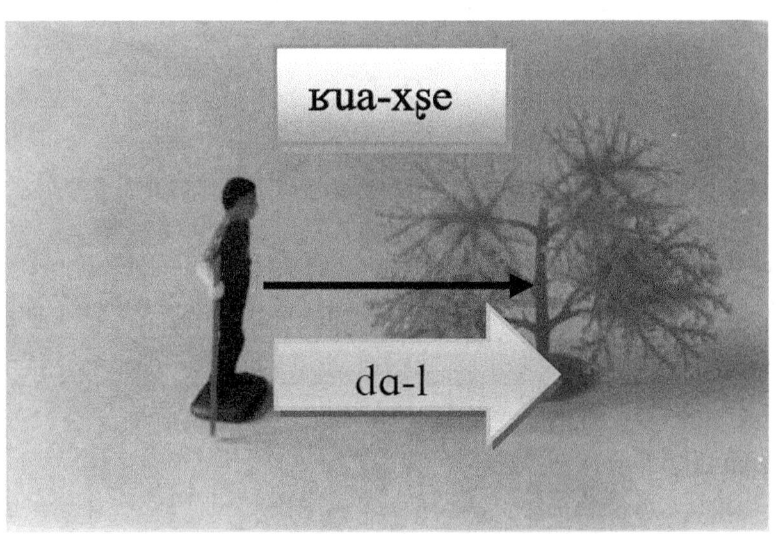

图 11　"左"与"右"的相对参照框架

图 11 中，[mi eː]"一个人"在背景 [səf-to-zɡu]"那棵树"的 [ʁua-xʂe]"左边"，他 [dɑ-l]"望着" [səf-to-zɡu]"那棵树"。背景 [səf-to-zɡu]"那棵树"自身没有"前、后、左、右"方位，是无特征的背景，所以，[ʁua-xʂe]"左边"是根据说话人的视角而言，是相对参照框架。图 12 中 [mi-leː]"那个人" [jɑpɑ na-xʂe-ʁɑ]"右手里"杵着一根棍子，他站在背景 [səf-to-zɡu]"那棵树"的 [na-xʂe]"右边"，看着那棵树。这里是指 F 的

[jɑpɑ na-xʂe-ʁɑ]“右手里”杵着一根棍子，所以，[jɑpɑ na-xʂe-ʁɑ]“右手里”是内在参照框架的用法，而那棵树的 [na-xʂe]“右边”是根据说话人的视角而言，因此，这里是相对参照框架的用法。

图 12 “左”与“右”的相对参照框架

荣红羌语中还有一对动词与方向前缀构成“纵向”与“横向”相对立的词，这对词虽然不是方位词，但跟 F 的朝向有关，如图 13。

图 13 牛与马的朝向

图 13 中 [wu-leː] “那匹马” 头朝说话人 [ə-tʂə̊ hɑ-tʂə̊] “里—外” 方向竖立（纵向）站着，而 [xʂ̩e-leː] “那头牛” 头朝说话人的左右 [zə-tʂə̊ dɑ-tʂə̊] “向心—离心” 方向横着站立。[wu-leː] “那匹马” 竖着，并不是真正朝 “里—外” 方向，[xʂ̩e-leː] “那头牛” 横着，并也不是真正朝 “向心—离心” 方向，这里所谓的 “里—外” 方向和 “向心—离心” 方向也是以说话人的视角而言的，因此，这里的 “里—外” 方向和 “向心—离心” 方向是相对参照框架的用法。

四、结语

本文简要描写和分析了羌语的静态空间概念，尽管还有许多方面需要进一步的深入研究，但从我们所介绍的空间范畴中还是能了解羌语空间范畴的一些特点。羌语拓扑空间范畴中没有对应于汉语和英语的 “东、西、南、北” 绝对空间参照系；但羌语有较丰富的方位词、处所词和地名。方位词、处所词以及绝大多数地名都强制性地带位格标记，因此，位格后置词和处所 / 存在动词是羌语中表达拓扑空间最基本的成分。不像英语表拓扑空间的前置词（介词）是四分法（…in；…on；…over；…under）或者汉语是三分法（……里；……上；……下），羌语表拓扑空间的位格后置词二分，只区分空间里和非空间里。空间里与非空间里不是孤立的，而是有一些非典型的空间里 / 非空间里把二者联系起来。

羌语的参照框架比英语和汉语丰富得多，常常以太阳、河流、地势、平台、房屋、火塘等作为参照框架。羌语的 “左” “右” 方位与汉语和英语类似，可以用于内在参照框架和相对参照框架。羌语有两套 “前” “后” 概念，一套以横向（左右方向）作为参照框架，另一套以纵向（面向说话人—前后方向）作为参照框架。

参考文献

[1] 黄成龙 . 羌语动词的前缀 . 民族语文，1997（2）：68–77.

[2] 黄成龙 . 羌语的存在动词 . 民族语文，2000（4）：13–22.

[3] 孙宏开 . 羌语动词的趋向范畴 . 民族语文，1981（1）：34–42.

[4] 孙宏开 . 六江流域的民族语言及其系属分类 . 民族学报，1983（3）：99–274.

[5] 孙宏开 . 羌语简志 . 北京：民族出版社，1981.

[6] Li, Peggy and Gleitman, Lila. Turning the tables: Language and Spatial reasoning. Cognition, 2002(83.3): 265-294.

[7] Brown, Penelope. The INs and ONs of Tzeltal locative expressions: The semantics

of static descriptions of location. Linguistics, 1994(32): 743-790.

［8］Brown, Penelope and Levinson, Stephen C. 'Uphill' and 'downhill' in Tzeltal. Journal of Linguistic Anthropology, 1993(3.1): 46-74.

［9］DeLancey, Scott. Grammaticalization and the gradience of categories: Relator nouns in Tibetan and Burmese. In Joan Bybee, John Haiman and Sandra A. Thompson (eds.), Essays on language function and language type. Dedicated to T. Givón. Amsterdam/ Philadelphia: John Benjamins Publishing Company, 1997.

［10］Evans, Jonathan P.（余文生）, and Chenglong Huang（黄成龙）. A bottom-up approach to vowel systems: the case of Yadu Qiang! Cahiers de Linguistique Asie Orientale (CLAO), 2007(36.2): 147-186.

［11］Heine, Bernd. Cognitive Foundations of Grammar. Oxford: Oxford University Press, 1997.

［12］Huang, Chenglong（黄成龙）. Shared morphology in Qiang and Tibetan, In Yasuhiko Nagano (ed.), Issues in Tibeto-Burman Historical Linguistics (Senri Ethnological Studies), 75: 223-240. Osaka: National Museum of Ethnology, 2009.

［13］Jackendoff, Ray S. Semantics and Cognition. Massachusetts: MIT Press, 1983.

［14］Johnston, Judith R. and Slobin, Dan I. The development of locative expressions in English, Italian, Serbo-Croatian and Turkish. Journal of Child Language, 1979(6): 529-545.

［15］Landau, Barbara and Jackendoff, Ray. "What" and "where" in spatial language and spatial cognition. Behavioral and Brain Sciences, 1993(16): 217-238.

［16］LaPolla, Randy, J.（罗仁地）, with Chenglong Huang（黄成龙）. A Grammar of Qiang, with annotated texts and glossary. Berlin: Mouton de Gruyter, 2003.

［17］LaPolla, Randy, J.（罗仁地）, and Chenglong Huang（黄成龙）. The copula and existential verbs in Qiang. Bulletin of Chinese Linguistics, 2007(2.1): 233-248.

［18］Levinson, Stephen C. Frames of reference and Molyneux's question: Cross-linguistic evidence. In P. Bloom, M. Peterson, L. Nadel, and M. Garrett (eds.), Language and space, Massachusetts: MIT Press, 1996: 109-169.

［19］Levinson, Stephen C. Space in Language and Cognition: Explorations in cognitive diversity. Cambridge: Cambridge University Press, 2003.

［20］Levinson, Stephen C.; Kita, Sotaro; Haun, Daniel B.and Rasch, Björn H. Returning the tables: Language affects spatial reasoning. Cognition, 2002(84.2): 155-188.

［21］Levinson, Stephen C. and Meira, Sérgio. 'Natural concepts' in the spatial topological domain—Adpositional meanings in crosslinguistic perspective: An exercise in semantic typology. Language, 2003(79.3): 485-516.

［22］Levinson, Stephen C. and Wilkins, David P (eds.). Grammars of Space: Explorations in cognitive diversity. Cambridge: Cambridge University Press, 2006.

［23］Levinson, Stephen C. and Wilkins, David P. The background to the study of the language of space. In Levinson and Wilkins (eds.). Cambridge: Cambridge University Press, 2006: 1-23.

［24］刘光坤．麻窝羌语研究．成都：四川民族出版社，1998.

［25］Needham, Rodney (ed.). Right and Left: Essays on Dual Symbolic ClassiFication. Chicago: The University of Chicago Press, 1973.

［26］Pederson, Eric. Spatial language in Tamil. In Levinson and Wilkins (eds.). Cambridge: Cambridge University Press, 2006.

［27］Pederson, Eric, Eve Danziger, David Wilkins, Stephen Levinson, Sotaro Kita, Gunter SenFt. Semantic typology and spatial conceptualization. Language, 1998(74.3): 557-589.

［28］Piaget, Jean and Inhelder, Barbel. The Child's Conception of Space. London and New York: Routledge, 1956 [1948].

［29］Svorou, Soteria. The Grammar of Space. Amsterdam/Philadelphia: John Benjamins Publishing Company, 1993.

［30］Talmy, Leonard. How language structures space. In H. Pick and L. Acredolo (eds.), Spatial Orientation: Theory, research and application, New York: Plenum Press, 1983: 225-282.

分析性视角下的工具状语句法类型

——以藏缅语为例[①]

闻静

引　言

分析性语言的类型特征在一定程度上决定了其句法结构的各个层面有着区别于非分析性语言的特点。对于分析性语言的研究，我们除了要使用“分析性的研究眼光”外，还应进一步分清分析性语言中的不同类型，区分各个类型的异同，进而挖掘各类分析性特征对语言结构的影响和制约[②]。

藏缅语虽带有不同程度的屈折性特点，但主流则是属于分析性的。在句法的构成及演变上，表现出分析性语言所独有的规律和特质。以藏缅语工具状语的句法构成为例，其句法手段主要有屈折式和分析式两种，并且呈现出以屈折式为辅、分析式为主的共时状态。从具体的考察结果来看，屈折式主要出现在藏语支[③]、羌语支的少数语言中，分布范围较窄，其特点是工具状语标记的独立性弱、黏附性强，标记形式会根据前一音节的特点出现多种变体。如玛曲藏语的工具状语标记有 ngə、kə、ɣə 三种变体。在以元音结尾的开音节后使用 ɣə。例如[④]：

---

① 本研究为国家社会科学基金一般项目“藏缅语方式状语语法形式的类型及历史演变”（14BYY136）的阶段性成果之一。

② 戴庆厦、闻静：《论“分析性语言”研究眼光》，载《云南师范大学学报》（哲学社会科学版），2017（5）。

③ 对于藏缅语语支的划分，本文主要依据马学良主编《汉藏语概论》（2003，民族出版社）及孙宏开等主编《中国的语言》（2007，商务印书馆）的认定方式。

④ 周毛草：《玛曲藏语研究》，226 ~ 232 页，北京，民族出版社，2003。

（1）kan ngə ŋə hwe tɕha mn̥e ɣə wʂak taŋ zək. 他用火把书烧了。
他 施[1] 我的 书 火 工 烧 了

在以鼻音韵尾 -m、-n、-ŋ 结尾的音节后使用 ngə，kə 则出现在以辅音韵尾 -p、-t、-k、-r 结尾的音节后。例如：

（2）rgən ndʐ̥əm ngə tɕhaŋ rgən ndʐ̥əm ngə li nə re. 葡萄酒是用葡萄做的。
葡萄 的 酒 葡萄 工 做 的 是

（3）kan thap kə ɬitaŋ zək. 他想办法诱骗。
他 办法 工 诱骗 了

而分析式手段的状语助词独立性强、语音界限清晰，少有变体。分析式手段遍布藏缅语的五大语支，是一种处于绝对优势的句法手段，代表了整个藏缅语工具状语句法手段的主要特征和发展趋势。但是，分析式手段的使用在不同语支间并非完全一致，工具助词在功能强弱、编码方式、句法分布等方面也存在着一定的类型差异。

本文以 54 种藏缅语工具状语的分析式手段作为依据，通过个性差异的比较，归纳出不同层次的类型特点，并尝试解释不同句法表征背后的原因、机制，以此窥探语言分析性强弱的层次差异对句法形式及句法手段所产生的不同影响，为探讨语言类型的转换与演变提供理论证据。

一、藏缅语工具状语分析式手段的特点

藏缅语工具状语的分析式手段有共同的特征。具体表现在虚词是工具状语的标记形式，其功能和能产性强、分布范围广、语序固定。

（一）工具状语助词具有丰富的句法功能

藏缅语工具状语助词都具有很强的句法扩张力，能够用来表达与其原型范畴（prototype category）相关而又不同的多种范畴。工具状语助词的功能分布覆盖了施事、随同、名词性并列、动词性并列、方式、原因、条件、方所、源点、时间、来源、受事、领属、话题、比较基准、补充等 18 种范域。即使是形态特点保留较多的羌语支语

[1] 本文语料标注所用缩略语：工——工具标记；施——施事标记；受——受事标记；并——并列标记；状——方式状语标记；补——补语标记；方——方所标记；定——修饰定语标记；领——领属标记；话——话题标记；比——比较基准标记；随——随同标记；时——时间标记；条件——条件标记。

言，工具状语助词也可以表达较为丰富的句法语义。如嘉绒语工具状语助词 kə 可以标记施事、动词性并列、方式、原因等多种语义范畴。

标记工具。例如①：

（4）kaŋ pje kə ta-stɕos kɐ-sə-lɐt.　　用钢笔写字。
钢笔 工 字 使 写

标记施事。例如②：

（5）tə-rmi kə-sam kə mə nəu-top.　　三个人在打他。
人 三 施 他 前缀 打

标记原因从句。例如③：

（6）tə wo ka-ʃə-na wu ʧəs kə, smon ʧi ka-mot ŋos.　　为了治好病，而喝水药。
病 治 好 为了 药 水 喝 是

标记承接性并列动词结构。例如④：

（7）mə ta-zbro te kə ta-pu nə-pthɐm.　　他一脚把孩子踢倒了。
他 踢脚 一 并 孩子 前缀 倒

标记动作方式。例如⑤：

（8）mə ta-r̥kut kə-sam kə khəna na-sat.　　他用三拳打死了狗。
他 拳 三 状 狗 前缀 打死

由于分析性语言缺少形态变化，虚词承载了大量的句法功能。工具状语助词作为一种多功能的句法语素，不仅语法化程度高，在整个藏缅语中表现出较为显赫的

① 林向荣：《嘉戎语研究》，376 页，成都，四川民族出版社，1993。
② 林向荣：《嘉戎语研究》，336 页，成都，四川民族出版社，1993。
③ 林向荣：《嘉戎语研究》，389 页，成都，四川民族出版社，1993。
④ 林向荣：《嘉戎语研究》，378 页，成都，四川民族出版社，1993。
⑤ 林向荣：《嘉戎语研究》，378 页，成都，四川民族出版社，1993。

句法地位，而且在使用上具有强制性，成为标记工具状语及其相关范畴的一个重要句法手段。

（二）工具状语助词的双音节化

藏缅语存在双音节工具状语标记，这种双音节形式多是由两种不同句法层次的虚词组合而成的。其中，具有连接作用的连词是双音节工具助词较为常见的构词语素。如彝语支的邦朵拉祜语工具状语标记 tɛ^{33}lɛ^{33} 就是虚词 tɛ^{33} 和 lɛ^{33} 合成的双音节形式。例如①：

（9）i^{35}qo^{33} te^{33}lɛ^{33} ɔ^{31} ȵi^{35} mɛ^{31}!　　用勺子舀饭啊！
　　勺子　工　饭　舀　啊

（10）i^{35}ka̱^{53} te^{33}lɛ^{33} tshɿ^{53} lɛ^{31}!　　用水冲啊！
　　水　工　冲　啊

其中，tɛ^{33} 可以作为方式状语标记。例如②：

（11）jɔ^{53}xɯ^{33} xa^{33}xa^{33}lɛ^{31}lɛ^{31} te^{33} qe^{33} ve^{33}.　　他们高高兴兴地走了。
　　他们　高高兴兴　状　走　了

lɛ^{33} 作为连词，可以连接两个并列成分。例如③：

（12）ȵi^{33}ɕa^{33}ve^{33} lɛ^{33} ȵi^{33}xa^{11}ve^{33}　　美的和丑的
　　美　的　并　丑　的

（13）jɔ^{53}xɯ^{33} qa^{33} te^{53}phɔ^{53} mɯ^{31} lɛ^{33} puai^{53} te^{53}phɔ^{53} te^{33}.　　他们一边唱歌一边跳舞。
　　他们　歌　一边　唱　并　舞　一边　跳

又如拉祜语苦聪话也是使用双音节形式 lɔ^{33}ȵɛ^{33} 标记容器和非容器类工具。例如④：

（14）ŋa^{31} ɕi^{35} ti^{31} pa^{31} a^{33}khu^{31} lɔ^{33}ȵɛ^{33} sa^{35} ɣɤ^{31}ɕʌ^{33}.　　我用这把刀切肉。
　　我　这　一　把　刀　工　肉　切

---

① 李春风：《邦朵拉祜语参考语法》，200 页，北京，中国社会科学出版社，2014。
② 李春风：《邦朵拉祜语参考语法》，199 页，北京，中国社会科学出版社，2014。
③ 李春风：《邦朵拉祜语参考语法》，179 ~ 180 页，北京，中国社会科学出版社，2014。
④ 常俊之：《元江苦聪话参考语法》，150 页，北京，中国社会科学出版社，2011。

（15）ŋa^{31} khɯ^{31} lɔ^{33}ȵɛ^{33} a^{55}ka^{33} dɔ^{31}ɕʌ^{33}.　　我用碗喝水。
我　碗　工　水　喝

其中，连词 ȵɛ^{33} 具有连接两个动词性结构的作用，表示几个连续发生的动作。例如①：

（16）a^{33}khu^{31} zv^{31} v^{33} la^{31} ȵɛ^{33} sɤ^{33}ka^{55} lɔ^{33} pɤ^{33} lʌ^{33}.　拿刀来砍柴。
刀　拿　去　来　并　柴　受　砍　来

（17）ɣɔ^{31} kɛ^{31}tsɿ^{31} tɕi^{33} ȵɛ^{33} phʌ^{33} vɤ^{31} khɔ^{31}la^{31} ȵɛ^{33} phɯ^{33}kɯ^{33} ti^{33}ɕʌ^{33}.
她　街子　去　并　布　买　回来　并　衣服　做
她上街买布回来做衣服。

而助词 lɔ^{33} 既可以表示领有、处所，也可表受事。例如②：

（18）ɣɔ^{31} miɛ^{33}phv^{31} lɔ^{33} na^{31}kv^{55} nɔ^{55}a^{33}.　　他脸上有许多麻子。
他　脸　方　麻子　有

（19）ʑa^{31}sɔ^{55} nɔ^{31} lɔ^{33} di^{31}lau^{35}?　　刚才你挨骂了吗？
刚才　你　受　骂

双音节工具状语助词也可以由与“工具”相关的其他标记成分构成。如彝语他留话的工具状语标记 pi^{55}nɔ^{33} 中，pi^{55} 作为动词，有“做、干、建设、当（做）”之意，nɔ^{33} 用以标记施事，双音节形式 pi^{55}nɔ^{33} 标记工具状语。例如③：

（20）ŋu^{55} ɔ^{55}thu^{31} pi^{55}nɔ^{33} sɿə^{33}bʊ^{33} tʂhʅ^{55}.　　我用刀砍树。
我　刀　工　树　砍

（21）ɔ^{55}ʂʅ^{33} tʂu^{33}pɔ^{33} pi^{55}nɔ^{33} ã^{55}ŋua^{31} phɔ^{33}.　　阿诗用绳子拴牛。
阿诗　绳子　工　牛　拴

pi^{55} 作动词。例如④：

① 常俊之：《元江苦聪话参考语法》，134 页，北京，中国社会科学出版社，2011。
② 常俊之：《元江苦聪话参考语法》，147 ~ 150 页，北京，中国社会科学出版社，2011。
③ 段秋红：《彝语他留话句法研究》，46 页，中央民族大学博士学位论文，2019。
④ 段秋红：《彝语他留话句法研究》，45 页，中央民族大学博士学位论文，2019。

（22）dʑu^{55} pi^{55}　　做饭
饭　做

nɔ^{33} 用以标记施事。例如[①]：

（23）tɕhi^{55} nɔ^{33} mau^{31}pɿ^{31} pi^{55}nɔ^{33} tsɿ^{55} bo^{33}.　　他用毛笔写字。
他 $_{施}$ 毛笔 $_{工}$ 字 写

从藏缅语双音节助词的语素构成来看，双音节形式可能源于不同的句法环境，也可能是不同语法化效应综合作用的结果[②]。但在性质上，虚词的双音节化是分析性语言双音步的产物。音步规律对藏缅语双音节虚词结构的形成具有较强的驱动力和制约作用，可以说，工具状语助词双音节形式的存在是分析性语言韵律机制作用下的结果。

除工具状语助词本身出现双音节化之外，由于工具助词具有能产性（类推性），在韵律机制的推动下，单音节工具助词也易于与其他虚词组合而形成双音节形式，以此实现对与工具相关范畴的编码。如格曼语的工具助词 ka^{35} 与助词 ni^{55} 构成的双音节形式可标记动作的方式、伴随状态，还可以标记事件得以发生的条件。例如[③]：

（24）suŋ^{55}xuŋ^{55} tɯ^{31}gli^{53}xa^{31}kap^{55} ka^{35} sal^{35}kɯ^{31} mu gaŋ^{53}ka^{55}.
松洪 铁丝 $_{工}$ 野羊 一 套 $_{附加}$
松洪用铁丝套了一头羊。

（25）tʂa^{55}ɕi^{55} kɯ^{31}tɕoŋ^{35} kɹam^{55} ni^{55}ka^{35} kin^{55} mɯ^{31}taŋ^{53} xu^{53}la^{35}.
扎西 锅 背 $_{状}$ 我们 村 来 $_{附加}$
扎西背着铁锅到我们村来了。

（26）ɯi^{53} ta^{31}kɹoŋ^{55} xoŋ^{55} ni^{55}ka^{35} so^{55} xat^{55}tuŋ^{55}tha^{35}.　他趁机溜了出去。
他 机会 找 $_{条件}$ 就 溜 $_{附加}$ $_{附加}$

波拉语工具助词 jaŋ^{31} 与动词 ŋɔt^{55}（是）组合形成 ŋɔt^{55}jaŋ^{31}，用以标记无条件句。例如[④]：

---

① 段秋红：《彝语他留话句法研究》，46 页，中央民族大学博士学位论文，2019。
② 工具状语助词双音节形式的来源及语法化途径将另行讨论，不作为本文的重点。
③ 李大勤：《格曼语研究》，146 页，北京，民族出版社，2002。
④ 戴庆厦、蒋颖、孔志恩：《波拉语研究》，240 页，北京，民族出版社，2007。

（27）khǎk⁵⁵ ja̱m⁵⁵ mɛ̃⁵⁵ mu³⁵/⁵⁵jak³¹/⁵⁵ pa⁵⁵ ŋɔt⁵⁵jaŋ³¹, va⁵⁵ mɛ̃⁵⁵ maʔ³¹ pɛ³¹ pɔ̃³⁵ a⁵⁵.
谁 家 里 困难 有 条件 寨子 里 人们 会 帮 助
无论谁家有困难，寨子里的人都会帮忙。

阿卡语工具助词 nɛ³³ 与动词 bji³³（让）构成 nɛ³³bji³³，标记施事成分。例如[①]：

（28）a⁵⁵do̱³³ mji³³tshɛ⁵⁵ nɛ³³ jɛ³¹. 哥哥用刀割。
哥哥 刀 工 割
（29）tshɔ⁵⁵xa³¹ nɛ³³bji³³ di³¹ mɛ³³. 被人打了。
人 施 打 语助
（30）a³³bɔ⁵⁵ xø⁵⁵ bɔ⁵⁵ mji³¹ʥa³¹ nɛ³³bji³³ pɯ̱³³ mɛ³³. 那棵树被火烧了。
树 那 棵 火 施 烧 语助

凉山彝语工具助词 si³³ 与 ni³¹ 组合，形成双音节虚词 si³³ni³¹，连接两个名词性并列成分。例如[②]：

（31）ʑɿ⁴⁴pu³³ si⁴⁴ e³¹ʨhɿ⁵⁵ tsi³¹. 用水桶装水。
水桶 工 水 装
（32）vɿ⁵⁵vu³³ si³³ni³¹ i⁴⁴ʑi³³ ʥɿ⁴⁴ʨho³³ bo³³. 哥哥和弟弟一起去。
哥哥 并 弟弟 一起 去
（33）he⁵⁵gu̱³³ si³³ni³¹ tsɿ⁵⁵mo³¹ si³¹ ʑe³³. 把镰刀和锄头拿走。
镰刀 并 锄头 拿 走

双音节化是藏缅语一个重要的分析性特征。语素的单音节性是双音节化的基础和条件，韵律因素则是双音节化的隐性推手。分析性语言的韵律特征对藏缅语句法形式的影响和制约是全方位的，不仅影响实词的构词，甚至还影响虚词语法化的输出形式。

（三）工具状语语序固定

在句法结构中，藏缅语工具状语（M，modifier）的句法位置都无一例外地置于述宾结构之前，其语序为 MOV。这一语序特点完全符合 Greenberg（1963）所提到的第

① 戴庆厦：《泰国阿卡语研究》，128 页，北京，中国社会科学出版社，2009。
② 胡素华：《彝语结构助词研究》，92 页，北京，民族出版社，2002。

七条类型共性，即以 SOV 为优势语序的语言中，动词所带的一切状语都处于动词之前。工具状语助词都出现在名词性工具成分之后，也符合 SOV 语言使用后置词的类型共性。藏缅语工具状语的句法构式均为“名词性工具成分 + 助词 + 动词核心”，不存在任何一种的语序变式。

当多项论元同时出现时，工具状语与施事、受事成分都位于核心动词之前，并遵循“施事主语 + 工具状语 + 受事宾语 + 核心动词”的线性序列，施事主语、工具状语分别使用施事助词、工具助词加以标记。工具状语标记通常是强制性手段，以此来区分工具成分与受事宾语。例如彝语他留话①：

（34）ɔ⁵⁵ʂʅ³³ tʂu³³pɔ³³ pi⁵⁵nɔ³³ ã⁵⁵ŋua³¹ phɔ³³.　　　阿诗用绳子拴牛。
　　阿诗　绳子　工　牛　拴

藏缅语的施受成分标记一般为非强制性标记，当施受关系明确时，施受标记常常可以省略。例（34）中施事成分作主语，施事、受事助词就可以省略。只有在打破了常规的线性序列、语用上为突出施受关系时，施事助词才会使用。例如蒲溪羌语②：

（35）zedə thala-i tsituə-i　tsu.　　　纸是被他用剪刀剪的。
　　纸　3sg-施 剪刀 -工 剪

例（35）中第三人称单数 thala 作施事，位于受事成分 zedə（纸）之后，-i 既作施事标记又作工具标记，强制共现于同一句法结构中。

二、藏缅语工具状语分析式手段的类型差异

藏缅语工具状语的句法手段以分析式为主，具有分析性语言的共性，但语支间也表现出一定的类型差异。

（一）工具状语助词句法功能的差异

藏缅语工具状语助词的句法功能普遍较为发达。但是，通过比较发现，不同语支

① 段秋红：《彝语他留话句法研究》，46 页，中央民族大学博士学位论文，2019。
② 黄成龙：《蒲溪羌语研究》，123 页，北京，民族出版社，2007。

间工具状语助词也表现出了句法功能有强弱之分、分布范围有宽窄之别的不平衡性。

我们对藏缅语五大语支 54 种语言工具状语标记的句法功能与分布情况进行了统计，具体见表 1：

表 1　藏缅语五大语支工具状语标记的句法功能与分布情况

语支	句法功能与分布	功能数目
藏语支	施事、来源、源点、方式、动词并列、原因、方所、领属	8
羌语支	施事、方所、源点、方式、动词并列、原因、条件、名词并列、受事、动词	10
景颇语支	施事、方所、源点、方式、动词并列、条件、名词并列、随同、时间、领属、受事	11
缅语支	施事、方所、源点、方式、动词并列、原因、条件、名词并列、随同、时间、领属、前置从句	12
彝语支	施事、来源、方所、源点、方式、动词并列、原因、条件、名词并列、随同、比较基准、话题、动词、补充、领属、修饰、时间、受事	18

由于藏缅语工具状语助词普遍具有丰富的句法功能，单从语支内部看，我们无法看出语言的分析性强弱与工具助词功能多寡之间的对应关系。但是，当我们将比较范围扩大至语支时，语言的分析性特征与工具助词的句法功能之间，就显示出一条非常清晰的对应规律。即：从藏语支到羌语支、景颇语支，再到缅、彝语支，其分析性特征整体上呈现出由弱到强的趋势，工具状语助词的功能也由相对贫弱到逐步趋向发达与丰富。其中，彝语支工具状语助词功能最强，其功能范域不仅涵盖了其他语支的所有功能，还出现了一些其他语支不具备的功能，如标记补语、话题、比较基准、修饰成分等句法范畴，是彝语支的专属功能。具体如下。

傈僳语工具助词 ne^{33} 标记补语。例如[①]：

（36）a^{55}to^{55} tʃhu^{33} ne^{33} dɯ^{31}za^{31}dɯ^{31}.　　　火燃烧得轰隆隆。
　　　火　　烧　补　轰隆隆

（37）dɯ^{31}do^{44}be^{33} ne^{33} ti^{55} ha^{35}　　　用木锤砸
　　　木锤　　工　砸 上

卡卓语工具助词 kɛ^{33} 标记话题。例如[②]：

① 徐琳、木玉璋、盖兴之：《傈僳语简志》，74 ~ 92 页，北京，民族出版社，1986。
② 木仕华：《卡卓语研究》，95 页，北京，民族出版社，2003。

（38）ʑi^{33} kɛ^{33} xɯ^{44} tɛ^{33} sv^{55} ŋ^{24}ka^{33}.　　　他站着看书。
　　　他 $_{话}$ 站 着 书 看

（39）ʑi^{33} no^{53}tsi^{53}pa^{53} kɛ^{33} sɿ^{24}tsɤ^{31} tsi^{53}.　　　他用斧头砍树。
　　　他 斧头 $_{工}$ 树 砍

基诺语工具助词 jʌ^{33} 标记比较基准。例如①：

（40）khɤ^{31} mi^{44}khɔ^{44} ŋo^{31} jʌ^{33} ʧɤ^{44} mlʌ^{44} a^{33}.　　　那位姑娘比我漂亮。
　　　那 姑娘 我 $_{比}$ 更 美丽 $_{助}$

（41）khɤ^{31} tɛ^{31}khjʌ^{44} jʌ^{33} tshœ^{31} nɛ^{33} ŋo$^{31/35}$.　　　他用棍子戳我。
　　　他 棍子 $_{工}$ 戳 $_{助}$ 我

绿春哈尼语工具助词 ne^{33} 标记修饰性定语。例如②：

（42）mo^{55}tsha^{33} ne^{33} a^{55}tsa̱^{33}　　　长长的绳子
　　　长长 $_{定}$ 绳子

（43）tshe^{31} ne^{33} du^{31}　　　用锄头挖
　　　锄 $_{工}$ 挖

凉山彝语工具助词 si^{31} 具有动词功能。例如③：

（44）nɯ^{33} dʐɯ^{33}mo^{31} si^{31} si^{33}?　　　你带钱了吗？
　　　你 钱 携带 $_{重叠}$

（45）ka^{44}n̥e^{33} si^{44} mu^{31}tu^{55} tshɿ^{33} a^{33}ma^{55} ʑi^{33} ti^{55}.　　　用火钳取火给奶奶点烟。
　　　火钳 $_{工}$ 火 取 奶奶 烟 点

工具状语助词作为藏缅语显赫的分析性句法语素之一，虽整体上呈现出句法功能发达的特点，但不同语支间还是显现出了分析性特征的层次差异。这种句法功能的不平衡性与语言的分析性强弱正向相关，即分析性特征越强其句法功能分布范围越广，反之则相对狭窄。不同语支间工具状语助词句法功能的不平衡性，正是藏缅语各语支

① 蒋光友：《基诺语参考语法》，133 ~ 135 页，中央民族大学博士学位论文，2008。
② 李泽然：《哈尼语的 ne^{33}》，载《中央民族大学学报》（哲学社会科学版），2003（4）。
③ 胡素华：《彝语结构助词研究》，190 ~ 191 页，北京，民族出版社，2002。

分析性特征层次不同的一种体现。

（二）工具状语助词形式多寡的差异

根据工具属性的差异，藏缅语工具状语可分为容器类工具状语与非容器类工具状语，不同语言两种工具状语的句法形式呈现的特点各异。具体表现在：有的相对精细，采用两种不同的助词来编码工具状语，此种类型主要集中在羌语支、景颇语支、缅语支中；而有的相对笼统，只采用一种助词编码状语，这一类型主要集中在藏语支、彝语支[①]。

藏语支普遍使用同一助词。以藏语东旺话[②]为例。

（46）pe^{33}tsɿ^{31} ji^{33} tɕhə^{33} thoŋ^{31}　　用杯子喝水
杯子　工　水　喝

（47）zɿ^{33}wa^{31} ji^{33} ɕə^{33} doŋ^{31}　　用棍子打狗
棍子　工　狗　打

彝语支普遍使用同一助词。以卡卓话为例[③]：

（48）ŋa^{33} ta^{24} wa^{31} mɛ^{33} kɛ^{33} ʑi^{323} tɕa^{55}to^{33}.　　我用大碗喝水。
我　大　碗　个　工　水　喝

（49）ʑi^{33} no^{53}tsi^{53}pa^{53} kɛ^{33} sɿ^{24}tsɤ^{31} tsi^{53}.　　他用斧头砍树。
他　斧头　工　树　砍

羌语支普遍使用两种助词。以桃坪羌语为例[④]：

（50）tha^{55}lə^{55} phən^{31}tsɿ^{33} χe^{33} qhɑ^{31}qhɑ^{33} χuə^{55}la^{31}.　　他在用盆子洗脸。
他　盆子　工　脸　洗

（51）mɑ^{55}mɑ^{55} χe^{55} i^{31} phu^{55}ʐʅ^{31} ʐʅ^{31}.　　妈妈在用针缝衣服。
妈妈　针　工　衣　缝

---

① 这里所指的编码模式指整个语支具有倾向性的编码手段，并非语支中的所有语言都采用同种模式。如景颇语支、缅语支中也有部分只采用一种助词的语言，彝语支中也有采用两种助词的语言。

② 东旺话由中央民族大学博士研究生次林央珍提供，谨表谢意。

③ 木仕华：《卡卓语研究》，95 页，北京，民族出版社，2003。

④ 孙宏开：《羌语简志》，150 页，北京，民族出版社，1981。

景颇语支使用两种助词。以阿依语为例[①]：

（52）a^{31}tʂhʅ^{31} tʂhʅ^{55} kha^{31} ɕa^{31}ɹa^{31}ua^{55}tʂhʅ^{31} dɯ^{31}gom^{55}ɛ^{31}. 奶奶用口袋装面粉。
　　奶奶　口袋$_{工}$　面粉　装　$_{后缀}$

（53）ŋ^{31} va^{55} mi^{55} ɕɯŋ^{55} a^{31}tɕhiʔ^{31}ɛ^{31}. 他用斧子劈柴。
　　他　斧子$_{工}$　柴　劈　$_{后缀}$

缅语支使用两种助词。以载瓦语为例[②]：

（54）kɔm$^{51/55}$ mai^{31} i^{31}ʧam^{31} ka̱t^{55} aʔ^{31}. 用竹筒装水吧。
　　竹筒　$_{工}$　水　装　$_{式}$

（55）ŋɔ^{51} mau^{31}pji^{31} əʔ^{31} ka̱^{55} lɛ^{51}. 我用毛笔写。
　　我　毛笔　$_{工}$　写　$_{非现实}$

从具体的考察结果来看，我们似乎看不出两种编码模式与语言的分析性特征之间存在哪些相关性。在采用一种标记形式的两个语支中，藏语支分析性较弱，工具状语助词的句法功能也相对贫弱，彝语支分析性较强，工具状语助词的句法功能发达，两个语支状语助词的特点差异显著。在采用两种标记形式的语言中，缅语支与羌语支、景颇语支的类型特点也不尽一致。而关系比较接近的缅、彝语支的很多语言却偏偏采用了两种不同的编码方式。

那么，如何解释不同的语言类型与工具状语编码方式之间参差交错的现象？藏缅语工具状语标记的编码方式除了取决于族群的认知特点外，还与哪些语言要素相关？我们认为，分析性语言的类型差异是系统的、多层面的，某一共时的类型特点可能是历时演变中诸多因素共同作用的结果。对工具状语编码方式异同的考察也应是系统的、全面的、动态的，必须与其他的类型特点结合起来。

（三）容器类与非容器类工具状语助词功能分布的差异

从进一步的考察中发现，虽然羌语支、景颇语支、缅语支普遍采用了容器类助词与非容器类助词两种助词来编码工具状语，但两种助词的功能分布状态却不尽相同。依据两种标记功能是否相通的情况，可以把它们进一步细分为“互通型”和“互补

① 孙宏开、刘光坤：《阿依语研究》，112 ~ 113 页，北京，民族出版社，2005。

② 朱艳华、勒排早扎：《遮放载瓦语参考语法》，181 页，北京，中国社会科学出版社，2013。

型”。互通型指的是两种工具状语助词的部分功能出现重合、相通；互补型是指两种工具状语助词功能各司其职、分布互补，不存在功能的交叉、重合。

1. 互补型

互补型主要分布在羌语支、景颇语支中。其特点是容器与非容器两类工具助词不仅在语音形式上有所区分，而且分工十分明确，功能极少有交叠的现象，在句法上呈现出分布的互补规律。如羌语支麻窝羌语的工具状语助词分为容器类助词 ɕi、ka 与非容器类工具助词 ji，两类助词各司其职。容器类助词除用以标记容器类工具外，还用以标记受事、方所。例如[①]：

（56）qa ʁutʂ̩a ɕi tsə thiaː. 我将用碗喝水。
我 碗 工 水 喝

（57）tsə ka/ɕi ʁzə la-ji. 河里有鱼。
水 方 鱼 有 后加

（58）pan̥i tsaː qa ɕi kuə-gzə̩. 这东西给我。
东西 这一 我 受 前加 给

非容器类助词除用以标记非容器工具成分外，还用以标记施事、并列小句、方式。例如[②]：

（59）qa χe ji phuβa da-ɹɹa. 我用针缝衣服。
我 针 工 衣服 前加 缝

（60）qak pan̥i thaχla ji dastə-tɕi-ji. 我的东西他们藏起来了。
我助词 东西 他们 施 前加 藏 后加

（61）thaː bɑɹ tɕa rguə də-pu ji, qa χtʂ̩ɑ tɕa rguə də-puɑ.
他 大 这样 个 前加 买 并 我 小 这样 个 前加 买
他买了个大的，我买了个小的。

（62）thaː esinɑqɑ ʁlu ji ʥə-tɕu-ji. 他每天都是游泳来的。
他 每天 游泳 状 前加 来 后加

麻窝羌语的两种工具助词很少出现功能交叠的情况。上述例句中，非容器类工具助词 ji 不会出现在标记容器类工具、方所、受事成分的句法位置上，而容器类工具助

① 刘光坤：《麻窝羌语研究》，211 ~ 215 页，成都，四川民族出版社，1998。

② 刘光坤：《麻窝羌语研究》，211 ~ 215 页，成都，四川民族出版社，1998。

词 ɕi、ka 也不会出现在标记非容器类工具、施事、并列小句、方式的句法位置上。

我们对羌语支、景颇语支两类工具状语标记功能互补的分布情况进行了统计，具体如表 2 所示：

表 2　羌语支、景颇语支工具状语标记的句法功能与分布情况

功能分布	施事	名词性并列	随同	动词性并列	方式	条件	受事	方所	时间	领属
非容器类	+	+	+	+	+	+	−	−	−	−
容器类	−	−	−	−	−	−	+	+	+	+

由上表可以看出，施事、名词性并列、随同、动词性并列、方式、条件倾向于与非容器类工具状语标记发生关联，而受事、方所、时间、领属则倾向于与容器类工具状语标记发生关联。两种工具状语标记句法功能处于严格的互补分布状态，这不仅表明容器类工具与非容器类工具是两种不同的认知概念，属于两种语义关系范畴；也表明由于源概念的差异，容器类与非容器类工具标记形式的语法化方向、路径也存在差异。

2. 互通型

（1）容器类与非容器类工具状语助词功能部分交叠

互通型主要分布在缅语支语言中，两类工具标记存在部分功能的交叠现象。如浪速语分为容器助词 mɛ^{33} 和非容器助词 jaŋ^{31}，但两种标记功能有部分重合，非容器助词可以标记容器类工具，容器助词也可以标记先后承接关系。具体如下。

jaŋ^{31} 与 mɛ^{33} 在标记容器上出现功能重合，可以互换。例如（语料由笔者田野调查所得）：

（63）kum^{31} mɛ^{55}/jaŋ^{31} jɛ^{31} khɛ̃^{31} lɔ^{31} aʔ^{31}!　　　用杯子打来吧！
　　　杯子 工　　去 打 来 助

jaŋ^{31} 与 mɛ^{33} 在标记先后承接关系上出现功能重合。例如：

（64）jap^{31} pəm^{31} thɔ̃^{31} mɛ^{31} ɣək^{31} jaŋ^{31}mjɔʔ^{31} ʧhi̱k^{55}.　　　睡醒后用水洗脸。
　　　睡 醒 后 并 水 脸 洗

（65）jɔ̃^{35} tsɔ^{35}kji^{35} jaŋ^{31} ja̱m^{31} lɔ^{55} va^{55}.　　　他吃饱后就回家了。
　　　他 吃饱 并 家 去 助

又如波拉语的助词 mɛ̃$^{31/55}$ 实现了由标记容器类工具向标记动作方式的跨界。例如①：

（66）nɔ̃^{55} ŋai^{35} n̠a^{31} khɔʔ^{55}ʧɔ̠ŋ^{31} mɛ̃$^{31/55}$ ɣəi^{55} i^{55} khu$^{35/31}$ la^{55} ɛ̠ʔ^{55}ma^{31}!
你 我的 助 杯子 工 水 去 接 来 助
你用我的杯子去接水吧！

（67）tă^{31} jauʔ^{31} tă^{31} jauʔ^{31} mɛ̃$^{31/55}$ lai$^{35/31}$. 一个一个地来。
一 个 一 个 状 来

（2）容器类与非容器类工具状语助词保留部分对立、互补

缅语支两种工具状语助词的句法分布并非完全重合，仍保留着对立分布的情况。如载瓦语分为容器类助词 mai^{31} 与非容器类助词 əʔ^{31}。在施事、随同、并列、条件等语义范畴上，只能用非容器类助词 əʔ^{31}，容器类助词 mai^{31} 不具有对这些范畴的标记功能。例如②：

（68）ja̠ŋ^{51} taŋ^{31}pau^{55} mă^{55} khui^{51} əʔ^{31} tsaŋ^{55} ŋat^{31} pə^{51}. 他的腿被狗咬了。
他的 腿 方 狗 施 被 咬 了

（69）naŋ^{51} ŋɔ^{31} əʔ^{55} lă^{31} ta^{55} ʧhaŋ^{51} ŋa̠p^{55} aʔ^{31}. 你跟着我读一遍啊。
你 我 随 一 遍 跟 读 式

（70）khun^{55}mjin^{31} əʔ^{55} pə^{31}kji̠n^{55} 昆明和北京
昆明 并 北京

（71）naŋ^{51} tsa^{31} lɛ^{55} əʔ^{55}, ja̠ŋ^{31} lɔ^{55} ʒa^{55}. 只要你一来，他就走。
你 只要 来 条件 他 去 现实

波拉语容器类助词 mɛ̃$^{31/51}$ 可以标记时间、领属，这是非容器助词 jaŋ^{31} 无法实现的功能范畴。例如③：

（72）a^{31}n̠ak^{55} mɛ̃$^{31/51}$ xɔ̆^{31}va^{51} a^{31} kai$^{31/55}$. 去年的庄稼不好。
去年 时 庄稼 不 好

① 戴庆厦、蒋颖、孔志恩：《波拉语研究》，162 ~ 163 页，北京，民族出版社，2007。

② 朱艳华、勒排早扎：《遮放载瓦语参考语法》，180 ~ 214 页，北京，中国社会科学出版社，2013。

③ 戴庆厦、蒋颖、孔志恩：《波拉语研究》，160 页，北京，民族出版社，2007。

（73）va^{55} mɛ$^{31/55}$ thɔ^{55}la̱^{55}kji^{55} 寨子的拖拉机

寨子 领 拖拉机

据统计，缅语支两种助词在 6 种功能上呈现互补分布状态。两类工具助词与不同语义范畴之间有对应、互补的关系，如表 3 所示：

表 3 缅语支工具状语助词在 6 种功能上的互补分布情况

功能分布	施事	名词性并列	随同	条件	时间	领属
非容器类	+	+	+	+	−	−
容器类	−	−	−	−	+	+

由上表看出，缅语支两种助词功能分布的对立状态与互补型的情况完全对应，只是对立范围有所缩小，在标记“动词性并列”“方式”上，两种助词出现了功能的融合。

3. 互补型与互通型的关联

在语支层面上，缅语支两种助词在标记“动词性并列”“方式”“原因”“源点”“方所”成分上出现重合。我们对所考察的 7 种缅语支语言工具助词功能交叠的情况做了统计，如表 4 所示：

表 4 缅语支 7 种语言工具助词功能交叠情况

功能分布		动词性并列	方式	原因	源点	方所
语言数目	非容器类	4	4	3	1	1
	容器类	2	2	1	3	3

从统计结果可以看出，发生两类工具状语助词重合的功能在典型性上存在一定差异。即“动词性并列”“方式”和“原因”属于非容器类助词的典型性功能、容器类助词的非典型性功能，使用非容器类助词的语言要多于使用容器类助词的语言；而“源点”“方所”属于容器类助词的典型性功能、非容器类助词的非典型性功能，使用容器类助词的语言数量要明显大于使用非容器类助词的语言。这说明，互通型的两类标记功能虽然出现交叠，但各有所偏重，各自仍保留其典型的功能特征。

通过对比发现，互通型与互补型存在相通之处：互通型（缅语支）两种状语助词功能部分对立的情况以及各自典型的功能特征，在互补型的对立分布中都能对应。也就是说，缅语支（互通型）两种助词的句法功能部分保留了互补型（羌语支、景颇语支）对立、互补的状态。

二者的区别在于：互通型（缅语支）容器类与非容器类标记功能对立的界限不再像互补型（羌语支、景颇语支）那样“泾渭分明”，而是开始趋向模糊，实现了部分功能的重合。

三、分析性语言的不同类型决定了工具状语句法手段的差异

（一）互通型的“终极”与“极简”模式

历史语言学的研究表明这样一个事实：一个语言范畴在发展之初，其类型一般是比较单纯的；在发展过程中，功能开始增殖，内部类型也开始变化。藏缅语工具状语助词也会经历语音形式从单一到分化、句法功能由贫弱到丰富的演变过程。

根据上述对互通型与互补型异同的对比分析，我们可以假设，互补型两种工具状语助词是在经历了最初的“单纯”式之后，标记形式分化的结果，两种助词分工具体，分布对立；而在互通型中，这种助词间的分化开始消失，但功能却得到了进一步扩大。那么，互通型（缅语支）和互补型（羌语支、景颇语支）应该处于分析性语言的不同类型层次，互通型是互补型的一种发展与演化。

试想，如果沿着这一规律，工具状语助词继续向前演化，其功能范围将不断扩展、延伸，而容器类与非容器类状语助词的功能对立则进一步模糊，直至完全重合、一致。那么，功能范畴的边界销蚀就取消了两种助词形式对立的必要性。在经济原则的助力下，标记形式和标记功能实现了完全重合、浑然一体。此时，虽然只有一种形式标记，但句法功能却最为丰富、发达，可以将其称为互通型的“终极”模式。

从共时来看，彝语支就完全实现了这种模式的推演与转化，在共时状态上已经没有了容器类与非容器类状语助词形式的差别，但却能用最简的编码模式表达丰富的句法语义内容，成为藏缅语工具助词功能范域最广的一个语支。因此，彝语支是互通型的一种“进化”，处于“终极”状态。彝语支所采用的“最简模式”也完全符合分析性语言的特点，即用极简的形式手段表达丰富的句法语义。

那么，同样是采用一种编码模式的藏语支，是否同彝语支一样属于一种“终极”的互通型呢？从上文的分析中，我们知道，两个语支工具助词的功能范域处于“极大”与“极小”的两个极端；语言类型特征也呈现出明显的差异，藏语支的形态特征较发达、分析性相对较弱，而彝语支的分析性特征突出。因此，二者的工具状语标记虽然都采用了单一的标记形式，但却是两种完全不同的“最简”模式。藏语支是分析性弱

的“最简”模式，其句法形式和句法功能双双处于“极简”状态；而彝语支是分析性强的“最简”模式，虽然句法形式单一，但却能表达最为丰富的句法语义。

这样，语支所处的分析性层次与工具状语句法手段的不同类型就清晰地对应起来。藏语支、彝语支虽然都采用一种助词形式，但处于分析性语言连续统的两个极端，藏语支属于底层，彝语支属于顶层。羌语支、景颇语支采用两种助词形式，是在藏语支“最简”模式上的一种演化，表现为工具状语助词开始由单一、笼统趋向精细、严密，助词的句法功能也由初始态的贫弱趋向发达，且两种助词处于对立、互补的分布状态。在缅语支中，处于对立、互补状态的两种助词在分析性机制的推动下，边界逐渐模糊，开始趋向融合；直至在彝语支中，二者的功能边界消融，而助词的句法功能得到最大化。

藏缅语工具状语不同的句法手段实则代表了语言不同的历时演变阶段。语言各自所处的分析性层次决定了其句法手段的个性特点，语支间分析式手段的类型差异正是语言不同分析性层次的具体体现。

（二）工具状语句法手段的分析性类型

根据上述分析，藏缅语工具状语分析式手段的共时差异与语言的分析性层次之间，可以建立起以下关联：

分析性的底层（藏语支）：	工具状语助词功能较为贫弱 标记形式单一、笼统
分析性的中间层（羌语支、景颇语支）：	工具状语助词功能逐步发达 标记形式细化 两种工具助词功能界限清晰，分布对立、互补
分析性的中间层（缅语支）：	工具状语助词功能发达 标记形式保留细化 两种工具助词由对立、互补趋向融合、互通
分析性的顶层（彝语支）：	工具状语助词功能发达 标记形式单一、笼统 两种助词功能界限消融，实现了形式的统一

在藏缅语"分析性"特征的连续统上，藏语支、彝语支是处于两个极端的"最简"模式。藏语支是分析性最弱的一个语支，彝语支是分析性特征最强的一个语支。羌语支、景颇语支、缅语支则处于分析性连续统上的中间状态。我们将藏缅语工具状语的编码方式、标记功能特点与语言的分析性层级联系起来，形成以下连续统：

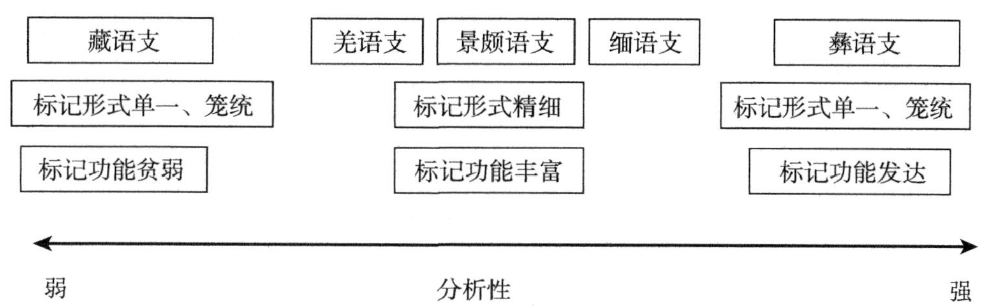

四、结语

藏缅语工具状语句法手段的特点显示出了分析性语言的共性，这是显而易见的，是主流的；但是，历史演变发展的不平衡性造成了或大或小的类型差异。这种个体差异是由语言类型发展的不平衡性所造成的，与语言自身所处的分析性特征是相对应的，不同句法手段的特点与整个藏缅语的类型转变、发展趋势也是相符的。

研究分析性语言，不能只停留在大类的区分上，还要深入发掘各小类不同的特点，并揭示不同小类之间的关系。只有这样，才能比较准确地认识分析性语言的特点。① 工具状语的句法手段只是语言系统一个微观层面，而分析性的类型差异对语言结构的影响和制约涉及方方面面，可以深入挖掘的东西还有很多。

参考文献

[1] 常俊之. 元江苦聪话参考语法. 北京：中国社会科学出版社，2011.

[2] 戴庆厦. 语言转型与词类变化：以景颇语句尾词衰变趋势为例. 民族语文，2019（1）.

[3] 戴庆厦. 泰国阿卡语研究. 北京：中国社会科学出版社，2009.

[4] 戴庆厦，蒋颖，孔志恩. 波拉语研究. 北京：民族出版社，2007.

① 戴庆厦：《语言转型与词类变化：以景颇语句尾词衰变趋势为例》，载《民族语文》，2019（1）。

[5] 戴庆厦，闻静.论“分析性语言”研究眼光.云南师范大学学报（哲学社会科学版），2017（5）.

[6] 段秋红.彝语他留话句法研究.中央民族大学博士学位论文，2019.

[7] 胡素华.彝语结构助词研究.北京：民族出版社，2002.

[8] 黄成龙.蒲溪羌语研究.北京：民族出版社，2007.

[9] 蒋光友.基诺语参考语法.中央民族大学博士学位论文，2008.

[10] 李春风.邦朵拉祜语参考语法.北京：中国社会科学出版社，2014.

[11] 李大勤.格曼语研究.北京：民族出版社，2002.

[12] 李泽然.哈尼语的 ne^{33}.中央民族大学学报（哲学社会科学版），2003（4）.

[13] 林向荣.嘉戎语研究.成都：四川民族出版社，1993.

[14] 刘光坤.麻窝羌语研究.成都：四川民族出版社，1998.

[15] 马学良.汉藏语概论.北京：民族出版社，2003.

[16] 木仕华.卡卓语研究.北京：民族出版社，2003.

[17] 孙宏开.羌语简志.北京：民族出版社，1981.

[18] 孙宏开，胡增益，黄行.中国的语言.北京：商务印书馆，2007.

[19] 孙宏开，刘光坤.阿侬语研究.北京：民族出版社，2005.

[20] 徐琳，木玉璋，盖兴之.傈僳语简志.北京：民族出版社，1986.

[21] 周毛草.玛曲藏语研究.北京：民族出版社，2003.

[22] 朱艳华，勒排早扎.遮放载瓦语参考语法.北京：中国社会科学出版社，2013.

彝语义诺话的交互范畴[①]

曲木铁西

交互范畴是藏缅语言共有的特点，但表达交互范畴这一语法意义的语法形式在藏缅语中却有重叠、后置和前置三种不同的语法形式。从目前研究来看，藏缅语大多数语言交互范畴的语法形式为重叠和后置形式，前置形式的语言则极少。彝语就属使用前置形式的极少数语言之一。实际上，彝语的交互范畴使用非常广泛，只要涉及事物和事件的交互性，就会用交互范畴来表示。过去我们忽略了对这一重要语法意义和语法形式的认识和研究，本文以彝语义诺话为例，对彝语交互范畴进行充分的描写和比较研究，以不断丰富彝语研究和藏缅语交互范畴的综合研究。

一、概述

交互范畴在彝语义诺话中使用广泛，只要关涉事物和事件的交互性，不论人与人、物与物，都会用交互范畴来表示。因此，彝语义诺话交互范畴不仅使用于动词、形容词，还使用于名词。彝语义诺话交互范畴由标记词以前置的方式与动词、形容词、名词组合而构成。

（一）动词的交互范畴

动词的交互范畴：动词交互范畴有两个标记词 dʑi^{33} 和 lɛ^{33}，构成两类不同的动词交互范畴形式。一类由交互标记词 dʑi^{33} 加在动词前构成；另一类由交互标记词 lɛ^{33} 加

① 彝语义诺话为笔者的母语。本文初稿曾在 2019 年 10 月 11—13 日中国民族语言学会成立 40 周年学术讨论会上做过主题发言。之后又做了较大的补充、修改。本文在写作过程中得到了黄成龙、薄文泽教授的支持和帮助，在此一并致谢。

在动词前构成。

1. 由交互标记词 dʑi^{33} 加在动词前构成的。例如：

ka^{33} “打” —— dʑi^{33}ka^{33} “打架”
ʐa^{33} “骂” —— dʑi^{33}ʐa^{33} “吵架”
ngu^{33} “爱” —— dʑi^{33}ngu^{33} “相爱”
ndzi^{33}ȵi^{33} “团结” —— dʑi^{35}ndzi^{33}ȵi^{33} “相互团结”
ngo^{33} “拉” —— dʑi^{33}ngo^{33} “相互拉”
hɯ^{42} “看” —— dʑi^{33}hɯ^{35} “互看”
mo^{33} “见” —— dʑi^{33}mo^{33} “碰面”
sɛ^{33} “讥讽” —— dʑi^{33}sɛ^{33} “相互讥讽”
bu^{35} “亲吻” —— dʑi^{33}bu^{35} “相互亲吻”
dʑɪ^{33} “了解” —— dʑi^{33}dʑɪ^{33} “相互了解”
dziw^{33} “遇见” ①—— dʑiw^{33}dziw^{33} “相遇”

2. 由表示交互标记词 lɛ^{33} 加在动词前构成的。例如：

ʑu̱^{33} “缠” —— lɛ^{33}ʑu̱^{33} “缠绕某物”
ʐɔ̱^{35} “交叉” —— lɛ^{33}ʐɔ̱^{35} “交叉某物”
ʂʅ̱w^{35} “扭” —— lɛ^{35}ʂʅ̱w^{35} “扭转某物”
tɕi̱^{35} “抽” —— lɛ^{33}tɕi̱^{33} “抽打人或物”
dʑɔ^{33} “砍” —— lɛ^{33}dʑɔ^{33} “直砍某物”
tɕhiw^{35} “捆” —— lɛ^{33}tɕhi̱^{35} “捆绑人或物”
zʅ̱^{33} “按、压” —— lɛ^{33}zʅ̱^{33} “按、压人或物”
ndzʅ̱w^{33} “踩” —— lɛ^{33}ndzʅ̱w^{33} “踩踏人或物”
ndʑa^{33} “砍” —— lɛ^{33}ndʑa^{33} “劈砍人或物”
thu̱^{33} “剁” —— lɛ^{33}thu̱^{33} “剁某物”
ndzʅ^{35} “门牙咬” —— lɛ^{33}ndzʅ^{35} “门牙咬人或物”

① dziw^{33} 中的 w 表示该元音为撮唇元音，发该元音时嘴唇为撮唇状，撮唇元音在一定的条件下会同化相邻的元音。详见戴庆厦、曲木铁西：《彝语义诺话的撮唇音和长重音》，载《中央民族大学学报》（哲学社会科学版），1991（2）。

（二）形容词的交互范畴

形容词的交互范畴：由交互标记词 dʑi^{33} 加在形容词词根前构成。例如：

(a^{33}) ʂo^{35} “长的”—— dʑi^{33}ʂo^{35} “一样长”
(a^{33}) tu^{35} “厚的”—— dʑi^{33}tu^{35} “一样厚”
(a^{33}) ȵi^{33} “多的”—— dʑi^{33}ȵi^{35} “一样多”
(a^{33}) xɯw^{35} “粗的”—— dʑi^{33}xɯw^{35} “一样粗”
(a^{33}) dʑi^{35} “宽的”—— dʑi^{33}dʑi^{35} “一样宽”

（三）名词的交互范畴

名词的交互范畴：由交互标记词 dʑi^{33} 加在名词前构成。例如：

mu̱^{33}mɛ^{35} “方面、关系”—— dʑi^{35}mu̱^{33}mɛ^{35} “彼此方面、彼此关系”等
du^{33} “……家”—— dʑi^{35}du^{33} “彼此家”
nga^{35} dʑu^{42} “利益”—— dʑi^{35}nga^{35}dʑu^{42} “彼此利益”
tɕɪ^{42}ɕɪ^{33} “亲戚”—— dʑi^{35} tɕɪ^{42}ɕɪ^{33} “彼此亲戚”
zo^{33}dʑu^{42} “学习成就”—— dʑi^{35}zo^{33}dʑu^{42} “彼此的学习成就”
tʰɯ^{42}ʑi^{33} “书”—— dʑi^{35} tʰɯ^{42}ʑi^{33} “彼此的书”

（四）交互意义四音格词交互标记词的位置

彝语义诺话交互标记词一般都放在动词、形容词、名词的前面，但在具有并列和联合意义的双音节动词或名词结合形成表示交互意义的四音格词中，交互标记词分别冠在两音节之前。例如：

xɯw^{33}thiw^{33} “伤害”— dʑiw^{33}xɯw^{33}dʑiw^{33}thiw^{33} “相互伤害”
fu̱^{33}sɛ^{33} “抚摸”—— dʑi̱^{33}fu̱^{33}dʑi̱^{33}sɛ^{33} “相互抚摸”
ngo^{33}ʂɯ^{35} “拉扯”—— dʑi^{33}ngo^{33}dʑi^{33}ʂɯ^{35} “相互拉扯”
n̥a^{33}go^{35} “关心”—— dʑi^{33}n̥a^{33}dʑi^{33}go^{35} “相互关心”
mu^{33}mɛ^{35} “方面、关系”—— dʑi^{33}mu^{33}dʑi̱^{33}mɛ^{35} “彼此方面、彼此关系”

tɕi^{42}ɕɪ^{33} “亲戚” —— dʑi^{33} tɕi^{42}dʑi^{33}ɕɪ^{33} “彼此亲戚”
zʅw^{35}hi^{33} “揉搓” —— lɛ^{33}zʅ̠w^{35}lɛ^{33}hi̠^{33} “揉搓某物”
tsʰʅ̠^{35}ɕɛ^{33} “掐断” —— lɛ^{33}tsʰʅ̠^{35}lɛ^{33}ɕɛ^{33} “掐断某物”

这类四音格词，也可以根据表达的需要，不构成四音格词，直接把交互标记词 dʑi^{33} 放在动词和名词前，其意义也不变，但 dʑi^{33} 的调值由 33 调变读为 35 调。而交互标记词 lɛ^{33} 却无此组合功能。例如：

dʑiw^{33}xɯw^{33}dʑiw^{33}thiw^{33} “相互伤害” —— dʑiw^{35}xɯw^{33}thiw^{33} “相互伤害”
dʑi̠^{33}fu̠^{33}dʑi̠^{33}sɛ^{33} “相互抚摸” —— dʑi^{35}fu̠^{33}sɛ^{33} “相互抚摸”
dʑi^{33}ngo^{33}dʑi^{33}ʂɯ̠^{35} “相互拉扯” —— dʑi^{35}ngo^{33}ʂɯ̠^{35} “相互拉扯”
dʑi^{35}mu^{33}dʑi̠^{33}mɛ^{35} “彼此方面、彼此关系” —— dʑi^{35}mu̠^{33}mɛ^{35} “彼此方面、彼此关系”

由交互标记词 dʑi^{33} 和 lɛ^{33} 组成的具有交互范畴意义的词，在彝语义诺话中已形成了很大的一个词类，而且有的相连较紧，特别是相连的个别动词已很难揣摩其最初的意义，或很难拆开使用。如：dʑi^{33}tʰɯ^{33} “关系好”、dʑi^{33}mu^{35} “相恋”、dʑi^{33}va^{35} “互相害怕”、lɛ^{33}tɕhi̠^{35} “捆绑（人或物）”等。

二、彝语义诺话交互范畴的语法形式及其分类

彝语义诺话交互范畴的语法形式均为分析形式，主要是在动词、形容词、名词前加交互标记词，构成动词、形容词和名词的交互关系意义。无屈折形式。虽然交互标记词 dʑi^{33} 与 33 调和 42 调的单音节动词和形容词词根相连时，33 调和 42 调的动词和形容词词根会变读成 35 调；如 (a^{33}) ʑiw^{33} “大” —— dʑiw^{33}ʑiw^{35} “一样大”、(a^{33}) n̥i^{33} “多的” —— dʑi^{33}n̥i^{35} “一样多”、hɯ^{42} “看” —— dʑi^{33}hɯ^{35} “互看”、ndu^{42} “打” — dʑi^{33}ndu^{35} “互打”、su^{42} “像” —— dʑi^{33}su^{35} “相像”等，但这种变调只是遵循了彝语内部语音相连时的音节律而产生的一种变调现象，而非屈折形式。还有交互标记词 dʑi^{33} 与双音节的动词相连时，交互标记词 dʑi^{33} 的调值往往由 33 调变成 35 调，如 kʰɯ^{33}tɕʰo^{42} “说法” —— dʑi^{35}kʰɯ^{33}tɕʰo^{42} “相互口径一致”；还有交互标记词 dʑi^{33} 与名词（不论单音节还是多音节）相连，交互标记词 dʑi^{33} 的调值往往由 33 调变读为 35 调，如 du^{33} “……家” —— dʑi^{35}du^{33} “彼此家”、a^{33}ʑɪ^{33} “孩子” —— dʑi^{35}a^{33}ʑɪ^{33} “彼此的孩子”等，不过这种变调不具有区别任何意义的特征，可能有某

种强调的意义，也非屈折形式。

彝语义诺话交互范畴的语法形式有如下表现形式。

（一）动词交互范畴的语法形式

彝语义诺话动词交互范畴共有两种交互方式：一是交互双方行为动作的互相发出，即交互双方行为动作的双向性形式；二是交互双方行为动作的单向发出，即交互双方行为动作的单向性形式，这种行为动作虽然具有单向性，但彝族人认为其行为动作是一方作用于另一方，具有交互的关联性，包括被行为动作涉及的另一方是死物或活物。

1. 交互双方动作的双向性和单向性

（1）交互双方行为动作的双向性形式。其形式由交互标记词 dʑi^{33} 加在动词前构成，表示交互双方行为动作的双向性意义。例如：

m̥ɿ^{33} “连着”—— dʑi^{33}m̥ɿ^{33} “相连接”
zɔ^{35} “招待”—— dʑi̱^{33}zɔ^{35} “相互招待”
pa̱^{33} “交换”—— dʑi̱^{33}pa̱^{33} “互换”
k^{h}ɯ^{33}tɕ^{h}o^{42} “说法”—— dʑi^{35}k^{h}ɯ^{33}tɕ^{h}o^{42} “相互口径一致”
mba̱^{33} “掩盖”—— dʑi̱^{33}mba̱^{33} “相互掩盖”
gu^{33}ga^{33} “热情”—— dʑi^{33}gu^{33}dʑi^{33}ga^{33} “互相热情”
ɣa^{33}ʑa̱^{33} “诽谤”—— dʑi̱^{35}ɣa^{33}ʑa̱^{33} “相互诽谤”
dʑɛ^{33} “分道”—— dʑi̱^{33}dʑɛ^{33} “分别”
zu^{35} “杂”—— dʑi^{33}zu^{35} “杂交”
tɕɪ^{33} “禁止”—— dʑi^{33}tɕɪ^{33} “相互禁止”
kɯ^{42} “加”—— dʑi^{33}kɯ^{35} “相加”

（2）交互双方行为动作的单向性形式。其形式是由交互标记词 lɛ^{33} 加在动词前构成，表示交互双方行为动作的单向性意义。动词的这类交互范畴，可以表示植物及其他物体的交互动作，也表示人借助物作用于动物、植物和其他物体的交互动作等。例如：

zʅ̱^{33} “按、压”—— lɛ^{33}zʅ̱^{33} “按、压人或物”
zʅ̱w^{35} “揉”—— lɛ^{33}zʅ̱w^{35} “揉搓某物”
tɕi̱w^{35} “捆”—— lɛ^{33}tɕ^{h}i̱w^{35} “捆绑人或物”
ndzʅ^{35} “（门牙）咬”—— lɛ^{33}ndzʅ̱^{35} “（门牙）咬人或物”

tɕi̠^{35} “抽（打）”—— lɛ^{33}tɕi̠^{35} “抽打人或物”
tsʰɿ̠^{35} “掐”—— lɛ^{33}tsʰɿ̠^{35} “掐掉某物”
ʂɿ̠w^{33} “扭、拧”—— lɛ^{33}ʂɿ̠w^{33} “扭转某物”
ndʑɛ^{33} “砸”—— lɛ^{33}ndʑɛ^{33} “（打）砸某物”
ndʑi^{35} “刮（风）”—— lɛ^{33}ndʑi̠^{35} “（风）掀起某物”
ʂɿ̠^{33} “撕”—— lɛ^{33}ʂɿ̠^{33} “撕破某物”
ngɯw^{35} “刺”—— lɛ^{33}ngɯ̠w^{35} “刺人或物”
vɿ̠^{33} “挠”—— lɛ^{33}vɿ̠^{33} “抓挠人或物”

需要说明的是，如果在这种交互双方行为动作的单向性形式前，再加交互标记词dʑi^{33}，就变成了交互双方行为动作的双向性的语法形式。例如：

lɛ^{33}ʑu̠^{33} “缠绕某物”—— dʑi^{35}lɛ^{33}ʑu̠^{33} “相互缠绕”
lɛ^{35}ʂɿ̠w^{35} “扭转某物”—— dʑi^{35}lɛ^{33}ʂɿ̠w^{35} “相互扭转”
lɛ^{33}dʑɔ^{33} “砍人或物”—— dʑi^{35}lɛ^{33}dʑɔ^{33} “互砍”
lɛ^{33}tɕi̠^{33} “抽打人或物”—— dʑi^{35}lɛ^{33}tɕi̠^{33} “相互抽打”

2. 动词交互范畴的否定形式

彝语义诺话动词交互范畴的否定形式，可根据句子的类型采用不同的否定副词来表达。陈述句用否定副词 a^{42}，祈使句用否定副词 tʰa^{35}。否定副词的位置，在单音节动词前，双音节或多音节动词在最后一个音节前。例如：

（1）ŋo^{42} dʑi^{33} a^{42} ʑa̠^{33}. 我们没吵架。
我们（标记词）没 吵
no^{42} dʑi^{33} tʰa^{35} ʑa̠^{33}! 你们别吵架！
你们（标记词）别 吵
（2）ŋo^{42}bu^{35} gɯ^{33} lɛ^{33} a^{42} zɿ̠^{33}. 我们没有踩压草。
我们 草 （标记词）没 踩压
no^{42}bu^{35} gɯ^{33} lɛ^{33} tʰa^{35} zɿ̠^{33}. 你们别踩压草！
你们 草 （标记词）别 踩压
（3）ŋo^{42} dʑi^{33} tɕʰo^{33} a^{42} bo^{33}. 我们没有一道走。
我们（标记词）一道 没 走

no^{42} dʑi^{33} tɕʰo^{33} tʰa^{42} bo^{33}! 你们别一道走!

你们(标记词)一道 别 走

(二)形容词交互范畴的语法形式

1. 表示相互等同关系

彝语义诺话形容词交互范畴的形式,是由交互标记词 dʑi^{33} 加在形容词词根前构成的,使形容词具有“相互等同”的交互关系意义。例如:

a^{33}ʑiɯ^{33}“大”—— dʑiɯ^{33}ʑiɯ^{35}“一样大”
a^{33}m̥u^{35}“深”—— dʑi^{33}m̥u^{35}“一样深”
a^{33}lʅ^{33}“重”—— dʑi^{33}lʅ^{35}“一样重”
a^{33}ʂ̥o^{35}“远”—— dʑi^{33}ʂ̥o^{35}“一样远”
a^{33}ȵi^{33}“多”—— dʑi^{33} ȵi^{35}“一样多”

若再在形容词词根前加动词 tɛ^{33}“叠”,使形容词具有“相互完全等同”的交互关系意义。例如:

a^{33}ʑiɯ^{33}“大”—— dʑiɯ^{33}ʑiɯ^{35}“一样大”
—— dʑi^{33}tɛ^{33}ʑiɯ^{42}“一模一样大”
a^{33}ʂ̥o^{35}“远”—— dʑi^{33} ʂ̥o^{35}“一样远”
—— dʑi^{33}tɛ^{33} ʂ̥o^{42}“一模一样远”
a^{33}ȵi^{33}“多”—— dʑi^{33} ȵi^{35}“一样多”
—— dʑi^{33}tɛ^{33} ȵi^{42}“一模一样多”
a^{33}m̥u^{35}“高”—— dʑi^{33}m̥u^{35}“一样高”
—— dʑi^{33}tɛ^{33}m̥u^{42}“一模一样高”

2. 形容词交互范畴的否定形式

在形容词词根前加否定副词 a^{42},表示该形容词具有“相互不等同 / 相互不完全等同”的交互关系意义。例如:

a^{33}ʑiɯ^{33}“大”—— dʑi^{33}a^{42}ʑiɯ^{33}“不一样大”
—— dʑi^{33}tɛ^{33}a^{42}ʑiɯ^{33}“不一模一样大”

a^{33}m̥u^{35} “高” —— dʑi^{33}a^{42} m̥u^{42} “不一样高”

—— dʑi^{33}tɛ^{33}a^{42} m̥u^{42} “不一模一样高”

a^{33}lʅ^{33} “重” —— dʑi^{33}a^{42} lʅ^{33} “不一样重”

—— dʑi^{33}tɛ^{33}a^{42} lʅ^{33} “不一模一样重”

a^{33}ʂo^{35} “远” —— dʑi^{33}a^{42} ʂo^{42} “不一样远”

—— dʑi^{33}tɛ^{33}a^{42} ʂo^{42} “不一模一样远”

a^{33}ȵi^{33} “多” —— dʑi^{33}a^{42}ȵi^{33} “不一样多”

—— dʑi^{33}tɛ^{33}a^{42}ȵi^{33} “不一模一样多”

（三）名词交互范畴的语法形式

彝语义诺话名词交互范畴的形式，是由交互标记词 dʑi^{33} 加在名词前构成的，使名词具有“彼此”的交互关系意义。例如：

fu̱^{33}dʑu̱^{35} “联姻状况” —— dʑi^{35}fu̱^{33}dʑu̱^{35} “彼此联姻状况”

a^{33}ʑɪ^{33} “孩子” —— dʑi^{35} a^{33} ʑɪ^{33} “彼此的孩子”

hɛ^{42} tɕɛ^{33} “心胸” —— dʑi^{35} hɛ^{42} tɕɛ^{33} “彼此的心胸”

ngu^{33}tɕɪ^{42} “爱恋” —— dʑi^{35} ngu^{33}tɕɪ^{42} “彼此的爱恋”

du^{33} “……家” —— dʑi^{35}du^{33} “彼此家”

nga^{35} dʑu^{42} “利益” —— dʑi^{35}nga^{35}dʑu^{42} “彼此利益”

tɕi^{42}ɕɪ^{33} “亲戚” —— dʑi^{35} tɕi^{42}ɕɪ^{33} “彼此亲戚”

zo^{33}dʑu^{42} “学习成就” —— dʑi^{35}zo^{33}dʑu^{42} “彼此的学业成就”

t^{h}ɯ^{42}ʑi^{33} “书” —— dʑi^{35} t^{h}ɯ^{42}ʑi^{33} “彼此的书”

这里需要说明的是，表示交互双方动作单向性的交互标记词 l□ɛ^{33} 只局限与动词构成动词的交互范畴，不能与形容词和名词构成形容词交互范畴和名词交互范畴。

三、彝语义诺话交互范畴的组合能力与功能

彝语义诺话表示行为动作、事件和事物的相互性和相互关系的动词、形容词、名词的交互范畴，具有一定的组合范围和规律，且在句中不仅可以作谓语，还可以作主语、宾语以及修饰谓语动词的状语等。

（一）动词交互范畴的组合能力与功能

1. 动词交互范畴的组合范围

彝语义诺话交互范畴的标记词与动词相组合形成的交互范畴类动词分为两类。一类与交互标记词相连很紧，很难拆开使用，如：dʑi^{33}ɕɪ^{33}“相爱”、dʑi^{33}da^{33}“相好”、dʑi^{33}ndɛ^{35}“相互牵连”、dʑi^{33}tɕho^{33}“结伴”等，近似于互动词（reciprocal verb）；一类与交互标记词相连松散，只是根据需要而随时相连组合使用，这类动词包括及物动词和不及物动词等，其囊括的动词数量较大。例如：

（1）tsʰo^{33}ɣɯw^{35} dʑi^{35} kʰɯ^{33} tsʰi^{33}o^{35}. 他们彼此服输了。
他们 （标记词）服输 了

（2）tsʰo^{33}ɣɯw^{35} dʑi^{35} ȵɛ^{35} tɕɛ^{33}o^{35}. 他们相互不好意思了。
他们 （标记词）害羞 了

2. 动词交互范畴的功能

（1）动词交互范畴作谓语。彝语义诺话用作谓语成分的动词交互范畴形式，交互双方行为动作的双向性形式和交互双方行为动作的单向性形式均可充当。例如：

① tsʰo^{33} ɣɯw^{35} tsʰɿ^{35} mu^{33}dʑi^{33} fu̠^{33} go^{33}ʂɯ^{35}.
他们 世代 （标记词）开亲 经 常
他们一直以来都是世代开亲。

② tsʰɿ^{33} ȵi^{42} dʑi^{33} ɕɪ^{33} ȵi^{42} ma^{33}. 他们俩关系好。
他 俩 （标记词）亲 俩 个

③ tɕʰu^{33}ʂɿ^{33} dʑi^{33} zu^{35} kɔ^{33}dʐɔ^{33}. 金银相互混杂在一起。
银 金 （标记词）混 存在

④ bu^{35}gɯ^{33}bo^{33}ko^{33} lɛ^{33} ʑu̠^{33}ta^{33}. 有株草缠绕着它。
草 株 （标记词）缠 状态

⑤ kɔ^{33}lɔ^{33}mu̠^{35} ta̠^{33} ma^{33}tɕɔ^{33}bu^{33}su^{33} tsʰɿ^{33} lɛ̠^{33} ndʑa̠^{33} kɔ^{33}ʂa̠^{33}ɔ^{33}.
愤怒 （助）竹篾笆 张（助）他 （标记词）劈 掉 了
他因愤怒而把那张篾笆劈掉了。

（2）动词交互范畴作谓语动词的修饰成分，在句中作状语。动词交互范畴用作谓语动词的修饰成分，由“（交互标记词＋动词＋表示方式状态的助词 ta^{33}）＋动词”构成，表示该谓语动词的交互状态和方式。例如：

① no^{42} ŋa^{33} ʑɔ^{33} dʑi^{33} ku^{33} ta^{33} dzɯ^{33}.
你们 五 位 （标记词）合着（助）吃
你们五位合伙一块儿吃。

② ŋo^{42}mu^{33} ʂɿ^{33} ȵi^{42} dʑi^{33} gɯ^{35}ta^{33} ȵo^{42}mu^{33}li^{33}.
我们 明天 （标记词）一起 干活 去
我们明天一起去干活儿。

③ ʑi^{33}tɕɔ^{35} a^{33} ȵi^{33} gɯ^{33}si^{42} dʑi^{33} tsʰiw^{33} ta^{33} dzɯ^{33}.
菜 很多（量）（助）（标记词）下（饭）（助）吃
有很多菜下饭吃。

④ tsʰo^{33}ɣɯw^{35}tsʰɿ^{35} mu^{33}dʑi^{33}fu̪^{33} ta^{33} a^{33} ȵi^{33}tsʰɿ^{35} dʑo^{33}.
他们 世代 （标记词）开亲（助）多 代 有
他们世代开亲已经有好多代了。

⑤ tsʰo^{33} ɣɯw^{35} dʑi^{33} tsɿ^{35} ta^{33} dʑi^{33} tɕo^{35} bu^{33}a^{33}dʑi^{42}.
他们 （标记词）骂 （助）（标记词）对方话 不 说
他们由于吵架彼此不说话。

⑥ ŋo^{42} tʰɯ^{42} ʑi^{33} dʑi^{33} kɯ^{35} ta^{33} zo^{33}.
我们 书（标记词）一起（助）学
我们一起学习。

但在表示“一起、一道”的交互意义时，表示状态方式的助词 ta^{33} 可以省略。例如：

① tsʰo^{31} ɣɯw^{35} dʑi^{33} tɕʰo^{33} (ta^{33}) bo^{33} o^{35}. 他们一起走了。
他们 （标记词）一起 （助）走 了

② ŋa^{33}ȵɛ^{42} dʑi^{33} kɯ^{35} (ta^{33}) dzɯ^{33}. 我们俩在一起吃。
我们俩（标记词）一起（助）吃

（3）动词交互范畴作主语和宾语。彝语义诺话动词交互范畴还可以与表示名词的助词 su^{33} 相组合，形成名物化后，可以作句子的主语和宾语。例如：

① dʑi³³　　ndu³⁵ dʑi³³　　ka³³su³³　tsʰo³³a⁴²ŋɯ³³
（标记词）打　（标记词）打（助）人　不是
相互打架斗殴不是人干的事。

② ŋo⁴²kʰa³³diw³³ n̥iw³³dʑi³³　　ʂɔ³⁵　su³³　tʰa³⁵ mu³³
我们　　大家 都　（标记词）害羞（助）别　做
我们大家都不做相互害臊的事。

（二）形容词交互范畴的组合能力与功能

1. 形容词交互范畴的组合范围

彝语义诺话形容词交互范畴的组合范围仅局限于"大 / 小、高 / 低、高 / 矮、长 / 短、宽 / 窄、厚 / 薄、粗 / 细、深 / 浅、轻 / 重"等表示形状而具有相对关系的形容词，其表现形式为形容词词根加交互标记词 dʑi³³ 相组合构成。彝语义诺话中这类形容词一般都由前加成分 a³³/ɪ³⁵、ɛ³⁵"大 / 小"加词根构成，例如 a³³m̥u³⁵"深的"/ɪ³⁵m̥u³³"浅的"、a³³dʑi³⁵"宽的"/ɪ³⁵dʑi³³"窄的"、a³³ʑiw³³"大的"/ɛ³³tsɿ³³"小的"等。形容词词根的选择，前加成分对等的，词根不变；前加成分不对等或词根不同的，则选择重要一方的词根。例如：

a³³dʑi³⁵"宽的"/ɪ³⁵dʑi³³"窄的"—— dʑi³³dʑi³⁵"一样宽"
a³³ɭɿ³³"重的"/ʑo³³so³³"轻的"—— dʑi³³ɭɿ³⁵"一样重"
a³³ʑiw³³"大的"/ ɛ³³tsɿ³³"小的"—— dʑiw³³ʑiw³⁵"一样大"

彝语义诺话形容词一般没有次要一方的交互范畴形式，表示次要一方的交互范畴意义由重要一方交互范畴的否定形式来表示。其否定形式为，在形容词前加否定副词 a⁴² 构成。例如：

a³³dʑi³⁵"宽的"/ɪ³⁵dʑi³³"窄的"—— dʑi³³dʑi³⁵"一样宽"
　　　　　　　　　　　　　　—— dʑi³³a⁴²dʑi³⁵"不一样宽"
a³³ɭɿ³³"重的"/ʑo³³so³³"轻的"—— dʑi³³ɭɿ³⁵"一样重"
　　　　　　　　　　　　　　—— dʑi³³a⁴² ɭɿ³³"不一样重"
a³³ʑiw³³"大的 / 高的"/ɛ³³tsɿ³³"小的 / 矮的"
　　　　　　　　　　　　　　—— dʑiw³³ʑiw³⁵"一样大 / 一样高"
　　　　　　　　　　　　　　—— dʑi³³a⁴²ʑiw³³"不一样大 / 不一样高"

2. 形容词交互范畴的功能

形容词交互范畴作谓语。彝语义诺话用作谓语成分的形容词交互范畴形式，主要由表示形状而具有相对关系的形容词的交互关系形式来充当。例如：

（1）gɯ^{33}mo^{42} tsʰɿ^{35} ȵi^{42}tɕɪ^{33}dʑi^{33} ʂo^{35} 这两条路一样长。
路 这 两 条（标记词）长

（2）tɕʰo^{33}a^{33}su^{42}，a^{33}ʑɪ^{33}tʂhɯ^{35}ȵi^{42}ma^{33} dʑi^{33} tɛ^{33}ʑiw^{42}
奇怪 孩子 这 两 个 （标记词）叠 高
太奇怪了，这两个孩子一模一样高。

（3）tsʰɿ^{33}ȵɛ^{42}ɣɯ^{33}dʑu^{42}dʑi^{33} ȵi^{35} 他们俩的收获一样多。
他俩 收获 （标记词）多

（4）ma^{33}tɕɛ^{33} tsʰɿ^{35} ȵi^{42} tɕɪ^{33}dʑi^{33} a^{42} ʂo^{42} 这两根竹竿不一样长。
竹竿 这 两 根（标记词）不 长

（三）名词交互范畴的组合能力与功能

1. 名词交互范畴的组合范围

彝语义诺话交互标记词与名词相组合而形成的交互范畴类名词数量巨大，但是与交互标记词相连较紧的不多，大多数名词则根据需要而随意组合使用。例如：

（1）ŋo^{42} dʑi^{35} du^{33} a^{42} ndʑɔ^{33}.
我们（标记词）家 不 走
我们两家彼此不走动。

（2）ŋo^{42} dʑi^{35} a^{33}ʑɪ^{33}a^{33}ti^{33}hɪ^{42}ko^{33} a^{42}da^{33}.
我们（标记词）孩子 只 说（助）不 对
我们老说彼此的孩子不对。

（3）tsʰo^{33}ɣɯw^{35} dʑi^{35} ndʐʅ^{33}a^{33}ti^{33}hɯ^{33}ta^{33} ndo^{33}ko^{33}ʂɯ^{42}.
他们 （标记词）酒 只 借 （助）喝 经常
他们经常彼此借酒喝。

（4）tsʰo^{33}ɣɯw^{35} dʑi^{35} vɿ^{35}ȵi^{33}ŋɯ^{33}di^{33} gɯ^{33}.
他们 （标记词）亲族 是 （助）些
他们一直把彼此当成一个家族。

2. 名词交互范畴的功能

名词交互范畴作主语和宾语。彝语义诺话名词交互范畴形式作主语和宾语的，主要由表示名词的交互关系形式来充当。例如：

（1）dʑi^{35} nga^{35} dʑu^{42}li^{33} bo^{42}lɔ^{33}lɔ^{33}su^{33} ŋɯ^{33}. 互惠互利是非常明显的。
（标记词）利益 （助）亮堂堂 （助）是

（2）dʑi^{35} hɛ^{42}tɕɛ^{33}a^{42}va^{3}. 彼此看法不好。
（标记词）说法 不 好

（3）dʑi^{35} m̥i^{33}ku^{33}. 彼此喊名字。
（标记词）名 喊

（4）ts^{h}ʅ^{33}n̠ɛ^{42}dʑi^{35} a^{33}ʑɪ^{33} m̥ɛ^{33} ts^{h}u^{33}. 他俩给彼此孩子取名。
他俩 （标记词）孩子 名 取

四、彝语义诺话交互范畴与方言及亲属语言的比较

交互范畴是汉藏语系特别是藏缅语族语言一个不可忽视的语法特征。有语言学家认为可以把这一特征作为论证亲属语言的亲属远近关系的方法。① 因此，对藏缅语族各语言交互范畴进行描写、比较研究，探讨其产生发展，具有重要的意义。下面我们通过彝语内部各方言及亲属语言的比较，分析彝语交互范畴的来龙去脉以及交互范畴在藏缅语言中的发展态势。

（一）彝语内部各方言交互标记词位置的分类

彝语义诺话交互标记词与方言间的比较应基于不同位置的基础上进行。因此，我们先来看看彝语各方言交互标记词位置的分类。彝语内部大多数方言交互标记词都属前置方式，但也有个别方言有后置或其他方式等。

1. 交互标记词前置型

例如：

	相像	一样大	结伴去
彝语义诺话	dʑi^{33}su^{35}	dʑi^{33}ʑi^{35}	dʑi^{33}tɕho^{33}lɪw^{33}

① 孙宏开：《藏缅语动词的互动范畴》，载《民族语文》，1984（4）。

彝语阿哲话①	dʑɛ^{22}lo^{22}gɛ^{22}su^{55}	dʑɛ^{22} xɛ^{22}	dʑɛ^{22}xuʌ^{33}ʑɯ^{22}
彝语古泼话②	tɕɛ^{33}gɛ^{31} si^{55}	tɕɛ^{33}xʌ^{33}tʂu̠^{33}	
彝语尼苏话③	tɕhi^{21}tɤ^{33} sɯ^{21}	tɕhi^{21}tɤ^{22} xʌ̠^{31}	tɕhi^{21} thʌ^{33}lɯ^{21}
彝语乃苏话④	dʑi^{55}dʑi^{33}si^{55}	dʑɛ^{21} hɛ^{22}ɛ^{21}dʐo^{21}	dʑɛ^{21}tɯ^{55} li^{33}
彝语纳苏话⑤	dʐe^{33}sɯ^{55}	dʐe^{33}lɛ^{33}mu^{33}xo^{33}	dʐe^{33}bo^{33}li̠^{33}

从上面这些前置方式的例子可以看出，彝语各方言的交互标记词 dʑi^{33}、dʑɛ^{22}、tɕɛ^{33}、tɕhi^{21}、dʑɛ^{21} 等，虽有些不同，但不难看出它们大都来自 tɕ- 类音，具有共同来源的特性。只有彝语纳苏话交互标记词 dʐe^{33} 与其他方言稍有差异，但 dʐe^{33} 与其他方言具有明显的对应关系。例如：

	彝语诺苏话	彝语纳苏话⑥
腰	dʑu^{55}	dʐo^{55}
很	dʑʅ^{33}	dʐɚ^{55}
奴隶主	dʑɪ^{33}si^{33}phɯ^{42}	dʐe^{21}sʅ^{21}pho^{33}
缰绳	tɕi^{21}	tʂa̠^{21}ɣu^{33}
甜	tɕhi^{33}	tʂhʅ^{21}
跟	tɕho^{33}	tʂha^{21}

因此，从彝语各方言交互标记词 dʑi^{33}、dʑɛ^{22}、tɕɛ^{33}、tɕhi^{21}、dʑɛ^{21} 与纳苏话交互标记词为 dʐe^{33} 的对应关系来看，应有一定的同源关系。

2. 交互标记词后置型

例如：

	彝语义诺话	彝语纳苏话⑦	彝语巍山话⑧
打架	dʑi^{33}ka^{33}	dʐe^{33}ndhu^{21}	dɛ^{21}ni^{21}ni^{55}

① 材料引自王成有：《彝语方言比较研究》，成都，四川民族出版社，2003。
② 材料引自王成有：《彝语方言比较研究》，成都，四川民族出版社，2003。
③ 材料引自王成有：《彝语方言比较研究》，成都，四川民族出版社，2003。
④ 材料引自王成有：《彝语方言比较研究》，成都，四川民族出版社，2003。
⑤ 彝语材料由母语人中国社会科学院民族学与人类学所普忠良研究员提供。
⑥ 彝语材料转引自朱文旭：《彝语方言学》，北京，中央民族大学出版社，2005。
⑦ 彝语材料由母语人中国社会科学院民族学与人类学所普忠良研究员提供。
⑧ 彝语材料由母语人中央民族大学马国伟博士提供。

互骂	dʑi^{33} za̠^{33}	dze̠^{33}pha̠^{21}	khɔ^{21}ni^{21}ni^{55}
相互教育	dʑi^{33}m̥a^{35}	dze̠^{33}phi^{55}mo^{55}	tsu^{55}ni^{21}ni^{55}
相见	dʑi^{33}mo^{33}	dze̠^{33}na̠^{21}	mo^{21}ni^{21}ni^{55}

彝语巍山话为后置形式，这种后置的交互标记词 ni^{21}ni^{55}，不仅其位置后置，且无法看出它们与前置类的交互标记词有共同的来源。

3. 交互标记词前置后置一体型

其形式为交互标记词 dzɤ^{21}dzɤ^{21}+ 动词 +sa̠^{21}。如彝语南部方言双柏话①就属这一类型。例如：

dzɤ^{21}dzɤ^{21}ku^{21}sa̠^{21} 互骂　　dzɤ^{21}dzɤ^{21}te^{21}sa̠^{21} 打架

dzɤ^{21}dzɤ^{21}ko^{21} sa̠^{21} 相互来往　　dzɤ^{21}dzɤ^{21}mo^{21}sa̠^{21} 相互教育

dzɤ^{21}dzɤ^{21}ŋa^{21}sa̠^{21} 相见　　dzɤ^{21}dzɤ^{21}kɯ^{21}sa̠^{21} 相告

这类交互标记词前置后置一体型的前置和后置 dzɤ^{21}dzɤ^{21}....sa̠^{21}，任何一方都不能丢失。

虽然彝语存有以上三种不同的位置类型，但交互标记词出现在后置类型仍然不多，只存在于彝语西部方言的极个别土语之中。前置后置一体型也仅限于南部方言的个别土语。

（二）彝语义诺话交互标记词 lɛ^{33} 语法意义的形成

彝语义诺话交互标记词 lɛ^{33} 只存在于彝语北部方言的各种土语和次方言之中，而在彝语其他方言中没有与之相对应的词。因此，彝语义诺话交互标记词 lɛ^{33} 应该是一种后起的语法意义，属北部方言独有的一个特点。

通过分析研究，彝语义诺话交互标记词 lɛ^{33} 交互语法意义的形成是由实词虚化的一个结果，其虚化的过程是在彝语语音结构双音化的发展过程中实现的。彝语在发展过程中，较显性的发展变化就是由词的单音节向双音节化的发展。在这个发展过程中，使彝语的部分单音节词为了双音节化，会从固有的词中选择单音节词与单音节词搭配成双音节的复合词，形成的复合词被赋予了新的语法及语义上的变化。义诺话 lɛ^{33} 最早是个名词，其意义为“势，势力”，至今在单音节时 lɛ^{33} 的意义仍然为“势，

① 彝语材料由母语人中央民族大学李生福教授提供。

势力”，由于彝语内部双音节化的发展要求，lɛ^{33} 与许多词类的单音节词结合形成双音节词。如与形容词 gɔ^{33}“硬、强、壮、凶、严”组合，构成 lɛ^{33}gɔ^{33}（lɛ^{33}+ 硬）一词后，大大扩大了其语义范围，有“势力强大、强大、凶猛、强硬、厉害、顽强、严重”① 等多种义项。而最为值得关注的是，lɛ^{33} 与动词组合，则形成了彝语北部方言交互范畴中交互事件行为动作单向性的语法意义。如：ndʑɛ^{33}“砸”→ lɛ^{33}ndʑɛ^{33}“砸某物”、ʂɯ̱^{33}“捆扎”→ lɛ^{33}ʂɯ̱^{33}“捆扎某物”、zʅ̱w^{35}“按、压”→ lɛ^{33}zʅ̱w^{35}“按、压人或物”、ngɯw^{35}“刺”→ lɛ^{33}ngɯ̱w^{35}“刺人体或某物”、vʅ^{33}“挠”→ lɛ^{33}vʅ^{33}“抓挠人或物”等。这一语法意义的形成，恰好与表示交互双方行为动作双向性的语法意义成为互补。久而久之，lɛ^{33} 与形容词、动词组合成双音节后，有时很难把它们完全拆开，lɛ^{33} 的实词特点逐渐减弱，变为半实半虚的前缀性语素，不过它的作用与完全虚化的前缀 a^{33} 等还是有本质的区别，如上例 gɔ^{33}“硬、强、壮、凶、严”与前缀 a^{33} 组合为 a^{33}gɔ^{33}，虽大大增强了 gɔ^{33} 的组合功能，但组成的 a^{33}gɔ^{33} 没有增加任何语法意义和语义，仍然只保留了 gɔ^{33} 的基本词义。

（三）彝语义诺话交互标记词与亲属语言的比较

从彝语内部各方言的情况来看，彝语交互标记词的位置基本属于前置方式。不过彝语支语言共有十多种语言，不可思议的是只有白语、土家语是前置方式类型，其他如哈尼语、傈僳语、拉祜语、基诺语、怒苏语、毕苏语、柔若语、桑孔语等均为后置方式。例如：

1. 白语 ② 的交互标记词为 sa~^{55}

sa~^{55}ko^{21} 相爱　　sa~^{55}ke~^{42} 相见

sa~^{55} nɯ^{33} 相互交换　　sa~^{55}ɣɯ^{42} 互学

2. 土家语 ③ 的交互标记词为 ta^{55}

ta^{55} xa^{21} 打架　　ta^{55} no^{21} 吵架

ta^{55}	si^{35}ka^{55} la^{35} 互相舔毛	ta^{55}	tsi^{21}ɣɨe^{21}lu^{35} 互相借米
（标记词）	毛　　舔	（标记词）	米　　借

① 引自摩色克哈：《彝语词汇释义》，成都，四川民族出版社，2019。

② 引自徐琳、赵衍荪：《白语简志》，北京，民族出版社，1984。

③ 引自田德生、何天贞：《土家语简志》，北京，民族出版社，1986。

土家语如果动词带宾语，交互标记词则在宾语前面。

3. 傈僳语①的交互标记词为 $lɛ^{31}xo^{44}$

$dʒi^{31}xo^{35}$ $lɛ^{31}xo^{44}$ 相互团结	$mo^{33}lɛ^{31}xo^{44}$ 相见
$so^{44}lɛ^{31}xo^{44}$ 互学	$dɯ^{31}$ $lɛ^{31}xo^{44}$ 打架

4. 基诺语②的交互标记词为 $ʃi^{42}$ 和 $pɔ^{44}$

$ʃi^{42}$ 表示互动双方任意进行，$pɔ^{44}$ 表示互动双方对比进行。如：

$Pə^{42}ʃi^{42}$ 打仗	$Pə^{42}pɔ^{44}$ 对打
$tə^{42}ʃi^{42}$ 互砍	$tə^{42}pɔ^{44}$ 对砍
$se^{55}ʃi^{42}$ 厮杀	$se^{55}pɔ^{44}$ 对杀

5. 拉祜语③的交互标记词为 da^{21}

$bɔ^{54}da^{21}$ 打仗	$ma^{11}pi^{53}da^{21}$ 相互教育
$tɕa^{21}da^{21}$ 互相推诿	$thɔ^{33}qa^{35}da^{21}$ 相互牵连

属于后置类型的还有哈尼语，但哈尼语中只有墨江话和窝尼话还有交互范畴，其他大多数方言无此语法意义；彝语支语言中纳西语的交互范畴的语法形式较为独特，其形式为动词重叠形式，虽然纳西语与彝语有大量的同源词，但纳西语在交互范畴的语法形式上却不太合群，这是值得关注和研究的一个问题；怒语、末昂语和堂郎语无交互范畴语法形式，当然这亦有可能与对这些语言描写是否充分有关，也有可能还有一定的残存。

以上分析了彝语支各语言的交互范畴的情况，从比较中可以看到，无论它们的语法形式是前置还是后置，均看不出它们之间有任何同源关系。

藏缅语族其他语言还有如独龙语、阿侬语等与彝语一样是前置方式。但它们的语法形式与彝语在语音上不可能有任何关系。如独龙语④交互标记词为 a^{21}，$a^{21}kwan^{55}$ “互相追赶”、$a^{21}et^{55}$ “互相嘻笑”、$a^{21}ap^{55}$ “互相射击”等。

---

① 引自徐琳、木玉璋、盖兴之：《傈僳语简志》，北京，民族出版社，1986。

② 引自盖兴之：《基诺语简志》，北京，民族出版社，1986。

③ 引自常竑恩：《拉祜语简志》，北京，民族出版社，1986。

④ 引自孙宏开：《独龙语简志》，北京，民族出版社，1982。

从彝语支语言交互范畴语法形式与羌语支等语言相比较来看，羌语支语言内部交互范畴“从语法形式来看，表达动词互动范畴的基本方式是重叠词根”①，但彝语支内部各语言的交互范畴只有三种语言是前置方式，大多数语言为后置方式，且在语音形式上很难看出它们有任何同源关系。因此，就彝语支语言本身来看，其交互范畴的语法意义相对于其他语言来说是一种较晚起的现象。彝语支语言交互范畴的这一特点，证明了交互范畴这一语法意义在藏缅语各语言间的发展具有不平衡性，可能有的语支的语言交互范畴产生较早，有的语支的语言交互范畴发展较晚，具有不同的历史层次性。当然，交互范畴的这种不同的历史层次性，在历史的时间顺序上到底孰先孰后，也有可能与语言本身有关，不同的语言有不同的发展模式。这些问题还需进一步的研究。

参考文献

[1] 薄文泽 . 侗台语交互标记的发展变化 . 中国民族语言学会汉藏语言文化专业委员会第一届国际学术研讨会论文 .

[2] 戴庆厦 . 景颇语的实词虚化 . 中央民族大学学报（哲学社会科学版），1996（4）.

[3] 戴庆厦 . 景颇语词的双音节化对语法的影响 . 民族语文，1997（5）.

[4] 丁健 . 藏缅语相互结构的类型学考察 . 民族语文，2015（6）.

[5] 黄成龙 . 藏缅语中互动及其相关范畴的编码方式 . 中国民族语言学会汉藏语言文化专业委员会第一届国际学术研讨会论文 .

[6] 木乃热哈，毕青青 . 凉山彝语动词的互动态 . 民族语文，2012（6）.

[7] 孙宏开 . 藏缅语动词的互动范畴 . 民族语文，1984（4）.

[8] 孙宏开 . 论藏缅语语法结构类型的历史演变 . 民族语文，1992（5）.

① 孙宏开：《藏缅语动词的互动范畴》，载《民族语文》，1984（4）。

kun^{51}tai^{51} 词义考

——从语言文献田野调查说起[①]

戴红亮　玉腊光罕

一、引言

2019 年暑假，笔者去西双版纳开展傣族语言文献调查，同去的有云南大学保明所老师，云南民族大学研究生玉腊光罕（傣族，本科在云南民族大学傣语班学习，能熟练使用傣语）。记得有一次，一个傣族人询问我是哪个民族的，我当时用傣语随口就回答了一句："xɔi^{13}pin^{55}kun^{51}hɔ^{13}，ʔi^{55}lā^{13}kɔŋ^{55}xam^{51}pin^{55}kun^{51}tai^{51}（我是汉族，玉腊光罕是傣族）"，当时玉腊光罕听了之后，好像有点不高兴，立即纠正说："ʔɛ^{55}pin^{55}tai^{51}（我是傣族）"，而不是"ʔɛ^{55}pin^{55}kun^{51}tai^{51}（我是傣族人）"。她还告诉我，"我是傣族人"这句话，傣语不能说成"xɔi^{13}(ʔɛ^{55})pin^{55}kun^{51}tai^{51}（我是傣族人）"，而只能说成"ʔɛ^{55}pin^{55}tai^{51}（我是傣族）"。我追问了一句为什么，她无法解释原因，询问在场的其他人也说不知道为什么。我当时就留下了一个大大的疑问，为什么"汉族人""景颇族人""哈尼族人"都能说"kun^{51}hɔ^{13}""kun^{51}xāŋ^{55}""kun^{51}xa^{33}ni^{11}"，其他民族也都可以类推，只有傣族人不能说成"kun^{51}tai^{51}"呢？严整的类推规律为何在这里出现了破缺呢？这个词字面意义就是"傣族人"，无论是词义还是词法也都是成立的，可几部《傣汉词典》都没有收录这个词，我们也无法通过工具书了解其具体意义。

① 本研究得到教育部人文社会科学规划基金"傣族佛经文献《维先达腊》词汇研究"（18YJA850002）和中央民族大学双一流重点建设项目"傣族佛经文献《长阿含经》词汇研究"（20SYL006）资助。

二、kun^{51}tai^{51} 词义考

“kun^{51}” 在傣语中表示 “人”，使用频率很高，如 “kun^{51}mai^{35}（新人）” “kun^{51}kaa^{11}（商人）” “kun^{51}tsai^{55}bun^{55}（好心人、善人）”。它可以加在民族前或国家前，表示 “× × 族人” 或 “× × 国家人”，其功能大致相当于汉语 “人”。这个词在壮侗语族西南次语支中是同源词，使用较为广泛。“tai^{51}” 在现代傣语中一般表示 “傣族”，它还与 “家、村、地方” 组合表示 “人”，如 “tai^{51}bān^{13}（村里人）” “tai^{51}hən^{51}（家人）” “tai^{51}məŋ^{51}（同一个地方人）”，但一般只能用在傣族内部。这个词在现代傣语中也是高频词（古代文献中并不高频，tai^{51} 在文献中主要表示 “自由民” 的意思）。从这两个词组合情况看，它的字面意思就是 “傣族人”。可是它不表示 “傣族人”，那么有没有这个词，有这个词的话，它又是什么意思呢？这个疑团一直在我心中盘旋，每次看到文献中出现 tai^{51} 及其相关词语时，我都会停下来，通过上下文来揣摩其意义。在整理傣族古籍文献《维先达腊》时，我们多次碰到 tai^{51}，也碰到了 kun^{51}tai^{51} 这个词。kun^{51}tai^{51} 在《维先达腊》佛经中共出现两次。这也就是说，kun^{51}tai^{51} 这个词是可以连用的。为了完整地通过上下文语义来确定该词的意义，我先把这段话原文复制下来，进行翻译和解释。

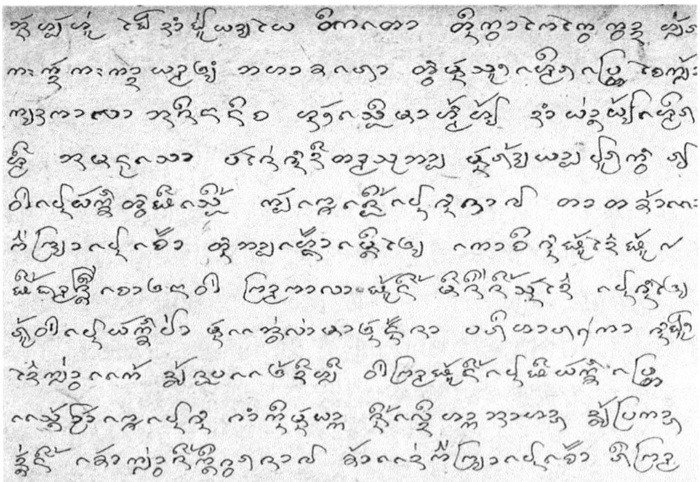

图 1　傣族古籍文献《维先达腊》部分内容影印件

ʔan^{55} lap^{33}hu^{35}, fai^{55}dam^{55} ju^{35} jāi^{51}jai^{51} vi^{33}ka^{55}to^{55} tin^{55}kvā^{55}

个 闭合卷缩 黑痣 在 分布成一片 变形的（巴）右脚

pai^{51} kvai^{55}kvāt^{35} lan^{35} ka^{55}kat^{55}ka^{55}kāt^{35} jām^{51}teu^{51} sa^{55}hā^{55}xa^{55}ro^{51}

走 摇摇晃晃 跛 一瘸一跛的样子 时候 走 粗暴、狠心（巴）

to^{55} man^{51} suŋ^{55} mən^{55} pret^{55} tsai^{55} klā^{13}ket^{35} pā^{51}lā^{51}ʔa^{55} tsi^{33}nā^{51}ni^{33}tsa^{55}

身体 他 高 像 鬼（巴）心 粗暴 愚蠢（巴）次等的（巴）

naŋ^{55}sə^{55} mā^{51} hum^{13} hɔi^{13} dam^{55} jāŋ^{33} jɔi^{11} mən^{55} mi^{55} ʔa^{55}ma^{33}nu^{33}so^{55}

皮 虎豹 来 覆盖 挂 黑 行走 下垂 像 熊 非人类的（巴）

bau^{35}tsai^{33} kun^{51}di^{55} tām^{55} su^{55}phāp^{33} man^{51} rāi^{11} jāp^{35} pun^{55}ko^{55} rɔi^{51}vā^{33}

不是 好人 随 文质彬彬，他 凶狠 可怕 可能

pen^{55} jak^{33} to^{55} phi^{55}sə^{13} kap^{55}pet^{33} tsə^{11} pen^{55} kun^{51} tsā^{51}lɛ^{33} tā^{55}ta^{55}

是 夜叉 个 鬼怪 伪装 种类 是 人 罢了 父亲（巴）

xā^{13} dɛ^{35} pɔ^{33}pla^{33}jā^{51} pin^{55} tsau^{13} tun^{55} phāp^{33}ŋau^{13} məŋ^{51}tai^{51}

我的 父王 是 主人 尊 威望 傣勐

ko^{55}tsi^{55} kun^{51} phu^{13} dai^{5} phu^{13}nɯŋ^{33} phi^{13} thām^{55} sɯŋ^{33} tso^{55} ta^{33}nā^{51} vā^{33}

任何人（巴）人 位 任何 位 一 如果 问 于 谴责（巴） 说

prām^{51} pā^{51}lā^{51} phu^{13} ni^{11} mi^{51} tsɯ^{33} tsi^{11} san^{55}dai^{51} pen^{55} kun^{51}tai^{51}

婆罗门（巴）愚蠢 位 这 有 名字 指 什么 是 ？？

hu^{11}vā^{33} pen^{55} jak^{33}pā^{35} man^{51} ʔɛu^{35}lā^{33} mā^{51} tan^{51} nan^{11} tsā^{51}

还是 是 夜叉 野 他 游荡 来 时 那 呀

ba^{55}ri^{33}hā^{55}ra^{33}ko^{55} kun^{51} fuŋ^{55}dai^{51} klāu^{35} kɛ^{13} doi^{13}tsɔp^{33} tɛ^{11} di^{55}li^{55} vā^{33}

守护的（巴） 人 群 任何 告诉 解释 于 正确 真实 好好 说

prām^{51} phu^{13}ni^{11} pen^{55} phi^{55} jak^{33} pret^{55} sɛŋ^{13}ʔau^{55} pet^{33} pen^{55}kun^{51}

婆罗门（巴）位 这 是 鬼 夜叉 饿鬼 假装 行为 成为 人

kam^{51} kin^{55} man^{51} jāk^{35} tsin^{11}lət^{33} hāk^{35} ʔā^{51} hān^{55} doi^{13} pra^{55}kān^{55} dang^{35}ni^{11}

口 吃 他 饿 肉 血 都是 食物 于 事项（巴）这样

xau^{55} klāu^{35} tsi^{11} pɯŋ^{51}kon^{51} tsā^{51}lɛ^{33} xā^{13}dɛ^{35} pɔ^{33}pra^{33}jā^{51} pin^{55} tsau^{13}

他们 告诉 指 应该 的了 我的 父王 是 主人

ʔan^{51}vā^{33} prām^{51} pu^{35}thau^{13} pā^{51}lā^{51} man^{51} ni^{55} mā^{51} tsāk^{35} bān^{13} thau^{13}

就是说 婆罗门（巴）老人 愚蠢（巴）他 跑 来 离开 家、村子 老

thɔi^{35} xān^{11} kān^{55}ŋān^{51} xau^{13} duŋ^{55}dān^{51} xak^{33}xɔi^{11} xɔ^{55}ʔau^{55}luk^{33}nɔi^{11} pɔ^{33}

卑劣 懒惰 活计 进 森林 忐忑 求取 幼子 父亲

nam^{51}pai^{51} xə^{55} ni^{11} pin^{55} sāi^{55}tsai^{55} thi^{33}rāt^{33} nai^{51} mə^{33} phi^{55} vi^{33}sāt^{35} rāi^{11}
带　去　我们 呢　是　心肝　　父王　　时候 鬼　纠缠的（巴）凶狠
nam^{51}pai^{51} daŋ^{35}hɯ^{51} tāu^{11} jaŋ^{51} lai^{55}tā^{55} phɔ^{35}du^{51} dai^{13} luk^{33}nɔi^{11} hai^{13} pɔ^{33}
带　去　为什么　官人 还　睁眼　看着　　得　幼子　　哭　父亲
kɔ^{11} bau^{35} ka^{55}run^{51}nā^{51} ni^{11}tsā^{51} ʔam^{55}sa^{55} nu^{51} na^{33} te^{55} ha^{55}ta^{33}jaŋ^{51}
也　不　怜悯（巴）　呀　　我们是（巴）确实（巴）你们（巴）心，心脏（巴）
xā^{13} dɛ^{35} pɔ^{33}pra^{33}jā^{51} pin^{55} tsau^{13} jām^{51}mə^{33} prām^{51} pu^{35}thau^{13}
我的　父王　　　是　主人　时候　　婆罗门（巴）老人
nam^{51}pai^{51} ti^{55} vai^{51}vai^{51} sai^{55} lɛn^{33} mən^{55} daŋ^{35} tsāi^{51}nɔi^{11} xvɛn^{11} ti^{55} vo^{51}
带　去，打　快快　　驱赶 跑　好像　　小孩　　习惯于 打　黄牛。

这段话是两个小王子的控诉之言，他们埋怨父亲维先达腊将他们布施给乞丐祖卓，同时痛恨老婆罗门祖卓通过欺骗的手段将他们带走。这段话可以翻译为：

他脸上满是皱纹，黑痣遍布。右脚走路摇摇晃晃，走路的时候一瘸一拐的。他的个头高高的，像是愚蠢又凶残的长毛鬼。他穿着虎豹的皮，黑黑的，走路像是一头熊。他不是斯文的好人，他凶残可怕，可能是可怕的鬼怪和夜叉，伪装成人种罢了。我的父亲啊！威震傣乡的父王啊！任何人如果问到都会谴责说，这位愚蠢的婆罗门，他的名字叫什么？是 ？？（原意不明）还是野夜叉？他来这里游荡呀。什么人能正确、实事求是地、好好地告诉和解释清楚，说这位婆罗门就是夜叉、长毛鬼装成的人啊！他饿得发慌，血肉都是食物。这样的事情，他们应该说出来的呀。我的父王啊，那个又老又愚蠢的婆罗门，他离家出走跑来，又老又卑劣又懒于活计，忐忑地进森林来，求取父亲的幼子带走，我们呢是父王的心肝宝贝。当要被纠缠的凶恶的鬼带走的时候，为什么您还睁眼看着幼子哭泣，父亲也不怜悯啊！我们确实是您的心肝宝贝呀！我的父王啊，老婆罗门把我们带走的时候，他快速地使劲地抽打着我们，驱赶我们跑，就像小孩子习惯于鞭打黄牛一样。

上面这段话再次出现了 kun^{51}tai^{51} 这个词，而且与书中前面一章的情况大致一样，也与 jak^{33}pā^{35}（野夜叉，孤魂野鬼）并列，这更引起了我的注意。我隐隐约约感觉到为什么傣族人不能说“xɔi^{13}pin^{55}kun^{51}tai^{51}”的原因了。

我们来看这句话：

pen^{55} <u>kun^{51}tai^{51}</u> hu^{11}vā^{33} pen^{55} jak^{33}pā^{35} man^{51} ʔεu^{35}lā^{33} mā^{51} tan^{51} nan^{11} tsā^{51}
是 ？？ 莫非 是 夜叉野 他 游荡 来 时 那 呀
（是？？还是野鬼？他来游荡呀！）

kun^{51}tai^{51} 与 jak^{33}pā^{35} 并列，中间使用副词 hu^{11}vā^{33}（莫非，还是）连接。这说明 kun^{51}tai^{51} 与 jak^{33}pā^{35} 这个词意义相近、相反或相关。从上下文来看，这句话是两个小王子痛骂老婆罗门乞丐祖卓的，kun^{51}tai^{51} 在这里只能是贬义词，因此与 jak^{33}pā^{35} 意义相近或相关。jak^{33} 是巴利语借词，它的巴利语原形是 yakkha（梵语为 yaksa）。yakkha 在巴利语中指“非人的一种，是地位比诸天低但又具有诸天威力的一类鬼神，为北方韦沙瓦纳天王所统领。亚卡的种类很多，有些是凶残暴戾、能伤害人类的恶鬼，有些是依止山川树木而居的树神、地居天。汉传佛教依梵语 yaksa 音译为夜叉、药叉等”。yakkha 实际上就是汉语的“夜叉”。pā^{35} 是傣语“森林；野”的意思，两个词合起来意思是“野鬼，孤魂野鬼”。

这段话里还出现了一个梵语借词 preta（巴利语为 peta，从傣文词形来看，傣文与梵语存在一一对应关系）。preta 在这段话中出现了两次，一次是在 prām^{51} phu^{13}ni^{11} pen^{55} phi^{55} jak^{33} pret^{55}，sεŋ^{13}ʔau^{55} pet^{33} pen^{55}kun^{51}（这位婆罗门是鬼、夜叉、长毛鬼，伪装成人的行为），另一次是 to^{55} man^{51} suŋ^{55} mən^{55} pret^{55}tsai^{55} klā^{13}ket^{35} pā^{51}lā^{51}（他的个头高高长长的，就像愚蠢凶残的长毛鬼）。peta 这个词巴利语词典解释如下：

《パーリ语辞典》peta:a.m.[pa-ī の pp.，BSk.preta] 亡者，饿鬼，死灵 .f.petī 饿鬼女 .-pariggaha 饿鬼物 .-bhavana，-loka 饿鬼世界 .-rājan 饿鬼王 .-visaya 饿鬼界 .-seyyā. 死者の卧法 .①

“PTS P-E Dictionary” Peta: [pp of pa+ī, lit.gone past, gone before] dead, departed, the departed spirit. The Buddhistic peta represents the Vedic pitaraḥ (manes, cp.pitṛyajña), as well as the Brāhmaṇic preta. The first are souls of the “fathers,” the second ghosts, leading usually a miserable existence as the result (kammaphala) or punishment of some former misdeed (usually avarice)。②

这两部词典都将“peta”解释为“亡者、饿鬼”，同时都确认它相当于梵语的 preta。汉语佛经文献有一部《饿鬼事经》，这里的“饿鬼”就是巴利语“peta”。

另外，这段话中还出现了傣语固有词 phi^{55}，phi^{55} 在傣语里是“鬼，鬼怪，鬼魂、鬼魅；尸体，死尸；妖怪，妖魔”等意思。也就是说，这段话里使用了傣语、

① ［日］水野弘元：《パーリ語辞典》，东京，春秋社，1975。

② The Pali Text Society's Pali–English Dictionary. Chipstead: Pali Text Society, 1921–5. 8 parts: 738. Reprints include: London: Luzac, 1966.

巴利语和梵语三种语言“鬼”这个词，通过堆叠多个同义词来强烈控诉乞丐祖卓骗取小王子的卑劣行径。这三个词都有“鬼怪；亡者”的意思，因此综合上下文判断，“$kun^{51}tai^{51}$”这个词应该也与这些“鬼”词的意思相同或相近，因此可以推断“$kun^{51}tai^{51}$”这个词的词义应为“亡者、鬼怪”。

三、$kun^{51}tai^{51}$ 词义的田野调查

为了进一步弄清这个词的具体意义，我们再次进行了田野调查。我委托玉腊光罕对当地的老人进行有针对性的调查访谈。玉腊光罕的爷爷[①]经过向当地老人询问了解，她爷爷的说法是“$kun^{51}tai^{51}$ 是指那种死后身体不会腐烂，却会长出长毛长指甲的怪物（这种鬼怪印度、中国汉族地区民间传说中也有，有可能来自于同源的民间传说）。他们寨子的死人过去是直接埋葬的，后来也出现这样的怪物，寨子人接连不断地生病，老人就说是坟地出现了问题。后来寨子里的人把死人挖出来，烧掉了，村寨的情况才重新好起来了。从那以后，他们寨子开始施行火葬，火葬实行到现在有很多年了。”（转为汉语）

老人们的说法与《维先达腊》中的意思基本是一致的，这样我们可以确定 $kun^{51}tai^{51}$ 应是指“死后身体不会腐烂，而且会出来害人的鬼怪”。

我还请教了泰语方面的专家，据他们告知，泰语的“$khon^{33}thai^{33}$”是其字面意思，表示“泰国人”，使用很频繁，并没有产生词义引申，更没有傣语中的“某种鬼怪”的意思。傣语的“$kun^{51}tai^{51}$”与泰语的“$khon^{33}thai^{33}$”同源，存在着严格的语音对应关系，却发生了语义引申现象，变成特指“某种鬼怪”。但为什么表示“某种鬼怪”，目前原因还难以窥知，我们询问了很多人尚无法解释。纯粹从语言词法结构角度分析，我们无法直接从这两个词的语素意义和它们的组合意义看出这个词义引申的任何端倪。因此我们判断，该词词义引申是一种文化现象，应该与傣族的丧葬制度有关，特别是与傣族从土葬到火葬转换过程有关，旨在说明火葬的优势，体现了某种“诅咒”的性质。从更大的背景来看，这又与佛教主张火葬有关联了。

---

① 傣族农民，曾入寺为僧，认识老傣文，能简单地说些汉语句子。他长期居住在傣族农村，从未离开当地，我多次跟老人家有过交流。

四、结语

“kun^{51}tai^{51}”是一个特别易用错的词语，尤其是对母语非傣语的人来说，更容易犯语用错误，从而触犯傣族文化禁忌。“kun^{51}tai^{51}”意义甚至连很多傣族老年人都不知道，应该与傣族后来实行火葬，土葬大幅减少甚至消失有关，年轻一代人一般更不知其意了，但是他们还知道这个词的贬义性质，因此，在言语交际中仍会无意识地避免使用“kun^{51}tai^{51}”这个词来表示“傣族人”。至于不明该词意思的人，常会不自觉地运用语言类推规则，自然地说成“kun^{51}tai^{51}”。我们在语言学习和言语交际活动中，要避免因文化现象而产生的非类推性现象，特别是语言文化禁忌，从而顺利地开展语言交际。

参考文献

[1] 刀林荫 . 中国贝叶经全集：第 2 卷：维先达腊 . 北京：人民出版社，2006.

[2] 西双版纳傣族自治州少数民族研究所 . 傣汉词典 . 昆明：云南民族出版社，2014.

[3] [日] 水野弘元 . パーリ語辞典 . 东京：春秋社，1975.

[4] [日] 水野弘元 . 南传大藏经总索引 . 东京：日本学术振兴会，1951.

[5] [日] 水野弘元 . 巴利文法 . 许洋主，译 . 台北：华宇出版社，1986.

[6] The Pali Text Society's Pali-English Dictionary. Chipstead: Pali Text Society, 1921–5. 8 parts: 738. Reprints include: London: Luzac, 1966.

壮语词语 taŋ² 的语法化分析[①]

黄平文

一、引言

语法化通常是语言中实词发生了重新分析，意义虚化，侧重表达语法功能成分的过程或现象。词语的语法化是常见的语言演变现象之一。汉藏语系语言属于词根语，单音节词占绝对优势，语法意义主要通过词序和虚词手段来表现。虚词多是从词汇语法化而来，其中动词语法化最为突出。多数介词、助词、副词和连词从动词语法化演变过来。充当谓语中心语是动词的基本功能，虚化成虚词充当句子的其他功能则是谓语动词语法化的结果。

汉语语法化研究起步较早，研究深入，成果丰硕。如张谊生（2000）对现代汉语虚词来源、发展和功能，陈昌来（2002）对汉语介词的由来和功能做了一些探索和阐述。刘丹青（2003）分析汉语语序与介词存现关系，指出汉语中完全虚词性的介词很少，大多数介词还处在由实词向虚词的语法化进程中；汉语介词的来源是多种多样的，其中最常见的源头是动词、名词和副词。汉语语法化现象研究已经从个案孤立研究走到类别系统的全面研究。

壮语语法化现象近些年才受到学者们关注，研究成果相对比较单薄，绝大多数是单篇论文。如李旭练的《都安壮语趋向动词 ʔo:k⁷ 的介词化过程》（1998）、覃晓航的《壮语动词语法化探因》（2006）、何霜的《忻城壮语语气词 kon²³¹ 的形成》（2008）、何霜的《忻城壮语 jɯ³³ 的语法化》（2007）、何霜的《壮语 kwa³³ 的语法化》（2006）、韦景云的《壮语 ʔjou⁵ 与泰语 ju⁵ 的语法化差异分析》（2007）、林亦的《壮语给与义动词及其语法化》（2008）、黄平文的《隆安壮语 pai²⁴ 的语法功能分析》（2009），等等，

① 本文系国家社会科学基金项目（11BYY108）、"'广西特聘专家'专项经费""广西民族文化保护与传承研究中心"系列成果之一。

对壮语词语的语法化现象做了一些探索，阐述它们的语法化历程和发展动因。相对于汉语研究成果来说，壮语语法化现象的研究还仅仅在起步阶段。壮语属于汉藏语系语言，语法意义主要通过词序和虚词来完成，应该有一些共同的语言演变规律。同时，壮语是一种独立语言，有自己的一些发展演变的规律，所以，通过对壮语语法化现象的研究，可以窥探它发展的一些规律。此外，由于壮语与汉语长期接触，并受汉语深刻影响，带有汉语的烙印，因此，对壮语语法化现象进行研究还可以揭示它语法发展过程中是否受到汉语影响，以及影响的程度，且可以很好地观察语言接触背景下壮语语法化的动因、机制和趋势。

现代壮语 taŋ² 一词在句子中除了作动词外，还可以作介词、形容词。当 taŋ² 充当介词和形容词时它的语义已经产生了虚化，产生重新分析，即发生了语法化。我们将在下文中对 taŋ² 的语法功能进行阐述，并分析它的语法化历程。

二、taŋ² 的语法功能分析

（一）taŋ² 作动词

taŋ² 作动词用，表示到达某个地点或者某个时间点，一般在句子中充当谓语，后边紧跟表示地点或时间的名词宾语，意义相当于现代汉语的“到”。例如：

（1）kou¹ taŋ² la³ lou² lo.　　我到楼下了。
我　到　下 楼　了

（2）me⁶　kou¹ saːm¹ teːm³ ɕou³ taŋ² ɣaːn² lo.　　我母亲 3 点钟就到家了。
母亲 我　三　点　就　到　家　了

例句（1）和（2）中，taŋ² 都是动词，在句子中充当谓语中心语。它的后边分别带上 la³lou²（楼下）和 ɣaːn²（家），表示所到达的地点。例（2）中的 saːm¹ teːm³（三点钟）作 taŋ² 的状语，表示行为动作发生时的时间。

在特定的语境中，对于会话者来说，由于话语指向明确，taŋ² 后边表示地点的宾语可以省略。例如：

（3）kjoŋ⁵ toŋ²haːk⁸ tu³ taŋ² lo.　　同学们都到了。
群　同 学　都 到　了

例（3）中，kjoŋ^{5} toŋ^{2}haːk^{8}（同学们）是主语，taŋ^{2} 是谓语，它后边省略了宾语，即应该是说话所在地“地点”。

taŋ^{2} 表示到达某个时间点或者地点时，时间名词、地点名词均可前置，也可后置，前置者做主语，后置者做宾语。所处位置不同，句义强调的对象有区别。前置时，多是强调 taŋ^{2}（到）意义；而后置时，句义多为倾斜于 taŋ^{2} 所描述的对象“时间”或“地点”上。例如：

（4）θei^{2}kaːn^{1} taŋ^{2} lo.　　　　时间到了。
　　时间　　到　了

（5）taŋ^{2} θei^{2}kaːn^{1} lo.　　　　到时间了。
　　到　时间　　了

例句（4）和例句（5）相比，前者强调时间名词 θei^{2}kaːn^{1}（时间）后边的动词 taŋ^{2}（到），后者则强调动词 taŋ^{2} 之后的 θei^{2}kaːn^{1}。

另外，taŋ^{2} 作为动词还可以受副词修饰，例如：

（6）kou^{1} taŋ^{2} paːn^{1} nei^{4}.　　　　我马上到。
　　我　到　时刻 这

（7）θei^{2}kaːn^{1} ɕaŋ^{2} taŋ^{2}.　　　　时间没到。
　　时间　　未　到

例句（6）中，taŋ^{2} 充当谓语中心语，paːn^{1}nei^{4} 作时间副词修饰 taŋ^{2}。例句（7）中，否定副词 ɕaŋ^{2} 修饰谓语动词 taŋ^{2}。

此外，taŋ^{2} 还可以跟其他动词连用，构成连动句，例如：

（8）te^{1} taŋ^{2} na^{2} ku^{6} hoːŋ^{1}.　　　　他到田里干活。
　　他 到 田 干 活

从以上例句可以看出，taŋ^{2} 在句子中充当谓语中心语，可以带宾语，也可以受副词修饰，是动词所具有的语法特点。

（二）taŋ^{2} 作介词

taŋ^{2} 充当介词时，其后可以跟名词性词语构成介词短语，起到介引作用。这个功能又可以细分为几种情况：

1. taŋ^{2} 跟表示地点或时间的名词构成介词短语，放在谓语动词前面做状语，起介引地点或时间的作用。这种用法的 taŋ^{2} 意义相当于现代汉语的“到”。例如：

（9）te^{1} taŋ^{2} ɣa:n^{2} kou^{1} jou^{2}. 他来到我家玩。
他 到 家 我 游

（10）ʔdai^{3}! taŋ^{2} θei^{2}ɕou^{1} tau^{3} au^{1} lo! 好！到秋天来取吧！
好 到 秋天 来 取 了

壮语的这类句式与汉语很相似，但是句义和句法功能却有差异。汉语句式“他到我家玩”里“到……玩”有时间上的先后和衔接，“到”和“玩”在句中的意义地位相等，是个联动句。然而，在壮语“taŋ^{2}…+V”句式里，意义重心倾斜于后一个动词，而不是“taŋ^{2}”上，构成状中关系句。例句（9）中，jou^{2}（玩）是句子的谓语中心语，taŋ^{2} 与名词性短语 ɣa:n^{2} kou^{1}（我家）构成介词短语作状语修饰 jou^{2}（玩），表示 jou^{2}（玩）的地点是 ɣa:n^{2} kou^{1}（我家），taŋ^{2} 介引地点。例句（10）中，谓语中心语是 au^{1}（收），taŋ^{2} 与名词 θei^{2}ɕou^{1}（秋天）构成介词短语作状语修饰 au^{1}（收），表示 au^{1}（收）的时间是 θei^{2}ɕou^{1}（秋天），介词 taŋ^{2} 介引时间。

2. taŋ^{2} 后面跟表示地点或时间的名词或名词性短语构成介词短语，放在谓语动词后面作补语。taŋ^{2} 起介引地点或时间的作用，意义相当于现代汉语的“到”。例如：

（11）kjoŋ^{5} te^{1} ʔbou^{3} la:u^{1} tɯk^{8} ɣe:ŋ^{2}, pe:n^{2} pja^{1} ta:ŋ^{6} ɣam^{4}, ɣa^{1} taŋ^{2} ki^{2}nei^{4}.
群 他 不 怕 着 力 攀 山 趟 水 找 到 这里
他们不辞辛劳，爬山涉水，寻到这里来了。

（12）ʔdit^{7} ta:k^{7} taŋ^{2} kɯn^{2} ha:i^{3}. 光芒射到海面。
光 晒 到 上 海

（13）kou^{1} jaɯ^{3} θaɯ^{1} taŋ^{2} kjaŋ^{1} hɯn^{2}. 我看书到深夜。
我 看 书 到 中间 夜

例句（11）中，ɣa^{1}（找）是句子的谓语中心语，介词 taŋ^{2} 与表示地点的名词 ki^{2}nei^{4}（这里）构成介词短语作谓语动词 ɣa^{1}（找）的补语，表明 ɣa^{1}（找）这一行为的结果是“找到这里”。例句（12）中，ta:k^{7}（晒）是句子的谓语中心语，taŋ^{2} 与表示地点的名词 kɯn^{2} ha:i^{3}（海上）构成介词短语，放在谓语动词 ta:k^{7}（晒）的后面，做谓语的补语，表明晒的结果是“晒到海面上”。例句（13）中，jaɯ^{3}（看）是句子的谓语中心语，介词 taŋ^{2} 与表示时间的名词 kjaŋ^{1} hɯn^{2}（深夜）构成介词短语作动词 jaɯ^{3}（看）的补语，表明看的结果是“到深夜”。

3. taŋ^{2} 后面跟表示人物、地点的名词或数量短语，它有“包含”之义，起到介引对象的作用。例如：

（14）θuːn^{5} taŋ^{2} te^{1} mi^{2} ɕip^{8} pou^{4} vun^{2}. 算到他有十个人。
算 到 他 有 十 个 人

（15）ke^{5} taŋ^{2} ɕip^{8} vun^{2} laːi^{1} puːt^{7} ɕai^{2}. 数到十多人一起跑。
数 到 十 人 多 跑 齐

（16）ke^{5} taŋ^{2} paːi^{6} te^{1} ko^{3} tɯk^{8} kaːi^{5} tiːk^{8} kou^{1}. 数到那边也是我的地。
数 到 边 它 也 是 块 地 我

例句（14）中，taŋ^{2} 作介词，介引 θuːn^{5}（算）的对象 te^{1}（他），表示包括他在内总共有十个人，taŋ^{2} 有“包含”之义。例句（15）中，taŋ^{2} 作介词，介引 ke^{5}（数）的对象 ɕip^{8} vun^{2}laːi^{1}（十多人），taŋ^{2} 有“达到”“包含”之义，表示“包含数到的十多人一起跑”。例句（16）中，taŋ^{2} 作介词，介引 ke^{5}（数）对象 paːi^{6} te^{1}，表示“包括那边的地也都是我的地”，taŋ^{2} 有“包含”之义。

4. taŋ^{2} 后面跟名词性短语，构成“taŋ^{2}+NP+li^{3}/ko^{3}/tu^{3}+VP”式，表示包括介引对象在内，相当于汉义“连”。例如：

（17）te^{1} n̥an^{5} laːi^{1}, taŋ^{2} po^{6}me^{6} tau^{3} to^{3} li^{3}/ko^{3} mi^{3} ʔdai^{3}.
他 生气 多 连 父母 来 哄 也 不 得
他很生气，连父母来哄也不行。

（18）te^{1} ku^{6} loŋ^{1}, taŋ^{2} kou^{1} ko^{3} ŋaːi^{2} laːu^{4}θai^{1} nau^{2}.
他 做 错 连 我 也 挨 老师 说
他做错事，连我也被老师批评。

（19）ɕiːn^{2} kou^{1} juŋ^{6} liːu^{4} lo, taŋ^{2} ɕiːn^{2} kɯn^{1}hau^{4} tu^{3} ʔbou^{3}mi^{2}.
钱 我 用 完 了 连 钱 吃饭 都 没有
我的钱花完了，连吃饭的钱也没有。

在例句（17）中，taŋ^{2} 作介词，介引对象为 po^{6}me^{6}（父母），表示“包括父母在内，任何人来哄都不成功”。在例句（18）中，taŋ^{2} 介引对象为 kou^{1}（我），表示“包括我和同学在内都被老师批评”。在例句（19）中，taŋ^{2} 介引对象为 ɕiːn^{2} kɯn^{1}hau^{4}（吃饭的钱），表示“我花完了所有的钱，包括吃饭的钱也花完了”。

有时候，介词 taŋ^{2} 位于句首，构成“连字句”结构，表示情况出乎意料，具有强调作用。例如：

（20）taŋ^{2} te^{1} jou^{5} ki^{2}laɯ^{2} jou^{5} ko^{3} ʔbou^{3} ɣo^{4}, pan^{2}laɯ^{2} ɣa^{1} te^{1} ha?
连 他 在 哪里 住 也 不 知道 如何 找 他 哈
连他在哪里住也不知道，怎么找他？

（21）taŋ^{2} kou^{1} ko^{3} ʔbou^{3} ɣo^{4} ɣaːn^{2} te^{1} jou^{5} laɯ^{2}, pou^{4}laɯ^{2} ɣo^{4}?
连 我 也 不 知道 家 他 在 哪 哪个 知道
连我也不知道他家在哪，还有谁知道？

（22）taŋ^{2} te^{1} ko^{3} ʔdai^{3} ŋan^{2}, kou^{1} ʔdi^{1}koːn^{3} ʔbou^{3} ʔdai^{3}.
连 他 也 得 钱 我 竟然 不 得
连他也拿到钱，我居然没拿到。

在肯定结构中，taŋ^{2} 所介引的对象是最不可能实现的最小量，而在否定结构中，它所介引的对象是可能实现的最小量。例句（20）是包含否定结构的句子，介词 taŋ^{2} 介引对象为 te^{1} jou^{5} ki^{2}laɯ^{2} jou^{5}（他住的地点），是可能实现的最小量，说明说话者认为知道他的住处是找到他的最基本条件，整个句子意在强调找到他难度很大，而不知道他的住处是不可思议的。例句（21）也是包含否定结构的句子，taŋ^{2} 介引对象为 kou^{1}（我），是可能实现的最小量，说明说话者认为自己是最应该了解他住处的人，整个句子意在表达没有人知道他的住处，而我不知道他的住处是出人意料的。例句（22）是包含肯定结构的句子，taŋ^{2} 介引对象为 te^{1}，说明他是最不应该拿到钱的人，整个句子意在表达我没拿到钱而他拿到钱这件事出人意料。

5. taŋ^{2} 还可以处于名词性词语之间，构成“N+taŋ^{2}+N”结构，放在句子主要谓语动词前边或后边，分别做状语或补语，强调动词所涉的行为方式，凸显动作的连续性和状态的效果。taŋ^{2} 起介引对象的作用，意义相当于“轮到”。例如：

（23）tu^{2} ɕɯ^{2} hau^{3} ɣei^{6} vai^{3} ʔbe^{1} taŋ^{2} ʔbe^{1}.
头 黄牛 进 旱地 游 块 轮到 块
牛踏旱地片连片。

（24）te^{1} kwn^{1} maːk^{7} an^{1} taŋ^{2} an^{1}.
他 吃 果 个 轮到 个
他一个接着一个地吃水果。

（25）pou^{4} taŋ^{2}　pou^{4} tau^{3}, kai^{3} luːn^{6}!
　　　人　轮到人　来　甭　乱
　　　一人一人（轮流）来，不要乱！

（三）taŋ^{2} 作形容词

taŋ^{2} 还可以做形容词用，是“整、全”意思，从“（头）……到……（尾）”之“连续不断”之义引申而得，通常用在名词之前，构成短语作状语或者补语。例如：

（26）po^{6}me^{6} pai^{1} toŋ^{6}　ku^{6} hoːŋ^{1} taŋ^{2} pi^{1}.
　　　父母　去　田峒做　工　到　年
　　　父母整年（一年到头）在田峒干活。

（27）te^{1} kwn^{1} taŋ^{2} an^{1}.
　　　他吃　整　个
　　　他整个地吃。

（28）te^{1} taŋ^{2} ɣaːn^{2} pai^{1} jou^{2}.
　　　他到　家　去　游
　　　他全家（人都）去旅游了。

例句（26）中，谓语中心语是动词 ku^{6}（做），动宾短语 pai^{1} toŋ^{6}（去田峒）作地点状语修饰谓语中心语，taŋ^{2} pi^{1}（连年）则作时间补语修饰谓语中心语，表示一年到头都在做工，taŋ^{2} 有“连续”即“整”之义。例句（27）中，谓语中心语是 kwn^{1}（吃），taŋ^{2} an^{1}（整个）作方式补语修饰谓语动词 kwn^{1}（吃）。例句（28）中，taŋ^{2} ɣaːn^{2} 意思为“整家人”，修饰句子的谓语中心词 pai^{1}，做它的状语。

三、taŋ^{2} 的语法化分析

从上述的分析可知，taŋ^{2} 除了可以做动词外，还可以做介词和形容词，这是它语法化的结果。就介词这一功能而言，taŋ^{2} 有 5 种用法，虽然是介引时间、地点或者对象，但是之间既有区别又有联系。我们可以从语义功能演变过程来探索它的语法化历程。

（一）taŋ² 作介词的语法化历程

1. taŋ² 作介词"到"的语法化历程

taŋ²（到）的介引功能是以其在句中充当谓语动词的基础上通过句子分裂发展而来的。

taŋ² 起初是一般动词，在句子中充当谓语，表示到达某个地点或者某个时间点，句式为"N1+taŋ²+N2"，如例句（1）~（7），都是简单句，句子只有 taŋ² 一个动词。这类句子并不具备句子分裂的条件。

然而，当 taŋ² 作动词表示到达某个地点或某个时间点表示动作完成之后引发一个新的动作时，"N1+taŋ²+N2"结构就扩张为连动句，其结构变为"N1+taŋ²+N2+V+N3"。例如：

（29）kou¹ taŋ² ɣaːn² ɕaɯ³ hau⁴.　　　　我到家煮饭。
　　　我　到　家　煮　饭

例句（29）是一个连动句，taŋ²（到）和 ɕaɯ³（煮）是先后发生的两个动作，有时间和行为的衔接，此处 taŋ² 仍是实词。然而，这个句子可以分裂为：

（30）taŋ² ɣaːn², kou¹ ɕaɯ³ hau⁴.　　　　到家，我煮饭。
　　　到　家　我　煮　饭

taŋ² 及其所带宾语 ɣaːn²（家）一起被分裂到第一分句中，构成第二分句的时间状语，成为第二分句的从属部分。而 taŋ² 失去了主语 kou¹（我），决定 taŋ²（到）和 ɕaɯ³（煮）地位的主次，即 taŋ²（到）从谓语中心语之一（主要成分）虚化为 ɕaɯ³（煮）的状语（次要成分），动词性减弱，介引功能增强。

这种"taŋ²+O"的结构，由连动句中充当谓语的单一功能，逐步扩大到充当状语和补语等，taŋ² 也由动词逐渐虚化为介词。随着 taŋ² 附在其他行为动词之后构成合成词，如：jou²taŋ²（游到）、ɣan¹taŋ²（见到）、pai¹ taŋ²（去到）、tau³ taŋ²（来到）等，含有动作的趋势，它语义的虚化更明显，语法化程度更高。

因此，介词 taŋ² 作"到"义的语法化历程为：作动词，表示到达某一地点或时间点→形成连动句，句子分裂→作介词，介引时间或地点，在句子中充当状语或补语。

壮语中的句子会因强调句子成分或简化语法单位而分裂成两个有主从差别的分

句，从而致使原中心动词从主要的谓语位置上落至次要的补语位置，同时导致词性和词义的变化，进入语法化程序。① 介词 taŋ^{2}（到）的语法化历程正是如此。

2. taŋ^{2} 作“连”义的语法化历程

随着 taŋ^{2} 使用频率递增，其意义开始逐渐抽象化，不仅表示到达具体的某个地点或者时间点，也可以通过“taŋ^{2}+NP”的结构，表示连续不断之义，如例句（9）中，它表示“到”的行为意义出现松动，开始转现“连续”之义，但仍为动词。这种现象在壮语语法演变中较为普遍，也即在一定条件下两个结合在一起的具有主次之分的成分会出现次要成分向主要成分转移语法意义。

随着 taŋ^{2} 作“到”义的普遍运用，taŋ^{2}（到）开始进入连动句，如例句（14）~（16），taŋ^{2} 不仅表示“到达某个具体地点或者某个具体时间点”，也表示做事做到某个节点，即例句（14）中 θuːn^{5} taŋ^{2} te^{1}“算到他”、例句（15）中 ke^{5} taŋ^{2} ɕip^{8} vun^{2} laːi^{1} puːt^{7} ɕai^{2}“数到十多人”以及例句（16）中 ke^{5} taŋ^{2} paːi^{6} te^{1}“数到那边”等节点，此时“taŋ^{2}+NP”的结构在连动句中已经成为次要成分，并且成为 taŋ^{2} 语法化为介词的开端。在例句（14）~（16）中，“taŋ^{2}+NP”的结构作句中主要动词的补语，补充说明动作进行到哪一步，是前一动词的附属，taŋ^{2} 自然也成为前一动词的附属。这种附属的动词很容易产生语法化，而跟在这个附属动词 taŋ^{2} 后面的名词或名词性短语通常表示的是动作进行到某个步骤。由于附属动词 taŋ^{2} 的动作意义已经虚化，这种表示动作进行到某个步骤的意义就会向附属动词 taŋ^{2} 转移，于是 taŋ^{2} 便语法化成为介词。此时的 taŋ^{2} 虽然仍译作“到”，但已具有“包含”的义项，成为 taŋ^{2} 进一步语法化的重要转折点。

当 taŋ^{2} 表“包含”义时，它所紧随的动词可以省略，形成“taŋ^{2}+NP+li^{3}/ko^{3}+VP”的结构，taŋ^{2} 作介词，介引对象，表示包括介引对象在内，一般译为“连”。如例句（17）~（19）。随着 taŋ^{2}“包含”义的深化，“taŋ^{2}+NP”结构开始用于句首，例如：

（31）taŋ^{2} te^{1} mi^{2} ɕip^{8} pou^{4} vun^{2} kɯn^{1}ɕau^{2}.　　连他有十个人一起吃。
　　连 他 有 十 个 人 吃 一起

例句（31）中，taŋ^{2} 可对应汉语的“连”，有“包含”之义，但没有表示强调。

随着语法化的不断加深，“taŋ^{2}+NP”的结构由原先表示动作进行到某个地步后进一步虚化为表示动作进行的程度，taŋ^{2} 强调程度的意味也随之加深，成为表示强调、不可思议之义的介词，介引对象，仍然有“包含”的义项，如例句（20）~（22）。

因此，介词 taŋ^{2} 作“连”义的语法化历程是基于它作为介词“到”义，表示到达

① 覃晓航：《壮语动词语法化探因》，载《中央民族大学学报》（哲学社会科学版），2006（6），108 页。

某一地点或时间点，之后发生再分析，进一步语法化，表示事情做到某个地步或节点，有“包含”之义；进而再重新分析，介引对象，表示包含“连”义，表示强调或出乎意料。

（二）taŋ² 作形容词的语法化历程

taŋ² 做介引对象中含有从“（头）……到……（尾）”之“连续不断”之义，所以，当它被用于名词之前，构成短语，有“整、全”意思，例如（26）（27）（28）。taŋ² pi¹（整年）的意思是从“pi¹ tou²（头）taŋ² pi¹ mot⁸（末）”（年头到年末）缩略而成；taŋ² an¹（整个）是从“an¹ tou²（头）taŋ² ɣɯːŋ⁵（尾）”缩略而成；同理，taŋ² ɣaːn² 指的是一个家庭里男女老少，应该是“ɣaːn² vun² pou⁴ i⁵ taŋ² ke⁵”（全体成员）的缩略。这种形式是“NP+taŋ²+NP”缩略为“taŋ²+N”，进而类推，变成固定的格式。所以，taŋ² 作为形容词的功能，是从介词“连”义进一步语法化的结果。

四、结语

综上所述，taŋ² 作动词，表示到达某个地点或者某个时间点，一般在句子中充当谓语动词，通常与表示地点或时间的名词构成介词短语作宾语，这是它最初的用法。随着使用频率的增加，taŋ² 一方面通过句子分裂语法化为“到”义介词，介引时间或地点；另一方面，通过语法意义的转移和词义的抽象化等方式，语法化为“连”义介词，介引对象；“连”义进一步虚化，表示对象“整体、全部”义，充当形容词，构成“taŋ²+N”短语结构。

参考文献

［1］李旭练 . 都安壮语趋向动词 ʔoːk⁷ 的介词化过程 . 民族语文，1998（5）.

［2］何霜 . 壮语 kwa³³ 的语法化 . 广西民族大学学报（哲学社会科学版），2006（3）.

［3］覃晓航 . 壮语动词语法化探因 . 中央民族大学学报（哲学社会科学版），2006（6）.

［4］何霜 . 忻城壮语 jɯ³³ 的语法化 . 广西民族大学学报（哲学社会科学版），2007（1）.

［5］黄平文 . 隆安壮语 pai²⁴ 的语法功能分析 . 广西民族大学学报（哲学社会科学

版），2009（6）.

［6］张谊生．现代汉语虚词．上海：华东师范大学出版社，2000.

［7］陈昌来．介词与介引功能．合肥：安徽教育出版社，2002.

［8］刘丹青．语序类型学与介词理论．北京：商务印书馆，2003.

［9］石毓智．语法化的动因与机制．北京：北京大学出版社，2006.

［10］吴福祥．汉语语法化研究．北京：商务印书馆，2005.

［11］石毓智，李讷．汉语语法化的历程——形态句法发展的动因和机制．北京：北京大学出版社，2001.

［12］何霜．忻城壮语语气词研究．南宁：广西民族出版社，2011.

论碧约哈尼语分析性类型属性

经典

很多对于具体语言历时和共时的研究告诉我们，语言类型并不是一成不变的，而是在不断发展、演变的。单一的语言往往也并不是局限于某一种类型，而是呈现以某种类型为主、另一类型为辅的共时状态。而在以同一类型为主的语言之间，是否存在不同的层次或类别？答案是肯定的[①]。以分析性语言为例，有的语言有较强的分析性，如汉语；而有的语言分析性相对较弱，还带有一定的屈折或黏着成分，如景颇语；甚至有些语言处于黏着—屈折语向分析性语言过渡的状态，如普米语[②]。如果将视线扩大到更多尚未被系统定位的语言，如何认识它们的类型属性？或许可以结合上文对于类型特征判定标准进行相对深入的分析。本文即以哈尼语碧卡支系的碧约方言为研究对象，通过系统分析碧约哈尼语的分析性特点和非分析性特点，进一步明晰它的语言类型属性，并尝试在这一过程中更清楚地认识碧约哈尼语的语法特点和发展趋势。

一、碧约哈尼语的分析性特征突出

在分析性特征上，碧约哈尼语的具体表现为：

（一）单音节词是表义的主要单位

单音节词根性强，是分析性语言的核心特征[③]。根据莫晓莹对碧约哈尼语常用3053条词语进行初步的语素切分发现，碧约哈尼语单音节语素占固有语素总数的95%；还有不少从汉语和其他亲属语言中借用的单音节语素。[④]若仅从斯瓦迪士（Morris

① 戴庆厦：《景颇语传讯范畴的类别及性质》，载《黔南民族师范学院学报》，2018（5）。

② 蒋颖：《普米语示证范畴地域差异的成因分析》，载《云南师范大学学报》（哲学社会科学版），2019（3）。

③ 戴庆厦：《景颇语传讯范畴的类别及性质》，载《黔南民族师范学院学报》，2018（5）。

④ 莫晓莹：《碧约哈尼语语素构词研究》，广东技术师范大学硕士论文，2019。

Swadesh）的 100 核心词的角度考察，单音节词的优势也非常明显，约占总数的 87%；而单音节语素在整个核心词语素中占到了近 98%。

单音节语素占优势，不光表现在数量上，更突出体现在构词能力上。已有的研究证明[①]，碧约哈尼语双音化的发展趋势明显。从双音节化过程中产生的词来看，多数为由原有单音节语素构成的复合式双音节词或一个半音节词（半音节或称弱化音节）。如：

nɤ̠³³sɿ³¹ 豆子　　　　lvu³¹pi̠³³ 坟
豆　颗　　　　　　坟　堆
tɕhi̠⁵⁵phv⁵⁵ 米　　　　a³¹xa³¹ 汉族
米　白　　　　　　（半）汉

还有一些词，一个音节表述语法意义，一个音节表示词汇意义。如“使动音节 + 词根”或“词根 + 体貌助词”等。例如：

pi³³tsɔ³¹ 喂　　　　pe̠³³thi³¹ 拥抱
（使）吃　　　　　抱（貌）

此外，哈尼语还有一部分三音节词和四音节词。从对这些词的词根分析来看，也体现了单音节语素在构成新词中的能产性。例如：

a³¹xa³¹to³¹ 汉语　　　　kɯ³¹sɿ⁵⁵ja³⁵ 雀斑
汉族　话　　　　　　条　点 痕
khɔ³¹jɔ³¹khuv⁵⁵jɔ³¹ 小碗
碗　个碗　　小

从表达语法意义的层面看，哈尼语具有丰富语法功能的词也几乎都是单音节词。例如施事助词 ni³³、受事助词 tsu³³、连词 xɪ³³ 等。

（二）虚词系统发达

虚词系统发达，也是分析性语言的一个重要特征。这一特征首先表现在，助词的

① 经典：《碧约哈尼语双音节化的类型及产生机制》，载《民族语文》，2020（1）。

种类多，意义复杂。碧约哈尼语虚词主要分助词、连词和副词几大类。其中，助词是类别最多、功能最广泛的虚词。从句法、语义和语用三个方面来看，碧约哈尼语有定语助词、状语助词、补语助词、名物化助词、人称助词、施受助词、从由助词、工具助词、比较助词、体貌助词、话题助词、语气助词等，上述各类助词的语法特点互不相同，其句法功能以及句法地位也有较大的区别。如定语助词、话题助词等大多不具有句法上的强制性，但名物化助词、比较助词等多具有句法上的强制性，是成句的重要要素。个别虚词还横跨多个助词小类，具有多功能性。如助词 kɯ^{33}，是句法结构助词里的定语助词，同时还承担着多种标记功能：

（1）ɕi^{55}kɯ^{33}　ji^{55}kv^{33}
　　铁（定）门
　　铁门（定语助词）

（2）ji^{31}khɔ^{31}mi^{55}kɯ^{33}　mɔ^{31}mɔ̱^{33}e^{33}.
　　他　　做（补）不　好　（语）
　　他做得不好。（补语助词）

（3）ta^{55}mo^{55}mo^{55}kɯ^{33}ja̱^{31}jo^{33}jo^{33}　xɯ^{31}, te̱^{31}ke̱^{33}ke̱^{33}　kɯ^{33}ja̱^{31}jo^{33}a^{55}lɪ^{33}.
　　高　　　的　儿子（叠）大　矮　　（叠）的　儿子　小
　　高的是（我的）大儿子，矮的是小儿子。（名物化助词）

（4）ji^{31}khɔ^{31}la^{55}kɯ^{33}　ŋa^{55}sɿ̱^{31}la̱^{31}lɯ^{33}.
　　他　　来（引）我　知道　（人）
　　我知道他来。（关系小句标记）

碧约哈尼语虚词系统的发达，还表现在虚词系统的开放性。现代碧约话中不仅保留了固有的虚词，还在不断吸收汉语的虚词。以连词为代表，碧约话在已有词的基础上，借入了汉语 tɕu^{33} “就”、thɯ^{31}pja^{33} “一边”、ma^{55}ʂɿ^{55} “还是，或是” 等词，既满足了分析性语言进一步发展的需要，也极大地丰富了原有的复句表达。

（三）缺少形态

这里的“形态”是较为广义的，包括典型意义上的屈折和黏着或多重综合语所使用的各类手段。藏缅语的形态比汉语丰富，但相比较北部藏缅语，南部藏缅语的形态变化要弱得多。哈尼语是南部藏缅语中形态变化较少的语言。虽然在碧约哈尼语中，依然存在着一部分形态成分，如前缀的使用或代词的格等。但总体来看，无论在构词还是表达语法范畴中，碧约哈尼语使用分析性的语法手段更加普遍。复合式构词法占据了新词产生的主要部分。常见的语法语义表达如使动范畴、示证范畴、施受关系、否定范畴等等都使用了词汇手段。例如：

（5）ji^{31}khɔ^{31}ȵi^{33} ŋɔ^{35}pi^{33} khɪ^{33}la^{31} pa^{53}.
他 （施）我（使）怕 （助）（体）
他让我很害怕。（使动）

（6）ŋa^{55}kɔ^{31}kɯ^{33}ji^{31}khɔ^{31}ʂʅ^{31}ȵi^{33}tɕu^{33}ti^{55}la^{33}pa^{53}.
我 听 的 他 前天 就 回来 了
听说他前天就回来了。（示证）

（7）ji^{31}khɔ^{35}tsu^{55} nv^{55}ȵi^{33} mi^{33}ka^{31}ʂʅ^{33}phi^{35}pa^{53}.
她 （受）你（施）逗 笑（貌）（体）
他被你逗笑了。（施受）

（四）语序基本固定

碧约哈尼语的基本语法单位都有一种固定的语序结构，不能随意变动。如：主谓结构是“主语 + 谓语”，支配结构是“宾语 + 动词”，动补结构是“动词 + 补语”，状中结构是“状语 + 中心语”，数量词修短语是“数词 + 量词”等。此外，碧约哈尼语也是一个富有话题特点的语言，话题标记有 a^{31} 和 nɔ^{31}，后者仅用于话题句，是不能够省略的，其引导的话题部分该居的述语成分的语序也是不能改变的。例如：

（8）khɯ^{31}nɔ^{31} ji^{55}kv^{33}a^{33} kɔ^{55}pha̠^{31}thɔ^{31}.
狗 （话）门 （方）拴 （貌）
狗在门口拴着。

从语义角度看，施事和受事成分的位置能在表达施受关系的格助词或话题助词的引导下发生调换，但是表达的语义也发生了改变。例如：

（9）nv^{55}ȵi^{33} ji^{31}khɔ^{31}tsu^{55} mi^{55}ka^{31}ʂʅ^{33}phi^{35}pa^{53}.
你（施）他 （受）逗 笑（貌）（体）
你逗他笑了。

（10）ji^{31}khɔ^{35}tsu^{55} nv^{55}ȵi^{33} mi^{33}ka^{31}ʂʅ^{33}phi^{35}pa^{53}.
他 （受）你（施）逗 笑（貌）（体）
他被你逗笑了。

形容词与名词的结构关系是碧约哈尼语语序关系的一个特例。与其他藏缅语类似，无论从构词还是短语来看，“名词 + 形容词”在碧约话中具有明显的优势语序，但也同时存在“形容词 + 名词”的形式，后者往往需要使用定语助词 kɯ^{33}。采用哪一种语序主要由形容词的类别和音节长度决定。一般来说，性质形容词（通常是一个或两个音节）修饰名词时，置于名词之后；状态形容词（通常是三音节或以上）修饰名词时，置于名词之前并与助词连用。在多个形容词共同修饰一个名词的多重定语结构中，这样的语序分布更加明显。例如：

（11）ka̠^{31}ma^{55}ka̠^{31}kɯ^{33}taŋ^{55}pɔ^{31}li^{55}ɔ^{31}nɯ^{55}.
漂亮 的 蜻蜓 红
漂亮的红蜻蜓。

但并不是所有的例子都遵循上述的语序，如例（12）和（13）在母语人的语感中都是合法的，这说明，碧约话“形修名”语序依然存在一定程度的不固定性。

（12）ta^{55}mo^{55}mo^{55}xɯ^{31}tsɔ^{33}phɪ^{31}
长长 粗 辫子
长长的粗辫子

（13）ta^{55}mo^{55}mo^{55}kɯ^{33}tsɔ^{33}phɪ^{31}xɯ^{31}
长长 的 辫子 粗
长长的粗辫子

（五）非常注重词法和句法韵律

分析性语言由于具有词根性特点，又有双音节化的语音形式，所以很容易出现各种类型的韵律[①]。碧约话的韵律现象非常丰富，在常见的四音格词、双声叠韵、双音节化之外，还具有音节强弱搭配、松紧搭配、元音舌位前后和谐、ABB 式的三音节韵律

① 戴庆厦、闻静：《论“分析性语言”研究眼光》，载《民族语文》，2017（5）。

等特殊现象。

碧约话的韵律对词法和句法都有很强的制约作用。从词的音节来看，在所调查的3187个词中，双音节或四音节词有1975个，占总数的62%；在493个三音节词中，有197个是ABB式结构。碧约话的反响型动量词和宾动同形结构也明显受到了ABB式韵律的影响：

ɔ^{31}xo^{55}xo^{55} 下雨	mi^{55}pa^{55}pa^{55} 崩山
雨　　下	崩山　崩
thɯ^{31}xua^{33}xua^{33} 写一笔	thɯ^{31}tʂhʅ^{33}tʂhʅ^{33} 夹一下
一　划　画	一　下　夹

部分动宾同形结构中，前两个音节已经表达了“动＋宾”的语义，第三个音节完全是因为满足韵律需要而产生的语言“羡余”。例如：

la̱^{31}ja̱^{33}ja̱^{33} 招手	tɕhi^{55}sɿ̱^{31}sɿ̱^{31}（牛）磨角
（手＋招）招	（角＋磨）磨

此外，碧约话还会通过重叠或增加配音成分的手段达到双音步节律。如单音节副词与单音节或三音节形容词搭配时，副词前置，但与双音节或四音节形容词搭配时，需要重叠形容词最后一个音节形成双数节律：

tsʅ^{55}mɔ̱^{33} 很好	tsʅ^{55}khɔ^{31} 很苦
很　好	很　苦
tsʅ^{55}tsu^{33}kɔ^{31}mɔ̱^{33} 很舒服	ɔ^{31}nɯ^{55}tsʅ^{55}nɯ^{55} 很红
很　舒服	红　　很（叠）
li^{55}khi^{31}lo^{55}khɔ^{31}tsʅ^{55}khɔ^{31} 非常的凹凸不平	
凹凸不平　　　很（叠）	

又如在三音节的复合词或短语中增加配音音节，形成双数节律的复合词：

khɔ^{31}jɔ^{31}khu^{55}jɔ^{31} 小碗	lṳ^{33}mɔ^{33}　　sʅ^{31}mɔ^{33} 大石头
碗（增）　小	石头（增）颗大

（六）词语兼类的现象很普遍

常见的观点认为，汉语因为形态少，所以存在大量的词的兼类现象。而从现有的对藏缅语的研究来看，这个观点的逆命题也成立——词的兼类越多的语言，其在语言类型上的分析性也往往越强①。从碧约哈尼语的词的兼类情况来看，虽然不及汉语的兼类丰富，但仍然是表达语义的重要手段，而且有进一步发展的趋势。

1. 名词和形容词的兼类在碧约话中最常见，碧约话大部分带前缀的双音节形容词既具有形容词的特征，也具有名词的特征。例如：

xo^{31}ɔ^{31}tɕɪ^{31} 生饭
饭 生

kɔ^{31}tʂhʅ^{31}a^{31}ʂʅ̠^{31} 新衣服
衣服 新

带名词特征直接充当名词性句法成分的，例如：

（14）ɔ^{31}tɕɪ^{31}tsha̠^{33}mi^{33}.
生 煮熟
（把）生的煮熟。

（15）nv^{55}e^{55} a^{31}ʂʅ̠^{31}thɯ^{31}tɕhi̠^{33}ti^{33}!
你 那 新 一 件 穿
你穿那件新的吧！

2. 碧约话的名量词和动量词大部分来源于名词或动词，所以属于名词、动词与量词之间的兼类也较为多见。如下例中，名量词 kha̠^{33} “背” 与 “背篓” 兼类、名量词 tsaŋ^{31} “袋” 与名词 “口袋” 兼类；动量词 “拳” 和 “声” 分别与名词 “锤头” 和动词 “叫” 兼类。

mi^{31}tsɔ^{31}thɯ^{31}kha̠^{33} 一背柴
柴 一 背篓

tɕhɪ^{55}phv^{55}thɯ^{31}tsaŋ^{31} 一袋米
米 一 口袋

thɯ^{31}tshui^{31}tɯ^{31} 打一拳
一 锤头 打

thɯ^{31}thɯ^{55}khv^{55} 喊一声
一 声音 叫

① 蒋颖：《论普米语的类型定位》，载《民族语文》，2018（3）。

反响型量词更无疑来源于本身被反响的名词或动词，也可以被认为是兼类的一种：

to^{31}thɯ^{31}to^{31} 一句话　　　　thɯ^{31}tʂhʅ^{31}tʂhʅ^{31} 咳一声
话 一句　　　　一声　咳

3. 动词和形容词的关系在碧约话中也非常密切。几乎所有 ABB 结构的状态形容词都同时具有动词的语法功能。例如：

（16）ji^{31}khɔ^{31}ɔ^{31}kɪ^{55}kɪ^{55}ti^{33}.
他 瘦　（状）
他瘦瘦的。
（17）mo^{55}nv^{31}ɔ^{31}kɪ^{55}kɪ^{55}kɔ^{31}ji^{55}pa^{53}.
牛　瘦　下（貌）（体）
牛瘦（下去）了。

4. 虚词的兼类体现在两个方面。一类是虚词内部的兼类，同一形式的助词往往能充当多个助词的小类。这一现象的具体例子见本文前述。第二类是虚词与其他词类之间的兼类关系。最常见的是与动词的兼类。碧约话的体助词有多个来源于单音节动词。如已行体助词 ji^{33} 与动词“去”兼类；曾行体助词 khɯ^{33} 与动词“到”兼类；趋向动词“来”和“去”除了做表达方向貌的助词外，还分别与表示第一人称和第三人称的助词兼类，等等。

除上述六个方面以外，根据戴庆厦提出的“‘分析语’研究眼光的策略”①，针对碧约哈尼语，我们还能从以下多个方面提取其分析性的观察点：（1）复辅音声母存留极少，复原音和辅音韵尾均不发达；（2）述补结构相比较其他彝缅语发达，已有成熟的述补标记；（3）疑问句主要以词汇为表达手段，有反复问、重叠问；（4）复句的关联词非常丰富，且固定位于小句的开始等等。

二、碧约哈尼语非分析性成分的弱化

碧约哈尼语虽然有较多的分析性特征，但是也存在着一定程度的非分析性特点，突出表现在词缀的使用、代词的格的屈折变化和动词人称范畴的残存等，但通过对碧

① 戴庆厦、闻静：《论“分析性语言”研究眼光》，载《民族语文》，2017（5）。

约话的共时分析可以发现，这些非分析性成分正在趋向明显的弱化。下面逐一分析。

（一）词缀的句法强制性较低，缺乏构造新词的生产力

碧约哈尼语的词缀，主要指在部分名词和形容词前的前缀 a 和 ɔ。以 a、ɔ 为前缀的词在 3187 个碧约话词汇中有 468 个。在原有的单音节词上增加前缀，曾经是哈尼语词汇双音节化的重要途径。但观察带前缀的词在句中的使用，可看出这种前缀的主要功能仅仅是用来配音，在句中的省略几乎不影响语义的表达和句子的合法性。例如：

（18）e^{55} $khɯ^{31}thɯ^{31}mo^{55}$. 那只狗。
那 狗 一 只

（19）$ka^{33}nv^{33}a^{33}$ $khɯ^{31}thɯ^{33}mo^{55}tsu^{33}$. 后面有只狗。
后面 缀 狗 一 只 有

进一步分析 468 个带前缀的词，发现它们的词根都来自单音节的基本词，如颜色词、身体部位词、亲属称谓词等。无论是新借入的语素还是词都没有再出现类似的“词缀 + 词根”结构。借入时间较久的汉语单音节借词在双音节化的影响下，会出现重叠或增补其他语素的情况，新借词往往保持原貌不变。例如旧借词：

$tshaŋ^{31}tshaŋ^{31}$ 铲子
铲 铲

$tsɔŋ^{55}pau^{33}$ 粽子
粽 包

$tsuaŋ^{33}ki^{31}$ 转
转 完

新借词：

$tsʅ^{55}$（汉）字
字

ji^{35} 亿（位数）
亿

（二）人称代词的双重格标记及其简化趋势

碧约哈尼语人称代词有较为丰富的格，其具体表现形式既有分析式又有屈折式。分析式主要体现在格助词的使用和语序的调整上，屈折式主要体现在韵母（元音）和

声调两个方面。这两种形式在碧约话中既有区分，又有交叉。其中，宾格和领格在实际使用中出现了两种形式的格标记共存的现象：

表 1　碧约哈尼语人称代词的“格”形式

	第一人称	第二人称	第三人称
主格	ŋa^{55}	nv^{55}	ji^{31}khɔ^{31}
宾格	ŋɔ^{35}/ŋɔ^{35}tsu^{33}	nɔ^{35}/ŋɔ^{35}tsu^{33}	ji^{31}khɔ^{35}/ŋɔ^{35}tsu^{33}
领格	ŋɔ^{31}/ŋɔ^{31}kɯ^{33}	nɔ^{31}/nɔ^{31}kɯ^{33}	ji^{31}khɔ^{31}/ji^{31}khɔ^{31}kɯ^{33}

首先，碧约话人称代词单数第一、二人称的领格都使用了屈折的手段，但同时出现了一个带有领属助词 kɯ^{33} 的结构，形成“双重领格”。两种结构在中心词为普通名词时可以替换使用，在中心词为人物名词时必须使用带格助词 kɯ^{33} 的形式。例如：

ŋɔ^{31}jɪ^{33}kho^{55} 我的家
我 家

ŋɔ^{31}kɯ^{33}jɪ^{33}kho^{55} 我的家
我的　家

ŋɔ^{31}kɯ^{33}a^{33}pa^{31} 我的爸爸
我 的　爸爸

nɔ^{31}kɯ^{33}ɕɔ^{35}seŋ^{33} 你的学生
你 的　学生

值得一提的是，除了第一、二人称代词的单数外，第三人称代词的单复数以及第一、二人称复数的领格仅能使用加助词的分析性手段。

其次，第一、二、三人称代词的单数如果表示宾格，都有相应的屈折形式。但在实际使用中，“屈折形式 + 助词 tsu^{33}” 的“双重宾格”反而更为常见。尤其在强调受事的情况下，往往会将宾语部分前置，并强制使用助词 tsu^{33}。例如：

（20）ŋa^{55}nɔ^{35}tsu^{55}　xɔ^{35}tsa^{33}mɔ^{31}mɔ̱^{33}la^{53}?
我　你（助）哪里　不　好（语）
我哪里得罪你了？

（21）ji^{31}khɔ^{35}　tsu^{55}　xɔ^{35}tsa^{33}mɔ^{31}tɛ^{53}jɔ^{33}kɔ^{31}e^{33}.
他（助）哪儿 不　找到能
哪儿都找不到他。

藏缅语人称代词格范畴在不同语支之间存在较大的层次差异。一般来说，在形式上，藏缅语北部语言的格范畴多用黏着式和屈折式，南部语言的格范畴更多采用分析式；在格范畴的数量上，北部语言人称代词有主格、宾格、领格 3 种格形式，有的语言存在施动格，南部语言多主宾格同形①。而碧约哈尼语在人称代词的格的形式上正呈现这种由北向南的过渡特点。而在“三称”代词的内部，人称代词的格的形式也呈现过渡性差异。第一、二人称代词单数的宾格和领格都发生了元音和声调的屈折，但第三人称单数和第一人称的复数仅有宾格发生了声调屈折。其他复数或双数形式的“三称”代词的主宾格同形，领格都仅使用格助词。已有的研究普遍认为，藏缅语人称代词的单数在复数之前出现，第一、二人称代词的单数较第三人称及复数出现得更早。那么，或许可以推测，碧约话代词的格中使用元音屈折的手段也应是更古老的形式，而声调的屈折和分析性手段是后起的方式。这种两种语法手段共存的现状应该只是语言类型演变中的过渡阶段，格助词极有可能在进一步发展中最终取代屈折的领格范畴。

（三）动词的人称范畴的衰变

动词通过词根的屈折、附加词缀或使用助词等语法手段，来体现主语或宾语与谓语动词的一致性关系，是藏缅语中特有的语法现象，被称作“动词的人称范畴”或“代词化现象”。但由于语言发展的不平衡性，这种语法形式在藏缅语中出现了不同程度的演变。从存有人称范畴的语言的类型分布来看，北部藏缅语中屈折—黏着型语言对于人称和数范畴的保留较多，大多还是词缀的形式，如羌语；而大部分南部藏缅语分析性为主的语言的人称范畴在语言类型演化的过程中存留较少，如浪速语。但这些句尾词也在逐渐走向衰变。在年长者的碧约哈尼语口语中，我们也发现了一定数量的表达人称范畴的句尾词。例如：

（22）sɔ^{31}kɔ^{31}ti^{31}kɔ^{33} ŋɯ^{33}.
书 看（体）（人）
（我）在看书。

（23）ji^{31}khɔ^{31}sɔ^{31}kɔ^{31}ti^{31}kɔ^{33}ŋe^{33}.
他 书 看（体）（人）
他在看书。

（24）v^{55} tshy̠^{31} ȵi^{33} tɕhaŋ^{55} thɪ^{55}phi^{31} la^{31} pa^{53}.
水（工）呛（貌）（貌）（人）（体）
（我）被水呛到了。

① 戴庆厦、王洪秀：《藏缅语人称代词格范畴的类型分析——兼以反观上古汉语人称代词格范畴》，载《云南师范大学学报》（哲学社会科学版），2019（3）。

（25）ji^{31}khɔ^{31} tsu^{33}v^{55} tshv̠^{31}ȵi^{33} tɕhaŋ^{55}thɪ^{55}phi^{31} ji^{33} pa^{53}.
他（受）水（工）呛 （貌）（貌） （人）（体）
他被水呛到了。

虽然前人对哈尼语其他方言的研究并未发现人称范畴的存在，但上例中 ŋɯ^{33}/ŋe^{33} 和 la^{31}/ji^{33} 明显与人称的使用有关。这种人称范畴的分布和使用究竟如何？在进一步的调查中看到，碧约话的人称范畴仅区别第一人称和其他人称，并没有数的差异。在不同使用者中，有人有意识地使用人称句尾词，有人发生泛化、弱化和脱落，如例（26）；还有人将其与体貌助词发生了合音，如例（27）。此外，人称范畴在不同语法环境中的分布中也不均衡。从句类看，人称范畴主要出现在陈述句、判断句中；从语义看，人称助词在语义指向为人称代词的“动作—结果”式句子中使用得更多，如例（24）、（25），其他句子较少。因此，总的来说，碧约话的人称范畴的使用是不严格的，是一个明显正在发生衰退和简化的范畴。这和哈尼语向分析性程度更强的语言发展的过程是吻合的。

（26）ji^{31}khɔ^{31} nɔ^{31}tʂʅ^{31}mɔ^{33}mi^{55} (ŋe^{33}/e^{33}).
他（话）官 做 （人）
他是当官的。

（27）tɪ^{31} phi^{35} pa^{53}.
看（貌 phi^{31}+ 人 ji^{33}）（体）
（他）看了。

三、结语

从上文的分析我们可以看出，碧约哈尼语是一种具有较强分析性的语言。它的分析性集中体现在：单音节是表义的主要单位；虚词种类发达且具有开放性；缺少形态的变化；缺少形态；语序基本固定；注重词法和句法韵律；词的兼类很普遍；等等。这些特征与汉语的特点相同。但相比较分析性极强的汉语，碧约话在词缀的使用、代词的格标记和人称范畴等方面还能够看到一定的非分析性语言的特征。从这些非分析性特征的使用现状来看，它们正在经历逐步衰退和简化，将极有可能最终被分析性的语法手段代替。所以，我们可以大体认定，碧约哈尼语是一种残留着屈折—黏着特征的分析性语言。这个观点与以往认为哈尼语“是一种典型的分析性语言”的论点有一定出入。从分析性程度的高低来看，哈尼语明显低于汉语，但又比具有更强烈的屈折—黏着特征的景颇语、普米语要高。从历时语言的演变来看，它还没有完全完成从非分析性语言向单纯分析性语言的类型转变，但这一过程已经接近尾声，并将在汉语的影响下加速进行。

参考文献

[1] 戴庆厦，闻静. 论“分析性语言”研究眼光. 民族语文，2017（5）.

[2] 戴庆厦. 景颇语传讯范畴的类别及性质. 黔南民族师范学院学报，2018（5）.

[3] 戴庆厦，王洪秀. 藏缅语人称代词格范畴的类型分析——兼以反观上古汉语人称代词格范畴. 云南师范大学学报（哲学社会科学版），2019（3）.

[4] 蒋颖. 论普米语的类型定位. 民族语文，2018（3）.

[5] 蒋颖. 普米语示证范畴地域差异的成因分析. 云南师范大学学报（哲学社会科学版），2019（3）.

[6] 莫晓莹. 碧约哈尼语语素构词研究. 广东技术师范大学硕士论文，2019.

[7] 经典. 碧约哈尼语双音节化的类型及产生机制. 民族语文，2020（1）.

山苏彝语的分析性特点

袁梦

语言类型学形态分类法将世界的语言分为孤立语、屈折语、黏着语、编插语四个类型。汉藏语系语言多属于孤立语，孤立语具有显著的分析性特点。分析性语言的主要特征有：单音节词根在基本词汇中所占比例较大；语序相对固定；语言形态变化少；虚词种类多、用法丰富；语言韵律性强等[①]。但在汉藏语内部，各语支的分析性强度也有所不同，汉语、壮侗语族、苗瑶语族语言的分析性较强，藏缅语族稍弱。在藏缅语族语言中，南部语言的分析性比北部语言的分析性强。如哈尼语、彝语的分析性强，黏着性弱，景颇语、独龙语居中，羌语支语言的分析性弱、黏着性强[②]。因此，从分析性语言特点入手分析语言，有利于理清语言特征中的主次，探索语言发展脉络和演变轨迹。

山苏彝语属汉藏语系藏缅语族彝缅语支语言，是彝语东部方言的一个支系土语[③]。山苏彝族主要分布在云南省玉溪市新平彝族傣族自治县、元江哈尼族彝族傣族自治县、峨山彝族自治县。山苏彝语属于分析语，其语言具有较强的分析性语言特征，但与彝语其他支系土语相比，山苏彝语在一些方面屈折性稍强。本文从共时角度对山苏彝语的分析性特征进行探析，力图更清楚地认识山苏彝语的主要语言特点。

一、单音节词所占比例大

单音节性是分析性语言的主要特征，分析性越强的语言，单音节词所占比例越大。彝语支语言的分析性较强，单音节词也较多，单音节词主要分布在动词、量词、

① 戴庆厦、闻静:《论“分析性语言”研究眼光》，载《云南师范大学学报》(哲学社会科学版)，2017(5)。

② 戴庆厦:《再论汉语的特点是什么：从景颇语反观汉语》，载《民族语文》，2017(2)。

③ 陈士林、边仕明、李秀清:《彝语简志》，北京，民族出版社，1985。

数词、助词、名词中。因语义表达需求的增加，山苏彝语通过构成双音节词和利用拟音词进行语义扩充。双音节复合词是主要由两个单音节词素组成的。双音节词是单音节词进行语义扩充的一种主要方式，在分析性语言中比较常见，也是分析性语言的一种发展趋势。

山苏彝语以单音节词素为主，有双音节化趋势。如表 1 所示，山苏彝语是单音节词根语言，其词根词汇由单音节词、双音节词及多音节词构成。其中单音节词所占比例最大，而双音节词、多音节词主要由单音节词根发展而来。本文采用《斯瓦迪士核心 200 词列表》对山苏彝语的核心词进行了收集和数据分析，共收集了 207 个核心词。其中单音节词 122 个，占 58.9%；双音节词 73 个，占 35.3%；多音节词 12 个，占 5.8%。由此可看出，山苏彝语核心词汇中，单音节词所占比例达到一半以上，处于优势地位；双音节词次之，双音节词主要由单音节词发展而来；还有少量多音节词[①]。

从许鲜明、白碧波的《山苏彝语研究》[②] 一书中所收录的 2304 个山苏彝语词汇中看，单音节词有 1046 个，占 45.4%，主要为动词、名词、形容词、数词等；双音节词 681 个，占 29.6%，双音节词主要是由单音节词素发展而来的复合词，如：mu^{21}（天气），$a^{55}mu^{21}$（雷），bu^{33}（山），$bu^{33}pe^{55}$（山坡），仅有少量单纯词；多音节词 577 个，占 25%，多音节词有三音节词、四音节词，四个音节的词多为四音格词。

表 1　山苏彝语音节比例

	单音节词		双音节词		多音节词	
斯瓦迪士 207 核心词表	122	占 58.9%	73	占 35.3%	12	占 5.8%
《山苏彝语研究》词表	1046	占 45.4%	681	占 29.6%	577	占 25%

从《山苏彝语研究》收录的词汇看，山苏彝语的双音节词中，汉语借词共有 152 个，占双音节词的 22.3%，山苏彝语的固有词汇中双音节词数量不多，双音节化程度不强。

拟声名词是山苏彝语的较有特色的构词方式，也是其分析性语言特点的表现。在山苏彝语中，拟声名词是模拟乐器、动物发出的声音的拟声词发生转类，变为名词所构成的词。如：

$li^{55}lɛ^{33}$ 唢呐　　　　$tsɛ^{55}lɛ^{55}$ 小铃铛

$ka^{55}po^{33}$ 布谷鸟　　　　$a^{55}bu^{21}tsi^{55}tɛr^{55}le^{55}$ 蟋蟀

① 戴庆厦：《再论汉语的特点是什么：从景颇语反观汉语》，载《民族语文》，2017（2）。

② 许鲜明、白碧波等：《山苏彝语研究》，北京，民族出版社，2013。

二、语序相对固定

山苏彝语与其他彝语支语言一样属于SOV结构语言，语序较为固定，主要靠语序来表达语义及明确语法成分，不能随意变动。若语序改动，则会导致句子主语、宾语及施事者、受事者混淆，引起语义混乱。如主谓结构语序为“主语＋谓语”：

ȵi^{33}bɛ^{33} 你说　　　　ŋa^{33} dza^{21} 我吃

你 说　　　　我 吃

动宾结构语序为“宾语＋谓语”。

tshi^{55}nə̱^{33} də̱^{21} 穿鞋子　　　　a^{55}dzɛ̱^{33} khə̱^{21} 舀水

鞋子 穿　　　　水 舀

动补结构语序为“动词＋补语”。

dʑa^{21} bo̱^{33} 吃饱　　　　do^{33} ze̱^{21} 喝醉

吃 饱　　　　喝 醉

状中结构为“状语＋中心语”。

a^{55}khɛ^{55} ɣɛɾ^{21} 非常大　　　　ma^{21} nɛ̱^{55} 不深

非常 大　　　　不 深

数量词修饰名词语序是“名词＋数量词”。

ŋɯ^{21} the^{55} khɛɾ^{55} 十头牛　　　　ve^{33}lu^{33} the^{21} tsɛ̱^{33} 一把花

牛 十 头　　　　花 一 把

名修名结构语序是“名词修饰语＋名词中心语”。

sɛɾ^{55} lɛ̰^{21}pi^{55} 金戒指 va^{21} dzi̠^{21}tsɿ^{55} 竹床
金 戒指 竹 床

但当句子中施事者和受事者出现语义混淆时，施事者、受事者需加上施事助词标记 lɛ̰^{21}ə^{55}、受事助词标记 lo^{33}，此时语义清晰，施事者、受事者不会混淆，主语和宾语的位置就比较灵活，可以变动语序。如：

ŋɯ^{21} lɛ̰^{21}ə^{55} la^{21} lo^{33} gə^{33} se̱^{21} xa^{55}. 牛把老虎顶死了。
牛 施助 老虎 受助 顶 死 体助
la^{21} lo^{33} ŋɯ^{21} lɛ̰^{21}ə^{55} gə^{33} se̱^{21} xa^{55}. 老虎被牛顶死了。
老虎 受助 牛 施助 顶 死 体助
la^{21} lo^{33} gə^{33} se̱^{21} xa^{55}, ŋɯ^{21} lɛ̰^{21}ə^{55}. 把老虎顶死的是牛。
老虎 受助 顶 死 体助 牛 施助
ŋɯ^{21} lɛ̰^{21}ə^{55} gə^{33} se̱^{21} xa^{55}, la^{21} lo^{33}. 是牛顶死了老虎。
牛 施助 顶 死 体助 老虎 受助

三、形态变化少

（一）形态变化整体数量少

前缀　山苏彝语的分析性较强，形态变化整体较少，形态变化多由在词根前后加缀的形式体现。山苏彝语的前缀只有 a^{55}、e^{33}、e^{55} 三个，但 a^{55}、e^{33}、e^{55} 的前缀特点不是很典型，具有韵律功能。a^{55} 大多附着于表亲属称谓、动植物名称、生活用具、身体部位、时间方位词前等。如：

a^{55}mo^{21} 母亲 a^{55}ba^{55} 父亲
a^{55}no̱^{21} 猴子 a^{55}tɕhi̠^{21} 山羊
a^{55}tsho̱^{33} 斧子 a^{55}dzu^{33} 筷子
a^{55}no̱^{21} 脑髓 a^{55}nɯ^{55}dzɛɾ^{33} 虎牙
a^{55}mu^{21}thi^{21}la^{33}ba^{33} 黎明 a^{55}mu^{21}tshi^{21}ba^{33} 晚上
a^{55}vɛɾ^{55} 左 a^{55}za^{33} 右

e^{33}、e^{55} 附着于人体部位、时间、方位、物资名词前。如：

e^{33}u^{33}kɛ^{55}lɛ^{55} 阑尾　　e^{33}tha^{21} 时候
e^{33}ko^{55}dɛ̱^{21} 中间　　e^{33}dza^{21}ba^{33} 边儿
e^{55}pi^{55}tsɛ̱^{33} 梳子　　e^{55}tso̱^{21} 帽子

e^{33} 还见于形容词前，起名物化作用。如：

e^{33}su^{33} 生的　　e^{33}si^{55} 新的　　e^{33}li^{33} 旧的

后缀　山苏彝语的后缀较丰富，多是半虚化的实词，有一定实词意义。如：pha^{21}表男性，只能用在表人的名词之后。如：

na^{33}tshi^{21} gu^{33} pha^{21} 男医生
药　　做　男性

sɿ^{55}thə^{33} mu^{55}pha^{21} 男老师
书　　教　男性

ne^{33}pe^{55}pha^{21} 男巫师
神　祭祀男性

某些职业在山苏彝族地区是由男性从事的，也会使用 pha^{21} 做后缀。如：

nɛ̱^{33}bɛ̱r^{33}pha^{21} 猎人
鸟　打　男性

xə^{55}dɛ^{21}pha^{21} 铁匠
铁　打　男性

pɛ^{33}dʑi̱^{33}mu^{33}pha^{21} 木匠
木具　做　男性

phu^{55}、e^{33}phu^{55}、pa^{55} 通常置于动物名称之后表阳性。phu^{55} 一般用在禽类名称之后，表阳性。如：

ɛr^{55}lo^{33}phu^{55} 鹅
鹅　　公

zɛ^{33}phu^{55} 公鸡
鸡　公

e^{33}phu^{55} 也用于禽类名称之后，表阳性，e^{33} 可省略。如：

zi^{55}tso^{21}ma^{33}e^{33}phu^{55} 秧鸡
秧鸡　　　公

zi^{55}tso^{21}ma^{33}phu^{55} 秧鸡
秧鸡　　　公

du^{21}ku^{55}du^{55}e^{33}phu^{55} 鸽子
鸽子　　　公

du^{21}ku^{55}du^{55}phu^{55} 鸽子
鸽子　　　公

pa^{55} 一般用在哺乳类动物之后，表阳性。如：

vɛ̱^{21}pa^{55} 公猪
猪 公

a^{55}nu^{55}pa^{55} 公狗
狗　　公

a^{55}ȵi^{55}pa^{55} 公猫
猫　　公

ma^{33} 表女性、阴性、大、宽广等意，用在职业、动物名词后表阴性，不能单独使用。如：

tho^{55} nɛ̱^{21}ma^{33} 女裁缝
衣服 补　女性

vɛ̱^{21} ma^{33} 母猪
猪　母

sɿ^{55}thə^{33} mu^{55}ma^{33} 女老师
书　　　教　女性

du^{21}ku^{55}du^{55}ma^{33} 母鸽子
鸽子　　　母

用在自然景观、身体部位后表大、宽广之意。如：

xə^{21}ma^{33} 大海
海　大

lɛ̱^{21}　ma^{33} 拇指
手指 大

lo̱^{33}　ma^{33} 大石头
石头 大

nə^{55}za^{21} 表小、幼，由 za^{21}（儿子）虚化而来，表动物的小时候或比正常体较小的物品。如：

a^{55}ȵi^{55}mɛr^{55}nə^{55}za^{21} 小猫
猫　　　　　小

thiɛ^{21}kə^{33}nə^{55}za^{21} 小勺
勺子　　小

a^{55}no̱^{21}nə^{55}za^{21} 小猴子
猴子　小

（二）使动范畴分析式为主，屈折式向分析式转变

山苏彝语有自动范畴和使动范畴之分，自动和使动范畴的变换有分析式和屈折式两种形式。山苏彝语主要采用分析式，即在自动范畴后加 tɛ^{55} 变为使动范畴。例如：

自动	使动
do^{33} 喝	do^{33}tɛ^{55} 给喝
ȵi^{55} 看	ȵi^{55}tɛ^{55} 让看
i̠^{21} 睡	i̠^{21}tɛ^{55} 使睡

屈折式变化较为少见。屈折式把自动词的浊辅音声母变为清辅音声母进行使动范畴的变换，同时声调也有所变化，自动词的声调由 21 调变成 55 调。如：

ŋɯ^{21} si^{55} dza^{21}.　　牛吃草。
牛　吃　草

ŋɯ^{21} lo^{33}　si^{55} tsa^{55}.　　牛吃草。
牛　（受助）草　吃

ŋa^{33} ŋɯ^{21}lo^{33}　si^{55} tsa^{55}.　　我喂牛吃草。
我　牛　（受助）草　吃

对山苏彝语自动使动屈折式的变换，现在很多年轻人倾向于通过直接在句尾加 tɛ^{55} 把自动范畴变为使动范畴，而不愿采用原来的屈折变换形式，使山苏彝语自动使动范畴原屈折式的变换出现了向分析式发展的趋势。如：

ŋa^{33} ŋɯ^{21}lo^{33}　si^{55} dza^{21} tɛ^{55}.　　我喂牛吃草。
我　牛　（受助）草　吃　让

（三）人称代词单复数变化仍保留屈折式

山苏彝语的人称代词通过语音屈折变化来区分单复数，单数人称变为复数时，声调由单数的 33 调变为 55 调。而六大彝语方言多采用分析型来进行单复变化，在单数

人称后加表示多数意义的词缀来表示复数①，如表 2 所示：

表 2　山苏彝语与六大彝语方言人称代词比较

汉语	山苏彝语	东部方言	东南部方言	西部方言	南部方言	北部方言	中部方言
我	ŋa^{33}	ŋo^{21}	ŋo^{33}	ŋa^{55}	o^{21}	a^{33}	ŋo^{33}
我们	ŋa^{55}	ŋo^{21}o^{44}	ŋo^{33}ɕi^{21}	o^{21}	o^{33}ni^{21}	ŋo^{21}o^{44}	ɣuᴀ^{33}kɯ^{33}
你	ȵi^{33}	nɯ^{33}	ni^{33}	mɿ^{55}	nᴀ^{21}	nɯ^{33}	ȵi^{33}
你们	ȵi^{55}	no^{21}ɣo^{44}	nᴀ^{33}ɕi^{21}	n̩^{33}tsɑ^{33}	nᴀ^{33}bɯ^{21}	no^{21}ɣo^{44}	nɛ^{21}
他	e^{33}	tshɿ^{33}	kɯ^{33}	u^{33}	kɯ^{55}	tshɿ^{33}	ʑᴀ^{21}
他们	e^{55}	tsho^{33}ɣo^{44}	kɯ^{33}ɕi^{21}	u^{33}tsɑ^{33}	khɯ^{33}bɯ^{21}	tsho^{33}ɣo^{44}	ʑᴀ^{21}ᴀ^{33}

从人称代词单复数的变化方式来看，山苏彝语仍在采用屈折式，而其他彝语方言已使用分析式进行单复变化。可见山苏彝语与其他彝语方言相比还保留着少部分屈折特征。

四、虚词用法丰富

山苏彝语的虚词种类包含连词、助词、语气词等类别，用法丰富，起辅助语义表达、明确语法意义的作用。连词主要起连接功能，表示句子间并列、承接、递进、选择、假设、转折、因果、比较、目的等关系。助词分为结构助词、话题助词、施受助词、体助词、引述助词、语气助词等。叹词有表惊喜、赞叹、意外、痛苦、遗憾、恐惧等多种情感类别。下面以助词的用法举例说明。

（一）结构助词

结构助词 bu^{33} “的”，放在名词与名词、名词与代词之后，表领属关系，该助词的使用具有强制性。如：

mi^{33} tsha^{55} phu^{55} a^{55}lɛ^{21} thə̣^{21} bu^{33} ŋa^{33}.　　这块地是叔叔家的。
地　这　块　叔叔　家　（结助）是

① 《藏缅语语音和词汇》编写组：《藏缅语语音和词汇》，北京，中国社会科学出版社，1991。

e^{55}ȵi^{33} kho̠^{21} bu^{33} tsha^{21}lia^{33} na^{21}. 今年的产量高。
今年 （结助）产量 多

（二）话题助词

话题助词 ma^{44} 置于名词、代词、动词、词组或分句、形容词后，做话题标记。如：

khɛ^{21}ȵi^{55} ko^{55} ma^{44} kɛr^{33}ȵi^{55} ȵi^{55}. 看过的人谈一谈。
看 过 （话助）试 说 说
e^{55}ȵi^{33}kho̠^{21} tɛr^{33} ma^{44} sɿ^{55} xa^{55}. 今年种的活了。
今年 种 （话助）活（体助）
ŋa^{33} ba^{55} ma^{44} sɿ^{55} thə^{33} mu^{55}pha^{21}. 我爸爸是老师。
我 爸爸（话助）是 教师
o^{21}phie^{55} dza^{21} ma^{44} tsho^{55} lo^{33} na^{55}. 吃青菜对身体好。
青菜 吃 （话助）人 （受助）好

ma^{44} 在指示代词后可省略。如：

tsho^{55}dɛ̠^{21}u^{55}sa^{33}, dza^{55}dɛ̠^{21}u^{55}tshɛ^{33}. 这里好住，那里难住。
这里 在 易 那里 在 难
tsha^{51}tse^{55}na^{55}, dza^{55}tse^{55}phia^{55}. 这些好，那些差。
这些 好 那些 差

（三）体助词

山苏彝语的体助词包括完成体助词 xa^{55}；持续体助词 vi^{33}、dzɛ^{21}、ȵi^{33}、ta^{55}，表动作行为的持续；将行体 ȵi^{33}dɯ^{21}、le^{55}，表动作行为将要进行，表动作进行的状态。体助词多置于句尾。

xa^{55} 作为完成体助词，置于句尾。如：

ŋo^{33} o^{21}tsɛ^{55}mi^{33} ȵi^{21} phu^{55} si^{21} xa^{55}. 我浇了两块菜地了。
我 菜地 两 块 浇（体助）

vi^{33}、$dz\varepsilon^{21}$、ȵi^{33}、ta^{55} 均是持续体标记，表动作行为的持续和保留。如：

e³³ si̠³³ bu²¹ vi³³. 他背着柴。
他 柴 背 （体助）

e³³ mɛ³³pə²¹ the²¹ pɛ̠²¹ gu²¹ dzɛ²¹. 他握着一杆枪。
他 枪 一 杆 握 （体助）

ŋa⁵⁵ dza⁵⁵la²¹ vi⁵⁵ ȵi³³. 我们在打秋千。
我们 秋千 打 （体助）

tie⁵⁵sɿ⁵⁵tɕi³³ dze³³ti⁵⁵ fa³³ ta⁵⁵. 电视机一直开着。
电视机 一直 放 （体助）

ȵi^{33}d$ɯ^{21}$、le^{55} 为将行体，表动作将要进行。如：

ŋa³³ go̠²¹ zi³³ ȵi³³dɯ²¹. 我要回家。
我 回 去 （体助）

ŋa³³ dza³³pe⁵⁵ zi³³ le⁵⁵. 我得去煮饭。
我 饭 煮 去 （体助）

五、注重词法韵律

注重词法韵律是分析性语言的一个特点，词法韵律强的语言往往分析性较强。山苏彝语声调具有系统性，韵律变化多，其构词方法多见重叠构词，包括双音节重叠、三音节重叠和四音节重叠（即四音格词），山苏彝语分析性较强，四音格词对分析性强的语言有较大的适应性。注重词法韵律，是对双音节构词的一种补充手段。

四音节词，也叫四音格词，是分析性语言特有的构词形式，山苏彝语的四音格词重叠形式有 ABAC、AABB、AABC、ABAB、ABCD 等几种形式。如：

ABAC 式：lɛ⁵⁵lu³³lɛ⁵⁵go̠²¹ 弯弯曲曲 mu³³sɛ³³mu³³bo²¹ 昏昏沉沉
弯 曲 弯 曲 昏 沉 昏 沉

AABB 式：ɣɛɾ²¹ɣɛɾ²¹ɛɾ⁵⁵ɛɾ⁵⁵ 大大小小 xo⁵⁵xo⁵⁵lo³³lo³³ 干干净净
大 大 小 小 干 干 净 净

AABC 式：pa^{33}pa^{33}tɛ̠^{33}lɛ̠^{33} 背包　　ma^{55}ma^{21}a^{55}xɛɾ^{33} 祖宗
包 包 扁 的　　曾 祖 高祖

ABAB 式：the^{21}ma^{55}the^{21}ma^{21} 个个　　dɯ^{21}ȵi^{55}dɯ^{21}ȵi^{55} 考虑考虑
个 个　　考 虑 考 虑

ABCD 式：ti^{55}li^{55}ta^{21}la^{21} 高高低低的　　pu^{55}lu^{55}pɛ^{33}lɛ^{33} 歪歪倒倒
高 的 低 的　　歪 倒

双音节重叠词，表强调，程度加深。如：

lɛ^{21}lɛ^{21} 快快的　　tɛ̠^{21}tɛ̠^{21} 扁扁的

三音节重叠有 AAB、ABB 式两种，重叠时第一个音节变调，变为 214 调。如：

di^{214}di^{55}ə^{55} 矮矮的样子　　thɯ^{214}thɯ^{55}ə^{55} 厚厚的样子
矮矮 样子　　厚厚 样子

ȵi^{55}sa^{214}sa^{33} 红彤彤　　na^{55}lu^{214}lu^{33} 好端端
红 的 的　　好 的 的

六、结语

通过分析，本文总结了山苏彝语的五个分析性特点：单音节词所占比例大，语序相对固定，形态变化少，虚词用法丰富，注重词法韵律。这五个特点有主有次，紧密相关。山苏彝语最主要的分析性特点是单音节性，单音节词在山苏彝语中占大多数，单音节性决定了山苏彝语形态变化少的特征，因而山苏彝语需要较为固定的语序才能够保证其语法意义的表达。山苏彝语语序固定、形态变化少从而需要丰富的虚词来辅助语法意义的表达，以明确句子间各成分的关系。单音节性也促使了山苏彝语的双音节词作为语义扩充的手段开始增多。双音节词的出现，促使了四音节词、三音节词的出现，该类词语的出现讲求注重词法韵律，形成了山苏彝语韵律性强的特点。因此，山苏彝语的分析性特点是由多方面表现出来的，而每个方面又具有密切联系。

虽然山苏彝语带有浓重的分析性特点，但也还保留了少量黏着性特点。主要有自动使动范畴变换中还保留少部分屈折变换形式，人称代词单数复数采用屈折变换形式，但这并不是山苏彝语的主要语言特点。

参考文献

[1] 白碧波，许鲜明，等 . 山苏彝语研究 . 北京：民族出版社，2013.

[2] 戴庆厦 . 再论汉语的特点是什么：从景颇语反观汉语 . 民族语文，2017（2）.

[3] 戴庆厦，闻静 . 论“分析性语言”研究眼光 . 云南师范大学学报（哲学社会科学版），2017（5）.

[4] 陈士林，边仕明，李秀清 . 彝语简志 . 北京：民族出版社，1985.

[5] 藏缅语语音和词汇编写组 . 藏缅语语音和词汇 . 北京：中国社会科学出版社，1991.

梁子寨阿卡话反响型名量词及其衰退

赵勇

反响型名量词是汉藏语的重要语言特征之一，它在量词的产生、发展过程中起着重要的中介作用。阿卡话有丰富的反响型名量词，是阿卡话中数量最多的量词类别，保留了早期量词的特征。[①] 李批然、经典、李浩、赵正丽等对哈尼语方言的反响型名量词基本特点做了分析研究，但未对其在语言类型中的属性进行分析。本文拟使用语言类型演变的理论，对梁子寨哈尼语阿卡话（下文简称“梁子寨阿卡话”）的反响型名量词进行系统探究，探求其在量词演变中的承上启下的地位及其衰退的原因。

一、反响型名量词的共时特征

要认识反响型名量词的属性以及在语言类型转变中的地位，必须先认识其共时特征。阿卡话的共时特征有以下几点。

（一）单音节性

阿卡话反响型名量词具有单音节性的特点，大多是单音节的。从词类的整个系统上看，阿卡话的不同词类与音节多少具有相关性。多数情况是：名词双音节，动词单音节，形容词单音节和双音节，数词、量词单音节。词根基本上都是单音节性的。阿卡话中的 268 个反响型名量词都是单音节性的。因此，单音节性是阿卡话反响型名量词的基本特征。

① 阿卡话是哈尼族阿卡支系所使用的哈尼话的一个方言土语，属于汉藏语系藏缅语族彝语支哈尼语哈雅方言雅尼次方言。因使用该次方言的哈尼族自称“阿卡人”，所使用的哈尼语自称“阿卡话”，所以本文使用“阿卡话”来进行研究。

（二）数量多、范围广

阿卡话的反响型量词是数量最多的量词类别，874 个个体名词所使用的 333 个个体名量词中，有 268 个反响型名量词，63 个类别量词，1 个准通用量词 xuŋ^{31}，1 个从汉语借用的通用量词 kɔ^{35} “个”。

表 1　阿卡话个体量词统计表

类型	反响型名量词	类别量词	通用量词	借用通用量词
数量（个）	268	63	1	1
比例（%）	80.48	18.92	0.3	0.3

反响型名量词与其他个体量词相比数量上具有很明显的优势。阿卡话的个体名词可以分为天文地理、人体器官、人物、亲属、动物、植物、衣着、房屋建筑、用品、工具、文化娱乐、宗教和意识等十多种语义类别，这十几种不同类别的个体名词都可以产生反响型名量词。例如：

名词语义类型	名词	反响型名量词
[+ 天文地理]	uŋ^{31}，天	uŋ^{31}
[+ 人体器官]	u^{31}ma̱^{33}，肚子	nɯ̱^{33}
[+ 人物]	tshɔ^{55}u^{31}，疯子	u^{31}
[+ 亲属]	a^{31}da^{33}，父亲	da^{33}
[+ 动物]	a^{31}khɯ^{31}，狗	khɯ^{31}
[+ 植物]	sɛ^{31}ɣuŋ^{31}，桃树	—①
[+ 衣着]	u^{31}ko̱^{33}，裤子	ko̱^{33}
[+ 建筑]	ʑa^{55}tɕhuŋ^{55}，草棚	tɕhuŋ^{55}
[+ 用品]	tɕhɔ^{31}tɕhu^{55}，坛子	tɕhu^{55}
[+ 工具]	ka̱^{33}，弩	ka̱^{33}
[+ 文娱]	thɤŋ^{31}，鼓	thɤŋ^{31}
[+ 宗教、意识]	ga^{55}kɔ̱^{33}，办法	kɔ̱^{33}

① 横线“—”表示没有该类反响型名量词。

（三）与名词、动词、形容词同形

阿卡话的反响型名量词是取名词的特定音节形成的量词，是名词语法化形成的产物。例如：

a^{31}la̠^{31}thi^{31}la̠^{31} 一只手
手　一 只

a^{31}khɯ^{55}thi^{31}khɯ^{55} 一条腿
脚　　一 条

mi^{31}bɤ̠^{33}thi^{31}bɤ̠^{33} 一支枪
枪　　一 支

ga^{55}ma^{33}thi^{31}ma^{33} 一条路
路　　一 条

阿卡话名词主要有派生式、并列式、定中式、主谓式和动宾式等结构类型。产生于派生式名词的反响型名量词主要与名词同形，产生于定中式、主谓式和动宾式名词的反响型名量词主要与动词和形容词同形。例如：

名词	结构类型	量词	同形类型
a^{31}khɯ^{31} 狗	派生式	khɯ^{31}	量名同形
xa^{31}na̠^{33} 黑点	定中式（名 + 形）	na̠^{33}	量形同形
uŋ^{31}dʑɤ^{31} 雷	主谓式（名 + 动）	dʑɤ^{31}	量动同形

（四）韵律特征显著

分析性语言的韵律特征比较明显。阿卡话反响型名量词取名词的部分音节，这一形式使得量词与名词的某一音节的语音形式一致。在构成“名词 + 数词 + 量词”的四音节名数量结构中，反响型名量词与名词的某一音节语音和谐。阿卡话反响型名量词以后响型为主，因此也主要形成二、四音节语音和谐[①]。例如：

a^{31}phø^{31}thi^{31}phø^{31} 一位爷爷
爷爷　一 位

a^{31}ɣa^{33}thi^{31}ɣa^{33} 一只鸡
鸡　　一 只

xɔ^{31}ma^{31}thi^{31}ma^{31} 一口碗
碗　　一 口

tshɤ^{31}ma^{33}thi^{31}ma^{33} 一把锄头
锄头　　一 把

① 反响型是指取名词末音节形成的反响型名量词，与之相对的是取名词非末音节形成的反响型名量词。

有些名词是非双音节性的，这类名词也会产生反响型名量词。其中，单音节名词产生反响型名量词的情况比较常见，这一类型的数量名结构形成一、三音节和谐的韵律特征。例如：

uŋ^{31}thi^{31}uŋ^{31} 一个天
天 一 个

sɤ^{31} thi^{31}sɤ^{31} 一颗牙齿
牙齿 一 颗

tɕhɤŋ^{31}thi^{31}tɕhɤŋ^{31} 一个陀螺
陀螺 一 个

bɤŋ^{31}thi^{31}bɤŋ^{31} 一个鸟巢
鸟巢 一 个

阿卡话是双音节化比较明显的语言，这符合汉藏语的语言结构类型。阿卡话的名词具有双音节性，数词（个位数）具有单音节性，量词具有单音节性，数词与量词组合为双音节的数量结构，并与双音节名词构成四音节结构。因此，阿卡话的数量名结构一般具有双音节性音节和谐的韵律特征。例如：

[a^{31}ma^{33}] [thi^{31}ma^{33}] 一位妈妈
妈妈 一 位

[xɔ^{31}thɤŋ^{31}] [thi^{31}thɤŋ^{31}] 一块糍粑
糍粑 一 块

[bɔ^{33}sɤ^{33}] [thi^{31}sɤ^{33}] 一把扇子
扇子 一 把

[la̱^{31}di^{33}] [thi^{31}di^{33}] 一条裤子
裤子 一 条

阿卡话中也有非双音节的名词，非双音节名词与数量结构没有这样的韵律结构。由单音节名词形成的数量名结构属于对称性结构，以数词为中心形成左右对称的关系。例如：

nɛ̱^{31}thi^{31}nɛ̱^{31} 一个鬼
鬼 一 个

lɛ̱^{33}thi^{31}lɛ̱^{33} 一条街
街 一 条

phu^{55}thi^{31}xo^{55} 一块银子
银 一 块

do̱^{33}thi^{31}nɯ^{33} 一粒毒药
毒 一 粒

阿卡话个体量词的韵律性在内部有一定的差异性：反响型名量词的韵律性明显强于类别量词和通用量词。

可见，韵律性是反响型名量词区别于其他类别的量词最显著的特征，它与名词和数词形成符合阿卡话韵律规则的结构。总之，在共时上阿卡话的反响型名量词主要有以下几个特点：①反响型名量词的数量远远多于其他个体量词，并且它所修饰的名词类型也丰富，在阿卡话的量词系统中起着重要作用。②阿卡话的反响型名量词富有韵律性，这是它保持活力的重要保证，不至于完全被类别量词和通用量词等替代。

二、反响型名量词在名量词发展中的中间地位

阿卡话的反响型名量词直接来源于名词，保留了大量个体量词的原始特征。从形式上看，通过重复名词的部分音节形成的"名$_1$ + 数词 + 名$_2$"的结构产生了计量的句法功能，这一结构逐渐类推到大部分名词上，产生了大量的反响型名量词。我们认为，反响型名量词是个体量词产生的雏形，是量词萌芽型到发达型这一连续统的一个中间态。在语言类型上，属于分析性类型。目前，阿卡话虽然还有数百个反响型名量词，但是逐渐被类别量词和通用量词替代，最终有可能会消失。因此，反响型名量词在名量词发展中的中间地位主要表现为：反响型名量词句法独立性逐渐减弱，句法功能单一，使用频率减少。

（一）句法独立性弱

阿卡话的量词与数词组合为数量结构修饰名词，与数词的关系密切，在计量名词时数词和量词都不能单独使用。阿卡话的类别量词和通用量词的使用受到的限制较少，句法独立性较强。但是，反响型名量词体现出了对名词和数词的依赖性，只能使用于以下的特定情况。

第一，必须与所反响的名词共同使用。使用反响型名量词时，与之对应的名词需要同时出现，脱离了该名词一般就不合句法，而类别量词和通用量词没有这种句法强制性。例如：

（1a）nɔ^{55} ʑa̠^{31}gɔ^{33} thi^{31} gɔ^{33}ɣɯ^{55} ɔ^{31}. 你买一口锅吧。
你 锅 一 个 买 （祈使）

*（1b）nɔ^{55} (ʑa̠^{31}gɔ^{33}) thi^{31} gɔ^{33}ɣɯ^{55} ɔ^{31}.① 你买一口（锅）吧。
你 锅 一 个 买 （祈使）

（2a）nɔ^{55} ʑa̠^{31}gɔ^{33} thi^{31} si^{31}ɣɯ^{55} ɔ^{31}. 你买一口锅吧。
你 锅 一 个 买 （祈使）

（2b）nɔ^{55} (ʑa̠^{31}gɔ^{33}) thi^{31} si^{31}ɣɯ^{55} ɔ^{31}. 你买一口锅吧。
你 锅 一 个 买 （祈使）

---

① "*"表示该成分不合语法。下同。

（3a）nɔ^{55} ʑa̠^{31}gɔ^{33} thi^{31} xuŋ^{31}/kɔ^{35} ɣɯ^{55} ɔ^{31}.　　你买一口锅吧。
你　锅　一　个　买（祈使）

（3b）nɔ^{55} (ʑa̠^{31}gɔ^{33}) thi^{31} xuŋ^{31}/kɔ^{35} ɣɯ^{55} ɔ^{31}.　　你买一口锅吧。
你　锅　一　个　买（祈使）

从（1a）到（3b）中只有（1b）不合语法，当反响型名量词 gɔ^{33} 脱离了名词 ʑa̠^{31}gɔ^{33} 之后不能单独使用，这体现了反响型名量词对名词的依赖性。而类别 si^{31} 和通用量词 xuŋ^{31}/kɔ^{35} 在具体的语境中能省略名词核心作名词短语的中心。

第二，反响型名量词一般只用于数量较小的（一般是个位数）的数量名结构中，最为普遍的是用在数量为“一”的数量名结构中。当数量较大时，一般需要用相应的类别量词或者通用量词来替换。反响型名量词对数词也具有依赖性，它的使用环境十分有限，类别量词和通用量词则没有这种限制。例如：

a^{31}khɯ^{31}thi^{31}khɯ^{31} 一条狗
狗　一　只

a^{31}khɯ^{31}thi^{31}mɔ^{55} 一条狗
狗　一　只

a^{31}khɯ^{31}thi^{31}kɔ^{35} 一条狗
狗　一　只

*a^{31}khɯ^{31}thi^{31}ʑa^{55}khɯ^{31} 一百条狗
狗　一　百　只

a^{31}khɯ^{31}thi^{31}ʑa^{55}mɔ^{55} 一百条狗
狗　一　百　只

a^{31}khɯ^{31}thi^{31}ʑa^{55}kɔ^{35} 一百条狗
狗　一　百　只

（二）句法功能单一

阿卡话的类别量词和通用量词具有定指功能，但反响型名量词没有定指功能。在阿卡话里，“名词 + 指示词 + 量词”这一结构通过隐现指示词发展出了“名词 + 量词”的定指结构，量词在该结构中有定指功能。例如：

*（4a）ŋa^{55} a^{31}khɯ^{31} khɯ^{31} gɤ̠$^{31/13}$ le^{55}.　　我要狗。
我　狗　（定指）要　（语气）

（4b）ŋa^{55} a^{31}khɯ^{31} mɔ^{55} gɤ̠$^{31/13}$ le^{55}.　　我要狗。
我　狗　（定指）要　（语气）

（4c）ŋa^{55} a^{31}khɯ^{31} kɔ^{35} gɤ̠$^{31/13}$ le^{55}.　　我要狗。
我　狗　（定指）要　（语气）

（4a）中的反响型名量词 $khɯ^{31}$ 不能作定指标记，该句不合句法；（4b）（4c）的类别量词 $mɔ^{55}$ 和通用量词 $kɔ^{35}$ 后置于名词作定指标记，这是量词句法功能的扩张。可见，反响型名量词与其他个体量词在句法功能上存在明显的差异。

（三）使用频率减少

阿卡话的反响型名量词虽然在数量上明显多于其他个体量词，但是它的使用频率明显少于其他个体量词。就前文所统计的 874 个个体名词而言，只有 268 个名词能被反响型名量词修饰，668 个名词能被类别量词修饰，575 个名词能被固有通用量词修饰，830 个名词能被借用通用量词修饰。如下表所示：

表 3　阿卡话个体量词修饰名词的差异性

类型	反响型名量词	类别量词	通用量词	借用通用量词
使用量（个）	268	668	575	830
使用率（%）	30.66	76.43	65.79	94.96

可见，不仅如前文所论述的反响型名量词受名词和数词制约影响较大，它修饰名词的能力也明显弱于其他个体量词。从阿卡话反响型名量词的产生等历时体征来看，阿卡话有过反响型名量词大量产生和大量使用的阶段。但目前它的数量和使用频率有了明显的下降，还是阿卡话名量词的重要组成部分。

不过，少量反响型名量词也有比较独立的句法功能，这类反响型名量词主要产生于部分身体部位名词。例如：

名词	反响型名量词	名词	反响型名量词
$a^{31}l\underline{a}^{31}$，手	$l\underline{a}^{31}$	$a^{31}khɯ^{55}$，脚	$khɯ^{55}$
$sɤ^{31}$，牙齿	$sɤ^{31}$	$ɕa^{31}gu^{31}$，筋	gu^{31}

总的来说，反响型名量词对名词和数词的双重依赖性体现出了它的本质特征：“重”韵律功能，它一般要求双音节名词和单音节数词与它共现，这既保证了数量名结构的语音和谐，也保证了双音节性的音节和谐；“轻”句法功能，反响型名量词只能出现在特定的句法结构中，缺乏灵活性，句法独立性较弱，没有其他扩展功能。反响型名量词的这些特性使得它受到的限制较多，再加上数量和使用频率的减少，体现了它作为阿卡话名量词发展过程中的中间地位，也说明了它的衰退是必然的。

三、反响型名量词已出现衰退趋势

阿卡话的反响型名量词没有和类别量词、通用量词一样产生定指等扩展功能，加上数量和使用频率的减少，使得反响型名量词出现了明显的衰退趋势。

（一）衰退的主要表现

反响型名量词衰退主要表现为：数量和使用的减少，发展为类别量词。

1. 数量和使用的减少

与阿卡话相近的哈尼语垤玛话有十分丰富的反响型名量词，并且目前还极具活力，除了本族固有词能够产生反响型名量词外，汉语借词等外来词也能够产生相应的反响型名量词。①

阿卡话与垤玛话不同，反响型名量词基本上失去了能产性，加上类别量词和通用量词的产生，很大程度上限制了反响型名量词的发展。目前，阿卡话中的反响型名量词主要使用于计量身体器官、工具、天文地理等非生命体名词，亲属称谓、人类、动物和植物名词往往倾向于使用类别量词和通用量词。这导致了大量反响型名量词的减少。统计数据如下：

表 3　阿卡话反响型名量词的生命度

	有生命名词	无生命名词
反响型名量词数量（个）	35	233
比例（%）	13.06	86.94
生命度强弱	强	弱

阿卡话反响型名量词倾向于来自生命度低的名词，其中，有生命名词的 35 个反响型名量词基本上产生于亲属称谓名词中，使用频率相比于器官名词的反响型名量词少得多。

此外，只有 13 个反响型名量词是完全不能由其他量词代替的，其他的基本上能被相应的类别量词和通用量词代替。统计数据如下：

① 李浩、赵正丽：《哈尼语垤玛话的反响型量词》，载《滇西科技师范学院学报》，2016（1）。

表 4　阿卡话反响型名量词使用的强制性

使用强制性	强制	非强制
数量（个）	13	255
比例（%）	4.85	95.15

由于大部分反响型名量词不具有使用的强制性，削弱了它的地位，于是加剧了它的衰退。可见，反响型名量词的衰退是多方面的。

2. 发展为类别量词

反响型名量词并非只是会消失或者会被取代，它也会发展成为类别量词继续使用。这一发展主要是通过反响型量词的深度语法化形成的。阿卡话的类别量词基本上都是由反响型名量词发展而来的，反响型名量词通过深度语法化，衍生出一定的语义属性，于是演变为类别量词，提升了它的句法空间和地位。

如 $mɔ^{55}$ 是阿卡话专门用来计量动物名词的量词，它还可以用来计量交通工具。$mɔ^{55}$ 的形成经历了名词的语法化和语义扩张等演变：第一步，由动物的类称名词 $a^{55}mɔ^{55}$ “动物”语法化产生反响型名量词 $mɔ^{55}$；第二步，由于所有动物名词都具有相同的语义基础，都能用该量词计量，因此就产生了专门用于计量动物名词的类别量词 $mɔ^{55}$；第三步，交通工具与动物名词都具有［＋能动性］等特征，因此交通工具也使用 $mɔ^{55}$ 来计量数量。由此可见，反响型名量词既是个体量词产生的雏形，也是发展的原材料。阿卡话所有的类别量词基本上都是通过这样的演变形成的，具有这些性质的类别量词还有 si^{31} “颗”、$khɤŋ^{55}$ “件”等。例如：

名词	反响型名量词	类别量词 1	类别量词 2
$a^{55}mɔ^{55}$，动物	$mɔ^{55}$	$mɔ^{55}$［＋动物］	$mɔ^{55}$［＋动物］［＋交通工具］
$a^{55}si^{31}$，水果	si^{31}	si^{31}［＋水果］	si^{31}［＋水果］［＋圆状物］
$a^{55}khɤŋ^{55}$，线	$khɤŋ^{55}$	$khɤŋ^{55}$［＋衣着］	$khɤŋ^{55}$［＋衣着］［＋工具］

总的来说，阿卡话反响型名量词主要以消失为主，只有少量的反响型名量词继续使用或者演变发展为类别量词继续使用。现在使用着的反响型名量词还会继续演变，要么被淘汰，要么演变为类别量词继续使用。

（二）引发衰退的原因

我们认为引发衰退的原因主要有三点：量词分析性特征的增强；语言内部的结构

调整；语言接触加速衰退。

1. 量词分析性特征的增强

分析性是汉藏语的重要共时特征[①]。阿卡话反响型名量词的产生与发展都受到分析性语言的制约。反响型名量词以韵律功能为主，类别量词兼顾语义和句法功能，通用量词以句法功能为主。阿卡话的反响型名量词与类别量词、通用量词的竞争实际上是韵律（语音）、语义、句法三个层面的竞争。在量词产生初期，反响型名量词作为量词核心主要以韵律和句法功能为主；量词系统向类别量词和通用量词的转变表明主要以语义和句法功能为主，加上类别量词和通用量词与数词结合的数量结构具有双音节性特征，符合分析性语言的结构特征，因此逐渐淘汰反响型名量词。因此，反响型名量词的衰弱以及类别量词、通用量词的增强是阿卡话量词分析性特征增强的重要表现。

从量词的意义和形式角度来看，反响型名量词的产生和衰退都体现出了隐性意义实化的分析性特征。反响型名量词通过反响名词的某一音节来表达意义，更为显著的是它的形式意义，它只具有临时语义，不具备量词对名词的分类功能，因此它只具有隐性意义；从反响型名量词发展而来的类别量词获得了特定的语义属性，它可以指别所修饰名词的性质和类别等特征，实现了名量词从隐性意义向显性意义的转化。因此，我们认为反响型名量词在表义上的功能“缺陷”是引发它衰退的最主要的原因，分析性语言要求形式和功能的高度统一，类别量词和通用量词具备这样的功能特征，于是就逐渐取代数量庞大的反响型名量词，不断向强分析性量词系统转变。

2. 语言内部的结构调整

反响型名量词又称专用量词，与名词具有一对一的搭配关系，因此产生的数量较大，但缺少语义内涵。阿卡话经历过拥有丰富的反响型名量词的阶段，但是目前只保留了数百个反响型名量词。这一特征符合汉藏语量词发展的规律。汉藏语作为分析性语言，量词发达型语言如汉语等的反响型名量词数量较少，基本上都使用表义性更强、句法功能更为强大的类别量词和通用量词。阿卡话属于量词准发达型语言，反响型名量词的急剧衰退表明了它正在向量词发达型语言发展，这种转型基本上已经完成。

3. 语言接触加速衰退

此外，语言接触对阿卡话的反响型量词也产生了一定的影响。阿卡话从具有强分析性特点的汉语中借用了一定数量的量词，如 tsa^{33}（张、辆）、pɔ^{33}（包）和 kɔ^{35}（个）。例如：

mɔ^{31}thɔ^{3} thi^{31} tsa^{33} 一辆摩托	sa^{31}dɤ^{31} thi^{31} pɔ^{33} 一包盐
摩托　　一　张	盐　　一　包

① 戴庆厦、闻静：《论“分析性语言”研究眼光》，载《云南师范大学学报》（哲学社会科学版），2017（5）。

thɔ^{55}xa^{31} thi^{31} kɔ^{35} 一个人
人　　　一　个

tsa^{33} 和 pɔ^{33} 一般只能用于计量从汉语借用的名词，而借用的通用量词 kɔ^{35} 基本上没有任何限制，它的使用范围比固有的准通用量词 xuŋ^{31} 更广。xuŋ^{31} 一般用于计量无生命名词，而 kɔ^{35} 没有这种限制。从汉语借用的量词 kɔ^{35} 对阿卡话量词系统的影响比较大，它弥补了类别量词和 xuŋ^{31} 的功能“空缺”，因此也加剧了反响型名量词的衰弱。

四、结语

阿卡话量词系统得以发展，反响型名量词起了重要的作用。反响型名量词作为阿卡话名量词发展的中间产物，在名量词的产生、发展和衰退等过程中都起着作用。产生初期由于受语义和句法等制约，所以产生了大量的反响型名量词；阿卡话属于分析性语言，要求语言有经济的、高效的系统，于是就对反响型名量词进行了调整：清除大量的反响型名量词，少量反响型名量词被赋予特定的语义和句法特征继续保留，优化了阿卡话的量词系统。反响型名量词是否会完全消失还待进一步观察，但是它至少存在这样的倾向，在韵律与语义和句法之间的竞争中，语义和句法逐渐取得了优势，这正是阿卡话增强分析性特征的重要特征。

阿卡话反响型名量词的产生标志着量词系统的产生，同时也标志着量词系统分析化发展的开始。阿卡话具有向强分析性发展的倾向：动词具有单音节性，名词具有双音节化，虚词系统形式的简化与多功能性的增强，量词功能扩张，等等。反响型名量词作为量词发展的中间产物，在一定程度上违反了分析性语言对语言结构系统简洁性的要求，反响型名量词数量多、表义性弱和句法独立性弱等自身存在的不足使得它的衰退是必然的。类别量词和通用量词虽然韵律上比反响型名量词弱，但是在语义和句法功能属性上明显强于反响型名量词，它更具有经济性，更符合分析性语言发展的需求。阿卡话的量词系统正从准发达型向发达型转变，属于量词发达型的汉语（普通话）也经历过反响型名量词“从无到有，从有到无（少）”的发展，因此语言类型对大部分语言的制约具有一定程度的相似性，而这个相似性是语言类型内在“基因”所致的。这种内在“基因”特征主要表现为：量词具有单音节性，量词具备实质性的语义属性和句法属性，且量词还具有多功能性（定指和类指等功能）。这种基因实质上就是汉藏语量词的分析性特征。

参考文献

[1] 戴庆厦 . 景颇语名词的类称范畴 . 民族语文，1999（6）.

[2] 戴庆厦，蒋颖 . 论藏缅语的反响型名量词 . 中央民族大学学报（哲学社会科学版），2005（2）.

[3] 戴庆厦，闻静 . 论“分析性语言”研究眼光 . 云南师范大学学报（哲学社会科学版），2017（5）.

[4] 洪波 . 汉藏系语言类别词的比较研究 . 民族语文，2012（3）.

[5] 黄成龙 . 羌语的名量词 . 民族语文，2005（5）.

[6] 李浩，赵正丽 . 哈尼语垤玛话的反响型量词 . 滇西科技师范学院学报，2016（1）.

[7] 李批然 . 哈尼语量词研究 . 民族语文，1992（5）.

[8] 蒋颖 . 汉藏语名量词起源的类型学分析 . 中央民族大学学报（哲学社会科学版），2007（2）.

[9] 经典 . 碧约哈尼语反响型名量词的特点及其演变 . 民族语文，2013（6）.

垤玛哈尼语宾谓同形短语的特征及其形成条件[①]

戴庆厦　李浩

宾谓同形短语是指谓语与宾语同形，或指谓语是拷贝宾语的。这是藏缅语族部分语言如景颇语、载瓦语、独龙语等宾谓结构的一种特殊的语法现象。藏缅语是 OV 型语序，宾语在前，谓语在后，所以能够构成宾谓短语[②]。

垤玛哈尼语（以下简称“垤玛话”）属于汉藏语系藏缅语族彝语支，是哈尼语豪白方言中的一个土语，主要分布在云南省红河哈尼族彝族自治州红河县。垤玛话的宾谓同形短语使用频率较高。据 1247 个名词统计，能够构成宾谓同形短语的有 386 个，约占总数的 31%。其中，不能用其他同义动词替代的有 343 个，约占 89%。宾谓同形短语不仅出现在口语中，而且在传统诗歌、谚语、成语中也同样出现。可见，宾谓同形短语是垤玛话语法结构中的一个活跃的结构。而且，垤玛话的宾谓同形短语还具有一些不同其他亲属语言的特点。

本文运用语言类型学的视角特别是分析类型眼光，通过对垤玛话宾谓同形短语共时现象的详尽分析，对垤玛话宾谓同形短语的特征及其形成机制进行了研究。在共时描写上，从音节特点和语素结构两方面进行分类，区分了宾语、谓语的“真性”和“假性”，归纳了其结合的模式。还对假性同形谓语如何从名词宾语上提取语义做了分析，认为谓语语义的提取主要遵守“常用性”和“专用性”的原则，避免了词义选择上的模棱两可和歧义。在共时描写的基础上，对宾谓同形短语的形成机制进行了分析。指出分析性类型特征是产生宾谓同形短语的结构条件；词类兼用为宾谓同形提供了词汇生成发展的模式；经济原则和类推手段推动了宾谓同形短语的丰富发展。

---

① 本文语料以红河县垤玛乡的垤玛哈尼话为依据。第二作者是垤玛话的母语人，熟练掌握垤玛话。

② 戴庆厦:《景颇语“宾谓同形短语”的特点及其成因——兼论景颇语附着型谓语》，见《语言学论丛》(第四十辑)，213 ~ 232 页，北京，商务印书馆，2009。

一、宾谓同形短语的结构类型

垤玛话宾谓同形短语的结构可以从不同的角度做不同的分类。音节结构和语素结构集中反映宾谓同形短语的特点，所以这里主要从这两方面来分类。

（一）从音节多少上分类

1. 在音节数量上，垤玛话的名词大多是双音节的，动词是单音节的，因此，构成宾谓同形短语以“2+1”的三音节型为主。例如：

ha^{33}ɣ̟^{33} ɣ̟^{33} 孵鸡蛋 鸡蛋　孵	ma̠^{33}kha^{31} kha^{31} 戴眼镜 眼镜　　戴
pha^{55}pha^{31} pha^{31} 生病 病　　　生	o^{31}tɕhɛ^{55} tɕhɛ^{55} 腌酸菜 酸菜　　腌
pha^{31}nɔŋ^{33} nɔŋ^{33} 穿鞋子 鞋子　　穿	ɣ̩^{31}tshɔŋ^{31} tshɔŋ^{31} 戴帽子 帽子　　戴

2. 垤玛话名词中有单音节、四音节（多是四音格词）的，也能构成宾谓同形短语，这类短语则是“1+1”的双音节型或“4+1”的五音节型。双音节型很少。例如：

pɯ^{55} pɯ^{55} 长脓 脓　长	lɯ^{55} lɯ^{55} 形成森林 森林 有

五音节型的如：

ɯ^{55}fɣ̩^{33}la^{55}pa̠^{33} pa̠^{33} 长出青苔 青苔　　　长出	pɣ̩^{55}tɣ̩^{55}lɣ̩^{55}tshɿ^{31} tshɿ^{31} 出现彩虹 彩虹　　　　出现

3. 同形中大多是谓语与双音节宾语的后一音节同形，但也有与前一音节同形的。前者的例子见上，后者的例子如下：

ʑa̠^{33}pho^{55} ʑa̠^{33} 扫地
扫把　　扫

tɕi^{31}phu^{31} tɕi^{31}（用）锤子打
锤子　　打

po^{33}sɤ̠^{33} po^{33} 扇扇子
扇子　　扇

sa̠^{33}ki^{55} sa̠^{33}（用）秤称
秤　　称

为什么取第一个音节，这与母语人的认知特点有关。如果双音节名词宾语的动词语素在前，而母语人又能够识别出它的意义，谓语就取这个在前的音节。例如：ʑa̠^{33}pho^{55}ʑa̠^{33}“扫地”中的名词宾语 ʑa̠^{33}pho^{55}“扫把”，前一音节动语素 ʑa̠^{33}“扫”能被分离出，就取这个音节做谓语。又如 po^{33}sɤ̠^{33} po^{33}“扇扇子”中的 po^{33}sɤ̠^{33}“扇子”，母语人知道前一音节 po^{33} 是“吹、扇”义，就取这一音节做谓语。

（二）从语素结构分类

垤玛话宾谓同形短语的结构，按构成语素的性质可分为以下四种类型：

1.“附加式合成词宾语 + 谓语”型。充当附加式合成宾语的是名词，附加成分是 a^{55} 音节。① 同形谓语取宾语名词的后一音节。这一类又可分两类：一类是名词的后一音节，没有独立的意义，是单纯词。例如：

a^{55}pha̠^{31} pha̠^{31} 长叶子
叶子　　长

a^{55}ʑi̠^{33} ʑi̠^{33} 开花
花　　开

a^{31}tsha^{55} tsha^{55} 出现阳光
阳光　　出现

a^{55}la̠^{31} la̠^{31} 长树枝
树枝　长

另一类是合成词，名词的后一音节有独立的意义，多是动词或形容词。例如：

a^{55}ɣɤ^{33}　　ɣɤ^{33} 荡秋千
前置 + 拉 = 秋千 荡

a^{55}tɕa^{31}　　tɕa^{31} 出痘（天花）
前置 + 漂亮 = 痘 出

2.“复合式合成词 + 谓语”型。这一类型在垤玛话里出现的频率较高。宾语由两个语素合成。有以下几类：

（1）（名语素 + 形容语素）= 宾语 + 谓语，例如：

① a^{55} 音节的作用既构词又构形，还有配音，称之为“前缀”或词头不甚合适，本文暂称为“前置音节”。

mi^{31}ɕɯ̱^{31}　　ɕɯ̱^{31} 做新娘
女 + 新 = 新娘 做

ma̱^{33}pe̱^{31}　　pe̱^{31} 眼瞎
眼 + 瞎 = 盲人 变成

m̩^{31}sa^{55}　　sa^{55} 天变晴
天 + 晴 = 晴天 晴

ʑi̱^{33}ȵi^{55}　　ȵi^{55} 花变红
花 + 红 = 红花 变红

此类结构的谓语虽来自形容语素，但是充当谓语时具有动词的性质，表示事物性质状态的变化。

（2）（名语素 + 动语素）= 宾语 + 谓语，例如：

mi^{31}pɤ̱^{33}　　pɤ̱^{33} 打火药枪
火 + 打 = 枪 打

khɯ^{55}pi̱^{33}　　pi̱^{33} 腿抽筋
脚 + 麻 = 抽筋 抽

ɯ^{55}tsa̱^{33}　　tsa̱^{33} 滴水
水 + 滴 = 水滴 滴落

mi^{55}ho^{33}　　ho^{33} 闹地震
地 + 动 = 地震 震动

（3）（名语素 + 名语素）= 宾语 + 谓语，例如：

mi^{55}pø^{33}　　pø^{33} 有山洞
山 + 洞 = 山洞 有

mɛ^{31}sɤ^{31}　　sɤ^{31} 长牙齿
嘴 + 齿 = 牙齿 长着

o^{31}ʑi̱^{33}　　ʑi̱^{33} 开菜花
菜 + 花 = 菜花 开着

tɕhɛ^{55}sɿ^{31}　　sɿ^{31} 结谷子
水稻 + 水果 = 谷粒 结

此类结构的谓语虽来自名语素，但是充当谓语时具有动词的性质，表示事物性质状态的变化。

（4）（动语素 + 名语素）= 宾语 + 谓语，例如：

tha̱^{31}tsuŋ^{31}　　tha̱^{31} 用凿击打
击打 + 凿 = 凿 击打

m̩^{55}la̱^{31}　　m̩^{55} 做生意
做 + 手 = 生意 做

pa̱^{31}num^{55}　　pa̱^{31} 抬轿子
抬 + 房 = 轿子 抬

ki̱^{33}ho^{33}　　ki̱^{33} 用磨盘磨
磨 + 石 = 磨盘 磨

此类宾谓同形结构，由于动语素在前，所以谓语拷贝宾语的前一音节。

此外，还有少量宾语是由形容语素加名语素、动语素加动语素构成，谓语拷贝后一音节。例如：

ly̩^{33} sɿ^{31}　　sɿ^{31} 长青春痘　　ʑɣ̩^{31}ɣəm^{31}　　ɣəm^{31} 枕枕头

凸的＋果实 ＝ 青春痘 长　　睡＋靠 ＝ 枕头 枕

3.“单纯词＋谓语”型。坙玛话词的名词单纯词有单音节的，也有双音节的。单音节的，拷贝时取整个音节；双音节的，取后一音节。例如：

lɯ^{55} lɯ^{55} 形成森林　　pɯ^{55} pɯ^{55} 长脓

森林 有　　脓 长出

tɕa^{31}hø^{55} hø^{55} 吹口哨　　ʑɛ^{55}tɕho^{31} tɕho^{31} 交朋友

口哨 吹　　朋友 结交

tɕa^{31}m̥^{33} m̥^{33} 照镜子　　tɕha̠^{33}pø^{55} pø^{55} 长着肚脐

镜子 照　　肚脐 长着

二、宾语、谓语有“真性”和“假性”之分

坙玛话宾谓同形短语的宾语和谓语都有“真性”和“假性”之分。① 其区分主要是看它能不能成词，或能不能独立使用。能独立使用的是真性，不能独立使用的是假性。“真性”和“假性”构成的宾谓同形结构，在性质上、特点上是有差异的。“真性”和“假性”，来源不同，真性来源于有意义的名词，假性是临时借用无意义的音节；对宾语的结合度、依托度不同，假性对宾语的依托度比真性强。

（一）真性宾语

真性宾语是由独立的名词充当的，可以单独使用，并具有实在的名词意义。下列宾语都是真性宾语。在坙玛话中，由真性宾语组成的宾谓同形结构占多数。例如：

a^{55}pha̠^{31} pha̠^{31} 长叶子　　a^{55}ʑi̠^{33} ʑi̠^{33} 开花

叶子 长　　花 开出

tshum^{55}phe̠^{31} phe̠^{31} 编辫子　　xoŋ^{31}xo^{33} xo^{33} 戴斗笠

辫子 编　　斗笠 戴

① 朱艳华：《载瓦语宾动同形短语的特征及形成机制》，载《民族语文》，2013（3），28 ~ 36 页。

ha^{31}pe̠^{31} pe̠^{31} 长出竹笋
竹笋　　长出

ɛ^{55}ne^{31} ne^{31} 削篾片
篾片　削

上例的名词都是可以独立使用的名词，既可做宾语，又可做主语、定语，还可以受数量词修饰。

（二）假性宾语

假性宾语单独不成词，不能独立当名词使用，它必须与谓语一起才有宾语的意义和属性。可以说，假性宾语的实词性是临时的，离开结构就失去实词性。假性宾语多由“名语素宾语 + 动语素谓语”构成，后一音节与后面的谓语同形。例如：

khɯ^{55}tɕi^{55} tɕi^{55} 单脚跳
（脚 + 跳）跳

ɕim^{55}tɕi^{31} tɕi^{31} 打铁
（铁 + 打）打

tɕhɛ^{55}thɔŋ^{31} thɔŋ^{31} 舂米
（米 + 舂） 舂

m̩^{31}pa^{33} pa^{33} 天亮
（天 + 亮）亮

khɯ^{55}pi̠^{33} pi̠^{33} 腿抽筋
（脚 + 麻）抽筋

la̠^{31}tsv̩^{31} tsv̩^{31} 手抖
（手 + 动）动

上例的 tɕhɛ^{55}thɔŋ^{31} thɔŋ^{31} “舂米”是宾谓同形结构，其中的假性宾语 tɕhɛ^{55}thɔŋ^{31} 由“米 + 舂”构成，但不能单独使用，不是一个独立的复合名词，是“假性宾语”。但在宾谓同形结构中，它是当名词宾语使用的，能像真性宾语一样构成宾谓结构。

（三）真性谓语

真性谓语由可以独立使用的动词充当，与宾语的后一语素同形。它可以与真性宾语结合，也能与假性宾语结合。例如：

真性宾语 + 真性谓语：

mi^{31}pɤ̠^{33} pɤ̠^{33} 打火药枪
火药枪　打

tsho^{55}sɿ^{55} sɿ^{55} 死了人
死人　　死

v̩^{31}tho̠^{33} tho̠^{33} 包包头
包头布　包

tshe^{31}ɣo̠^{31} tshe^{31} 挖地
锄头　　挖

假性宾语＋真性谓语：ɕim^{55}tɕi^{31} tɕi^{31} 打铁　　tɕhɛ^{55}tɕhi^{55} tɕhi^{55} 插秧
铁　打　打　　秧　插　插
ṃ^{31}pa^{33} pa^{33} 天亮　　ɣa^{31} na^{31} na^{31} 休息
天亮　亮　　力气息　做

上例的宾谓同形结构 mi^{31}pɤ̱^{33} pɤ̱^{33} “打火药枪”，宾语 mi^{31}pɤ̱^{33} “枪”是真性名词，由“火＋打”构成，能够独立使用。谓语 pɤ̱^{33} “打”是动词，还可用在其他名词宾语上，如 xa^{31}tsɿ^{55} pɤ̱^{33} “打鸟”、xa̱^{31}lo̱^{33} pɤ̱^{33} “打（丢）石头”。ɕim^{55}tɕi^{31} tɕi^{31} “打铁”中的 ɕim^{55}tɕi^{31} 由“铁＋打”构成，是假性名词，不能独立使用。tɕi^{31} “打”还可以与别的名词宾语结合，如 tsho^{55}za^{31}tɕi^{31} “打人”、ɕim^{55}tɕi^{31} tɕi^{31} “打铁”。

（四）假性谓语

假性谓语由宾语的后一音节充当，单独无实在意义，与宾语连用时才临时有谓语意义。它只能与真性宾语结合，不能与假性宾语结合。例如：

真性宾语＋假性谓语：a^{55}pha̱^{31} pha̱^{31} 长叶子　　tɕha^{55}tṿ^{33} tṿ^{33} 长包谷
叶子　长　　包谷　长
tɕha^{31}m̥^{33} m̥^{33} 长着毛　　ɕa^{31}kho̱^{33} kho̱^{33} 做干巴
毛　长着　　干巴　做

概括起来，埡玛话宾谓同形短语中宾语和谓语的配合关系可如下表示：

	真性宾语	假性宾语
真性谓语	+	+
假性谓语	+	–

（例子见上）

宾谓同形短语结构的假性谓语，其语法功能也与真性谓语基本一样可以带状语和补语。例如：

ṃ^{31}pa^{33} pa^{33} la^{55} o^{31}ɛ^{55}.
天亮　亮　来　将要
天快要亮啦。

ha^{31}pe̱^{31} pe̱^{31} la^{55} o^{31}ɛ^{55}.

竹笋 长 出来 将要

竹笋将要长出来啦。

a^{55}pha̱^{31} tɕhi̱^{31} pha̱^{31} ʑi^{31} ma^{31} pha̱^{31}la^{55} a^{33}sɿ^{31}.

叶子 一 片 都 没 长 出来 还

一片叶子都还没有长出来。

no^{33} thɤ̱^{31} ɤ^{33} ki̱^{33}ho^{33} ma^{55} ŋa^{55} tɕhi̱^{31} pho^{33} pa^{55} ki̱^{33} tsa^{31} mɔŋ^{31} ʑa^{33}.

你 家 的 磨盘 （量）我 一 次 让 磨 吃 想要（助）

你家的磨盘让我用一下。

no^{33} thɤ̱^{31} ɤ^{33} khi^{55}sa̱^{31} xa^{55} ha^{31}ɣa̱^{31} le^{33} ɣa̱^{31} tshø^{31} a^{33}.

你 家 的 菜地 （量）篱笆 （用）围 住 （助）

把你家的菜地用篱笆围起来。

三、宾谓同形结构的假性谓语如何提取语义

宾谓同形短语结构充当谓语的有真性谓语和假性谓语两类，真性谓语的语义是明确的，一目了然的，但假性谓语是临时的，原无确定的语义。那么，它进入宾谓同形结构中应怎样从宾语上提取谓语语义。

藏缅语的宾谓结构，谓语与宾语的语义关系有多种，主要是支配关系，宾语是谓语的受事者，但还有修饰关系、结果关系等。谓语与名词宾语相关的语义往往有多种，但假性谓语本身没有意义，这样，与名词宾语结合时谓语的语义应如何选择呢？

通过分析、比较可以发现，常用性和专用性是谓语提取语义的依据。所谓“常用性”，是指谓语提取的语义是与名词宾语最常结合的语义。所谓“专用性”，是指谓语提取的语义一般都只专用在与其结合的同形名词宾语上。

比如，名词 ɣ^{31}tshɔŋ^{31}“帽子”做宾语时，可以与它结合构成宾谓结构的动词有“戴、买、卖、制、换、洗”等，其中最常用的是“戴（帽子）”，所以提取“戴”义构成 ɣ^{31}tshɔŋ^{31} tshɔŋ^{31}“戴帽子”。而且，“戴（帽子）”这一临时语义，只能用在“帽子”上，不与别的名词宾语结合。而 ny^{55}pe^{31} pe^{31}“戴戒指”、tɔ̱^{31}tɕɯ^{55} tɔ̱^{31}“戴耳环”的谓语，在垤玛话里都用别的动词，不用“戴（帽子）”的 tshɔŋ^{31}，分别使用 pe^{31}“戴（戒指）”、tɔ̱^{31}“挂（耳环）”宾谓同形谓语。而汉语“戴（戒指）”“戴（耳环）”都可用“戴”来描述。

又如，mi^{31}tɕhy^{31} tɕhy^{31}“当寡妇”的同形谓语 tɕhy^{31}“当（寡妇）”，也具有“常用性”

和“专用性”的特点。垤玛话的 mi^{31}tɕhy^{31}“寡妇”，虽然也能与“看、选、弃、成”等谓语构成宾谓谓语，但很少使用。主要使用由谓语“当”构成的宾谓谓语。汉语可以说“娶寡妇”，“娶”可以与“寡妇”结合，但垤玛话一般不能用，如 ɕɤ^{31}“娶”一般不与 mi^{31}tɕhy^{31}“寡妇”结合，说成 *mi^{31}tɕhy^{31}ɕɤ^{31}“娶寡妇”，而 ɕɤ^{31}“娶”只能与 xa^{31}mi^{3}“老婆”结合，说成 xa^{31}mi^{31} ɕɤ^{31}“娶老婆”。

又如，a^{55}tɕhy̠^{33}“芽”构成宾谓同形短语时，谓语 tɕhy̠^{33} 只能取“出（芽）”义。因为能与 a^{55}tɕhy̠^{33}“芽”结合的日常口语只有“出”一个语义。

总之，宾谓同形短语的语义提取主要是遵守“常用性”和“专用性”，这是垤玛话宾谓同形短语语义选择的一条规则。有了这条规则，就可以避免语用中词义选择的模棱两可，或混淆不清，也能避免歧义。哈尼族垤玛人对假性谓语的语义使用，都有“约定俗成”的用法，不会出现混淆。

此外，同形谓语还有表示某种特定语义的，就不存在语义选择问题。如表示“像”义的宾谓同形：

a^{31}no^{31} no^{31} 像牛（一样）	a^{31}ɣa̠^{31} ɣa̠^{31} 像猪（一样）
牛　　像	猪　　像
a^{31}khɯ^{31} khɯ^{31} 像狗（一样）	a^{55}mo̠^{31} mo̠^{31} 像猴子（一样）
狗　　像	猴子　　像

还要说明一点，宾谓同形短语结构的语义关系有的既是宾谓关系，又是主谓关系。这类结构的名词多是表示自然现象，与谓语的关系是施事者，还可以是施事者和受事，二者均可。这是宾谓同形短语结构中特殊的一类。例如：

a^{31}ʑɛ^{55} ʑɛ^{55} 下雨 / 雨下	a^{31}tsha^{55} tsha^{55} 出现阳光 / 阳光出现
雨　　下	阳光　　出现
a^{55}pha̠^{31} pha̠^{31} 长出叶子 / 叶子长出	a^{55}la̠^{31} la̠^{31} 长树枝 / 树枝长出
叶子　　长出	树枝　长
ʑi̠^{33}ȵi^{55}ȵi^{55} 花红了	m̩^{31}sa^{55} sa^{55} 天气晴了
红花　变红	晴天　　变晴
ɯ^{55}lɛ^{31} lɛ^{31} 洪水泛滥	a^{55}tɕhy̠^{33} tɕhy̠^{33} 发芽 / 芽长出
洪水　冲击	芽　　发

上面的例子译成汉语时，有的可以用宾谓和主谓两种结构对译，如 a^{31}ʑɛ^{55} ʑɛ^{55}

既可译为“下雨”，又可译为“雨下”。但有的译为汉语时只能译为主谓结构。如ʑi̱^{33}ȵi^{55}ȵi^{55}“花红了”，汉语只能译为主谓结构，不能译为宾谓结构。但这类短语，垤玛话是把它当成宾谓同形结构的，但也能当主谓结构使用。例如：

a^{31}ʑɛ^{55} ʑɛ^{55} ka^{33}ʑi^{33} o^{31}ɛ^{55}.　　雨将要下了。
雨　下　下来　将要

na^{33}tshʅ^{31} tshʅ^{31} pi^{31} ɣɛ^{55}.　　药起效了。
药　有效（助）了

ʑi̱^{33}ȵi^{55} ȵi^{55} la^{55} la^{31} hɤ^{33} ɣa^{55}.　　花儿已经变红了。
红花　变红 来（助）已经 了

可以这样解释，具有宾谓同形的短语形式也出现少量主谓结构。这是因为，这类主谓结构在垤玛话里与宾谓结构属于一类。

四、语言接触与宾谓同形结构

垤玛话的语言接触，主要是受汉语影响。历史上，哈尼族垤玛人长期与汉族相邻而居，相互交流，互相帮助，并主动学习汉文化和汉语文，所以在语言上必然会受到汉语的影响。垤玛话的汉语影响主要表现在词汇借用和语法影响上。在宾谓结构上，汉语名词借入垤玛话后，有许多也按宾谓同形短语组合，谓语与宾语同形。谓语与宾语后一音节同形的如：

thu^{31}xɔ^{55} xɔ^{55} 画画　　thɤ^{31}tɕi̱^{33} tɕi̱^{33} 戴头巾
图画　画　　头巾　戴

ke^{33}tsʅ̱^{31} tsʅ̱^{31} 赶集　　kum^{33}ɕɔ^{33}sɤ^{55} sɤ^{55} 办供销社
街子　去　　供销社　办

谓语也有取宾语前一音节的。例如：

sɔ̱^{31}tsʅ̱^{31} sɔ̱^{31} 刷刷子　　tshɔ^{55}tsʅ̱^{31} tshɔ^{55} 锉锉子
刷子　刷　　锉子　锉

sɔ̃^{55}pha^{31} sɔ̃^{55} 打算盘
算盘　　算

thy^{55}po^{55} thy^{55} 推推刨
推刨　　推

取前一音节，大约是因为堙玛人学了汉语后，能够识别名词宾语的前一语素具有动词义。如上例 sɔ̃^{55}pha^{31} sɔ̃^{55} “打算盘” 中的 sɔ̃^{55} “打（算盘）”，就是取前一音节当谓语。

堙玛话还能把汉语的双音节动宾结构当做假性名词借入，并用假性名词加动词借词构成宾谓同形短语。由于动宾结构是动词在前，因此构成的谓宾结构短语，谓语与宾语的前一个音节同形。这是因语言接触产生的一类特殊的宾谓同形短语，例如：

tshaŋ^{55}kɔ^{33}　tshaŋ^{55} 唱歌
唱 + 歌 = 歌 唱

thiɔ^{55}y̩^{31}　thiɔ^{55} 跳舞
跳 + 舞 = 舞 跳

khɛ^{33}xɔ^{55}　khɛ^{33} 开会
会 + 开 = 会 开

ɣø^{31}tɕi̱^{33} ɣø^{31} 围围巾
围巾　　围

预计，随着堙玛话中汉语借词的不断增多，含有汉语借词的宾谓同形短语也会增多，并有可能出现新的规律。

五、宾谓同形短语产生的条件及动因机制

宾谓同形短语在堙玛哈尼语中普遍存在，必然有其产生的条件及动因。下面我们做些可能的分析。

（一）分析性类型特征是产生宾谓同形短语的结构条件

堙玛话属于分析性偏强的语言，动词、名词都缺少形态变化，其语法意义主要靠词汇（虚词和实词）表达。谓语无人称、数的形态变化，其他语法意义如体、貌等，主要也是靠动词以外的虚词表示。这种“光杆式”的分析性特点是产生宾谓同形短语的结构条件。

宾谓同形是重叠式的一种。分析性语言，因为缺少形态，必须产生适合分析特点的形式来扩大表义，重叠式则是分析式语言容易使用的一种形式。大致能够看到，在不同类型的语言中，分析性语言使用重叠式的频率要比黏着式、屈折式的语言高，手

段也会多些，在分析式内部，重叠式还因分析性强弱的不同而不同，大凡是分析性强的，重叠式更丰富。

分析型语言在词语、语素的结合上讲究韵律。埡玛话宾谓短语同形以及“2+1”的音节符合韵律特点，说起来朗朗上口，所以容易在语言中生根发芽。

（二）词类兼用为宾谓同形提供了词汇生成发展的模式

藏缅语是分析型语言，词类兼用是一种常用的语法手段，特别是名词、动词、量词之间兼用现象很普遍。① 如埡玛话的名词 ho^{31}ʐa^{33} “乞丐”，后一音节的 ʐa^{33} 既可当动词用，说成 ho^{31}ʐa^{33}ʐa^{33} “沦为乞丐”，又可当量词用，说成 ho^{31}ʐa^{33} tɕhi̱^{31} ʐa^{33} “一个乞丐”。名词与动词的相关性为宾谓同形短语的产生提供了可能。

在动词缺少形态变化的分析性语言里，名词和动词在语义、语法的特点上关系密切。名词义素中含有与之相关的动词义素，动词从名词中提取语义有了可能。② 如名词 a^{55}pha̱^{31} “叶子”的意义中含有“长（叶子）、采（叶子）”等义素，需要谓语时，有可能提取 pha̱^{31} “长（叶子）”构成宾谓同形短语。

由于名词与动词的密切相关性，所以许多语言名动同形。藏缅语许多语言包括埡玛话都有这个特点。名动同形为宾谓同形的生成提供了条件和生成发展的模式。与埡玛话有亲缘关系的一些语言如景颇语、汉语等也有这种现象。景颇语如：

ʒi^{31} ʒi^{31} 纺线 线　纺	ka^{33} ka^{33} 说话 话　说
khai^{55} khai^{55} 种庄稼 庄稼　种	khu^{55} khu^{55} 打洞 洞　　打
taŋ^{31}pa̱i^{31}pa̱i^{31} 穿筒裙 筒裙　　穿	tiŋ^{31}je^{55} je^{55} 扫地 扫把　　扫
lǎ^{31}khon^{55} khon^{55} 戴手镯 手镯　　　戴	

汉语中也有不少名动同形的现象。如“食”，有“吃”动词义和“吃的东西”名词义。还有“冠、语、气”等。有的兼类语音有变化，如“磨”，阳平是动词，去声是名词，“衣”，阴平是名词，去声是动词。动词的“垫、盖”当名词用时要儿化，还

① 李永燧：《哈尼语名、量、动词的同源现象研究》，载《民族语文》，1990（3）。

② 徐盛桓：《名动转用的语义基础》，载《外国语》（上海外国语大学学报），2001（1），15 ~ 23 页。

有变为同形的“夏雨雨之”。

（三）经济原则和类推手段推动了宾谓同形短语

任何语言的使用都要讲究经济原则，越省力越好。形态型语言向分析型语言演变是许多语言的共同趋势，其表达特征在许多方面都讲究经济、省力。宾谓同形短语结构能成为宾谓结构的一种语法形式，是因为在形式和表达上都具有经济、省力的特点，容易被使用。宾谓同形提取名词的一个音节做谓语，是临时性的，不需要创造、增加新的动词，既简便又有韵律味。

从垤玛话宾谓同形结构不同语义层次的比较中可以发现，同形的形成有早有晚，大量的是后来根据已有的同形模式类推而成的。如表示自然现象、衣着等早期就有的名词构成的宾谓同形应该是较早的，如 a^{55}ʑi̠^{33}ʑi̠^{33} “开花”、thɤ^{31}tɕi̠^{33}tɕi̠^{33} “戴头巾”等。而后来才出现的事物或借用名词是类推形成的，如 la̠^{31}ty̩^{31}ty̩^{31} “戴手镯”，ma̠^{33}kha^{31}kha^{31} “戴眼镜”、ny^{55}pe^{31} pe^{31} “戴戒指”，以及借词宾语 sɔ̃^{55}pha^{31} sɔ̃^{55} “算算盘”、thy^{55}po^{55} thy^{55} “推推刨”、tshɔ^{55}tsɿ̠^{31} tshɔ^{55} “锉锉子”、thu^{31}xɔ^{55} xɔ^{55} “画画”、ʑa̠^{31}sɔ̠^{31} sɔ̠^{31} “刷牙”、kum^{33}ɕɔ^{33}sɤ^{55} sɤ^{55} “办供销社”等，名词都是后来产生或借用的，应是类推的。

参考文献

［1］戴庆厦 . 景颇语“宾谓同形短语”的特点及其成因——兼论景颇语附着型谓语 // 语言学论丛（第四十辑）. 北京：商务印书馆，2009：213-232.

［2］朱艳华 . 载瓦语宾动同形短语的特征及形成机制 . 民族语文，2013（3）：28-36.

［3］李永燧 . 哈尼语名、量、动词的同源现象研究 . 民族语文，1990（3）：40-51.

［4］徐盛桓 . 名动转用的语义基础 . 外国语（上海外国语大学学报），2001（1）：15-23.

布兴语分析性特点探析

杨志喆　杨晓平

要认识一种语言，准确把握其特点，我们必须要先研究它与其他语言的关系和差异，总结它的类型学特征。戴庆厦、闻静从形态、单音节词根、语序及韵律等方面对汉藏语分析性特点做了研究，[①] 这是一种全新的类型学视角。此后，戴庆厦又从义项的扩大能力、词类兼用及歧义现象等方面进一步探讨了汉语分析性特征，[②] 这对我们认识分析性语言特征具有重要的指导意义。分析语又称“孤立语”或“词根语”，是语言类型中的一种。具体是指该语言的词汇缺少形态，句法关系主要靠语序和虚词。分析性语言在语音、语法及词汇等方面，都有不同于非分析性语言的特点，从分析性视角来研究少数民族语言，我们会发现一些新的语言现象，进而揭示语言的深层特点。

布兴语是南亚语系的一种语言，也是一种跨境语言，主要分布在中国、老挝、越南、柬埔寨、泰国等国。在我国云南省勐腊县磨憨镇的南欠村和勐伴镇的卡咪村约有530人（2015年）使用布兴语，在老挝的琅南塔、琅勃拉邦等省，约有2200人使用布兴语。这是研究布兴语的学者们普遍的认识，但是在语言支系归属方面尚存有分歧。以F.Proschan（1985）、颜其香、周植志、高永奇为代表的学者认为布兴语属于北部孟高棉语族克木语支；[③] 以J-O Svantesson（1990）为代表的学者认为属于北部孟高棉语族的德昂语支，李云兵认为属于南亚语系越芒语族布朗语支。[④] 通过Swadesh200核心词，将布兴语与国内南亚语言比较的情况来看，与克木语相同相近词语占比最高。因此，一般认为布兴语跟克木语关系更近一点。但是，对于其系属问题还需要我们进一步研究。

南亚语属于分析性语言的有9种，布兴语是其中一种。其缺乏形态变化，主要的语法手段是依靠虚词和语序，是一种SVO型语言。本文从单音节数量、复合词构词方

---

① 戴庆厦、闻静：《论“分析性语言”研究眼光》，载《云南师范大学学报》（哲学社会科学版），2017（5）。

② 戴庆厦：《再论汉语的特点是什么——从景颇语反观汉语》，载《民族语文》，2017（2）。

③ 颜其香、周植志：《中国孟高棉语族语言与南亚语系》，北京，中央民族大学出版社，1995。高永奇：《布兴话构词方式说略》，载《语言研究》，2002（3），121～125页。

④ 李云兵：《中国南方民族语言语序类型研究》，北京，北京大学出版社，2008。

式、韵律特征和基本语序等几个方面，对布兴语的分析性特点进行梳理，旨在能够更清楚地认识其类型特征，为今后研究奠定基础。

一、从单音节词数量看布兴语的分析性特点

我国南亚语系诸语言音节分主要音节（major syllable）和次要音节（minor syllable），一个词可以由主要音节和次要音节组成，也可以只有主要音节。布兴语的词可以分为单音节词、双音节词、多音节词，其中双音节词中根据其音节的性质和构成方式可分为一个半音节和两个主要音节词两种。

我们以 Swadesh200 词对布兴语的音节做了一个基本统计，具体如下：

表 1　布兴语 200 词音节类型统计表

语言	单音节	双音节（含一个半音节）	三音节
布兴语	106（61%）	69（39%）	0

从上表可以清楚地看到，单音节词在布兴语的基本词汇中占绝对优势。布兴语中除了 ʒa“烟”、dɤr“土”、mar“蛇”、doŋ“毛”等名词为单音节词之外，还有 nian“紧”、tem“满”、slaŋ“薄”、sɔ“紫”、toh“胖”等形容词也多为单音节。需要说明的是，在做统计时，布兴语双音节词包含了一定数量的词组和一个半音节，例如 pu ʃiŋ“人”、tɤr mal“雪”、ra via“老虎”等一个半音节型的双音节单纯词，诸如此类的词都统计为双音节，如果剔除这部分词，布兴语中双音节词的比例会更低。同时，比较有趣的是，在布兴语的实际使用中，有些一个半音节会以单音节形式出现，在句子里它会根据语境省去前面的次要音节，例如：pɤŋ ŋai“眼睛”，在 ŋai khu he“这双眼睛”中将次要音节 pɤŋ 省去了。一般认为，可以省去的次要音节没有构词构形的功能，只是一种纯语音形式，这与多数孟高棉语言中的次要音节功能基本一致。复合词中的次要音节是构词或构型的前缀，例如 tɤŋ pat“菜板”中的 tɤŋ 意为“藤、藤条”，是构词，而 ka tai“兔子”中的 ka 是不成词语素。与京语、莽语、克蔑语、布朗语相比，布兴语中的次要音节比较丰富，约有 30 个。与关系较近的克木语的 37 个次要音节相比，布兴语的次要音节则少了一些。潘悟云（2002）认为“次要音节是双音节语素向单音节语素发展过程中的中间环节”，这一点在布兴语中就有具体的表现。

布兴语双音节的单纯词还有双声型的，例如：mɤŋ mɔŋ“锣”、mɔk mɤi“雾”、sap san“肉”、soŋ sɑŋ“蜻蜓”、ke kɔ“螳螂”等等；叠韵型的，例如：mai srai“篙”、

kɤ mɤ“麦子”、sɤŋ mɤŋ“星星”、ra la“冰或雹子”、pɔk lɔk“盒子”等等；重叠型的，例如：mu mu“影子”、ʃiŋ ʃiŋ“狮子”、khɯt khɯt“判”等等。除个别多音节借词会看作是单纯词之外，多音节单纯词在布兴语中比较少见。

高永奇对布兴语的 2084 个常用词做了统计，[①] 单音节词有 719 个，占 34.5%，双音节词有 933 个，占 45%。其中，双音节词也是包含了一定数量的一个半音节和词组，统计结果趋势与我们的研究是相一致的。因此，布兴语是一种以单音节、一个半音节为主的语言，它具有分析性语言单音节性为主的特征。

二、从复合词看布兴语的分析性特点

布龙菲尔德在《语言论》中指出，语言之间在词法上的差异大于句法上的差异。通过分析复合词的特点，进一步认识复合词的语法特性，找出分析性语言在复合词中所具有的不同特点，与非分析性语言的复合词存在什么区别，也可以增进对一种语言特点的认识。布兴语的词由单纯词和合成词构成。合成词主要采用复合、派生和内部屈折的构成方式，其中派生手段有加前缀、中缀两种，内部屈折有变换元音、变换辅音及增加尾音等音变形式。复合词在结构上主要有联合、偏正、动宾、补充、主谓五种类型。

（一）联合式

由两个意义相同、相反或相关的词根并列组合而成。在布兴语中，并列式复合词和汉语构词方式大同小异。例如：

ˀui + ˀait = ˀuiˀait
弟弟 哥哥 兄弟姐妹
le + kan = le kan
丈夫 妻子 夫妻
mǎt + mɯ + mǎt + khɤn = mǎt mɯ mǎt khɤn
一 天 一 夜 昼夜

（二）偏正式

以一个词根为主，另一个词根起修饰限定作用。布兴语的偏正式复合词一般是中

① 高永奇：《布兴语研究》，北京，民族出版社，2004。

心语在前，修饰语在后。这与佤语、布朗语、克木语、克蔑语基本一致，但是与莽语、布庚语、俫语及汉语有差别，汉语一般是将修饰语放在中心语的前面。例如：

ra + han = rahan　　水　大　海洋

plu + niŋ = pluniŋ　　腿　粗　大腿

ɳa + kɑn = ɳakɑn　　房子　小孩　子宫

kɤ daŋ + ˀɔr = kɤ daŋ ˀɔr　　蛋　黄　蛋黄

布兴语偏正式的合成词数量最多，高永奇根据词根之间的关系将其分为 3 个小类，具体如下：①

1. 上位名词性语素 + 下位名词性语素

tʃŏˀ + ɳe tʃi = tʃŏˀ ɳe tʃi　　病　疟疾　疟疾

baˀ + ʃiŋ tsɿ = baˀ ʃiŋ tsɿ　　果子　杏子　杏子

在汉语中，受右手中心词规则的影响，也要受到韵律的制约，上位名词性语素一般是放在单音节后面，例如：兰花、菊花、梅花、莲花等。

2. 名词性语素 + 形容词性语素

thak + hɤr miɯh = thak hɤr miɯh　　水牛　公　公牛

mɔ + ʒɑŋ = mɔ ʒɑŋ　　锅　铁　铁锅

tʃi ˀoŋ + niŋ = tʃi ˀoŋ niŋ　　树　大　大树

nam ŋoin + ˀoit = nam ŋoin ˀoit　　糖　红　红糖

3. 名词性语素 + 名词性语素

tɤr + kuai bɔˀ = tɤr kuai bɔˀ　　角　黄牛　牛角

san + pu naŋ = san pu naŋ　　顶　山　山顶

kɤn trɔk + tʃi ˀoŋ = kɤn trɔk tʃi ˀoŋ　　皮　树　树皮

khɛp + pĭt = khɛp pĭt　　鞋　布　布鞋

ˀuan + mah = ˀuan mah　　碗　饭　饭碗

① 高永奇：《布兴语研究》，北京，民族出版社，2004。

中心语素在后的形式，如：

bar + lɔm = bar lɔm　　　　ˀɔm + pɔ = ˀɔm pɔ
花　球　花蕾　　　　水　井　水井

（三）动宾式

前一个词根表示动作、行为，后一个词根表示动作、行为支配的事物，词根之间有支配和被支配的关系，这与汉语一致。例如：

tuˀ + ŋoin = tuˀ ŋoin　　　　tĔˀ + tiau = tĔˀ tiau
吃　糖　结婚　　　　做　跳　跳高

sai + tʃi naŋ = sai tʃi naŋ
赔偿 钱　赔钱

（四）补充式

后一词根补充说明前一词根，以前一词根的意义为主，词根之间有补充说明关系，这与汉语一致。

pŭt + klak = pŭt klak　　　　dăk + kɑi = dăk kɑi
砍　顶部　砍倒　　　　拿　来　拿来

lik + sɔˀ = lik sɔˀ
离　逃走　抛弃

（五）主谓式

一词根表示陈述的事物，另一词根是陈述这一词根的，词根之间有陈述和被陈述的关系。例如：

kɯt + pu ʒaˀ = kɯt pu ʒaˀ　　　　tʃŏˀ + sam = tʃŏˀ sam
心理　害怕　怀疑　　　　痛　心　着急

在布兴语中，偏正式合成词数量最多，主谓式复合词数量比较少。其中，联合、动宾、补充型复合词与汉语复合词构成方式基本一致，主谓、偏正两种类型的复合词与汉语也大同小异。此外，名词复合词（N-N）也是布兴语常用的构词方法，在高永奇根据词根关系所划分的三小类词中，有两小类就是名词复合词。这种名词复合词在一定程度上也丰富了布兴语的双音节，这是其分析性特点的具体表现。[①]

三、从韵律特征看布兴语的分析性特点

每一种自然语言都有其自身的韵律特征。汉语句子内部间断多，连续性低；英语句子的情况与汉语相反，这种现象和语言自身的韵律特征有密切关系。因为不同语言韵律的强度和特点不同，并且这与该语言的分析性强弱有关系。一般将出现在构词中的韵律称为“词法韵律”，出现在句法结构中的韵律称为“句法韵律”。双声叠韵、双音节化、元音和谐、重叠等都是韵律常见的几种形式。如上文所述，布兴语的单纯词大多是单音节，也有一些双音节单纯词，双音节的单纯词有双声、叠韵、重叠等形式。

第一，元音舌位高低搭配。在并列复合词结构中，前一音节的元音舌位比后一音节的高。

le + kan = le kan　　　　ˀui + ˀait = ˀuiˀait

丈夫 妻子 夫妻　　　　弟弟 哥哥 兄弟姐妹

tsɿ ˀoŋ + tsɤr mɤh = tsɿ ˀoŋ tsɤr mɤh

树　藤　植物

第二，音节前弱后强组合。在布兴语的一个半音节单纯词中，前面的次要音节只有构形的作用，没有实际意义，是一个弱化音节。

sɤŋ mɤŋ　　　　sɿ nɔm

星星　　　　血

kɤl na　　　　tsɿ lia

叶子　　　　雨

① 高永奇：《布兴语研究》，北京，民族出版社，2004。

第三，双声单纯词主要元音符合前后元音响度原则，即双声中第二个音节要比第一个音节响度高。

soŋ sɑŋ 蜻蜓
ki kak 癣
ʃi ʃɛ 脉络
sap san 肉
ke kɔ 螳螂
li la 芦苇
loŋ lap 蝴蝶
mɤŋ mɔŋ 锣

第四，叠韵单纯词两个音节在声母组合上也是符合音节响度原则的，但也有例外。

sɤŋ mɤŋ 星星
kɤ mɤ 麦子
mu khu 伴
ra la 冰（雹子）
pɔk lɔk 盒子
mai srai 篙

第五，重叠单纯词在布兴语中比较少。

mu mu 影子
khɯt khɯt 判

除了典型的双声、叠韵和重叠外，布兴语中还有一些联绵词在前后音节元音或辅音上追求一致。例如：

tal mɔl 界限
pu kɔ 猫头鹰
ra vai 老虎
pa la mɔ 盖子
pi he 今年
ka tai 兔子
kɑn rai 蝌蚪

另外，布兴语中的外来词多数借用傣语和汉语。云南西双版纳傣族自治州勐腊县磨憨镇的南欠村和勐伴镇卡咪村的布兴成年人一般都会讲汉语，部分人还会讲傣语。其中，在汉语借词中也存在类似双声、叠韵的情况。例如：li si“利息”、suɔ səŋ“学生”、fəŋ tsəŋ“风筝”。我们可以看出，在布兴语复合词中具有较为丰富的双声、叠韵的语言韵律，即便是在借用汉语词时，他们也比较注重韵律。

四、从基本语序看布兴语的分析性特点

布兴语的语序和我国其他孟高棉语基本一致，都属于 SVO 型语序（佤语、布朗语阿佤方言关双话为 VSO）。由于缺乏形态变化，语序和虚词是其主要使用的语法手段。从动词与名词、动词与副词、形容词与副词以及定语和中心语语序几类基本语序，我们来探讨布兴语的语序特点。

（一）动词与名词的语序

miau krup praŋ. 猫捉老鼠。
猫 捉 老鼠
S V O

ʒɔ nɔ nam ŋoin ˀoit. 我喜欢红糖。
我 喜欢 红糖
S V O

（二）动词与副词的语序

布兴语中由动词和方式副词构成的短语，一般是动词在前，方式副词在后。动词和否定副词构成的短语，否定副词在前，动词在后，这和汉语、佤语、德昂语、克木语、布朗语等一致。

ʒau hau he 这么长
长 这么
V AM

tuˀ nam bi 怎么吃
吃 怎么
V AM

ba tɛŋ 不喝
不 喝
AN V

ba san 别推
别 推
AN V

（三）形容词和副词的语序

布兴语中形容词可以受程度副词、否定副词的修饰，一般程度副词都在形容词的后面。但在形容词和否定副词构成短语时，和动词的情况一样，否定词要放在形容词的前面。

tăm năk 很低
低 很
Adj AD
kɤ nɤŋ năk 很多
多 很
Adj AD

niŋ klai 最大
大 过于
Adj AD
ba ʃa^{ʔ} 不甜
不 甜
AN Adj

（四）定语和中心语的语序

布兴语的形容词定语、动词定语、代词定语和数量定语都要放在中心语的后面，但是在词组中也有数量定语放在中心语前面的情况。

sam tɔ mar 三条蛇
三 条 蛇
Num Qu N
khɔ sam duaŋ 三把锄头
锄头 三 把
N Num Qu

ko^{ʔ} bŭk măt van 一杯白酒
白酒 一 杯
N Num Qu

布兴语句子基本成分的语序还需要进一步研究。从上面我们看到，布兴语中除了定语和中心语语序存有数量定语放在中心语之后，其他动词与宾语、动词与副词、形容词与副词的基本语序是比较固定的。除了基本语序之外，布兴语的虚词也是值得关注的。在不同语气的句子句尾，布兴语使用不同的语气助词。一般陈述的句子句末用 ^{ʔ}ɔ，在表示强调肯定语气时用 mɤ ʒiu，在表示请求、建议时多用 nɤ。基本成分语序固定及虚词丰富，这些特征均与布兴语的缺乏形态变化紧密相关，是其分析性特征的具体表现。

五、布兴语的黏着性特点

布兴语的黏着性特点主要体现在形态构词方面，附加词缀、内部屈折是其形态构词的主要手段。附加词缀有前缀和中缀两类，其中一般认为布兴语中缀有四类，兼具构词和构形功能。相对于中缀而言，布兴语的前缀情况较为复杂，与次要音节有着密切的关系。作为音韵层面的次要音节，与构词层面上的前缀、词头相联系，这是南亚语黏着性特征的体现。

根据构词和构形功能，布兴语的前缀可以分为两类，一类没有实际词义，单纯地作为语音形式，只有构形作用。例如，pɤŋ ŋai“眼睛”中的次要音节 pɤŋ，它没有实际的词义和语法意义。另一类是具有实际词义的前缀或词头，兼具构形和构词功能。例如：thai“犁，动词”，加上前缀“rɤŋ”变为 rɤŋ thai“犁头，名词”；kuǎih“扫”，加上前缀“rəŋ”变为 rəŋ kuǎih“扫把”，“rɤŋ”“rəŋ”可以将动词变成名词。反之，在动词 dǔp“盖”前加上词头“kɤn”“……子”则变成了名词 kɤn dǔp“被子”。此外，还有诸如 kɤr、tɤ 等词头，都具有比较固定的词义，主要起构形和构词的作用。值得一提的是，布兴语中还有一些不具有实际词义但具有语法意义的前缀。例如：rɤ 为“毁坏”（非主动义），加上前缀 kən 则变成 kən rɤ，意为“损坏”，含有了主动义；dɔk 为“干旱”，加上前缀 tɤr 变成 tɤr dɔk，意为“晒干”。诸如此类的前缀或词头，我们不能将其视为次要音节。高永奇曾指出，[①] 布兴语中具有实际词义的前缀，在语音上已经弱化成为一个次要音节，词义上虚化为一个抽象意义的词头，功能上已经从一个独立词变成一个前缀。这客观地反映了布兴语派生合成词的实际情况，也很好地说明了布兴语次要音节在构词中的作用。

布兴语派生合成词还有中缀，中缀构词形式在其他孟高棉语中已经比较少见了，但在布兴语中还一直保留着 -r-、-m-、-n-、-l- 四类，兼具构词和构形功能。由于中缀的出现，使得原来是一个音节的词语变为双音节，其中前一音节在语音上弱化变为次要音节。例如，teŋ“抽，动词”加上“-r-”变为 treŋ“抽泣”，使得词义从具体义变为抽象义；pu lai“扇，动词”加上“-r-”变为 pɯr lai“扇子，名词”。此外，在布兴语中的一些汉语借词中，通过加中缀来构形，例如：汉语西南官话中的 kai“街”，通过加中缀 -l-，称为 khuilɤt。比较有趣的是，布兴话的中缀构词在对待汉语借词时，一般会将汉语的单音词改为一个半音节的双音词。例如：汉语“钱”，借到布兴语中为 tʃi naŋ。

内部屈折有变换元音、辅音，增加韵尾辅音等音变形式，这在其他孟高棉语中也广泛存在。例如，skai“小麦”变换元音后为 skɔi“小米”，praŋ“老鼠、田鼠”变换辅音韵尾为 prak“松鼠”。此外，通过变换元音会使得“主动”“非主动”的语法意义，例如 rap“握，非主动”变换元音为 rəp“抓住，主动”。

以上都是布兴语黏着性的一些特征，但是这些并不是其构词的主要手段。所以，我们认为布兴语是以分析性为主兼有黏着性特征的语言。

① 高永奇：《布兴语研究》，北京，民族出版社，2004。

六、余论

布兴语是新发现语言之一，高永奇曾对其进行了调查，并对其基本特点和语言面貌进行了描写和研究，此外学界关于布兴语的研究成果比较少。布兴语属于无声调语言，又缺乏形态变化，主要依靠语序和虚词作为主要语法手段。我们通过对布兴语单音节数量比例，复合词构成类型，双声、叠韵、重叠等词法韵律特征和基本成分语序的分析，认为布兴语的分析性特点较为明显。虽然，布兴语中也存有通过附加词缀、内部屈折等手段的形态构词，保留了孟高棉语 -r-、-m-、-n-、-l- 的中缀派生合成词，也不乏通过变换元音、变换辅音、增加韵尾辅音等音变形式的内部屈折手段，但是这些并不是布兴语构词的主要手段。所以，我们认为布兴语是以分析特点为主又兼有较多黏着、屈折性特点的分析性语言。

随着下一步的调查，我们将从布兴语语法、语音两个层面逐一去提取分析它的语言特点。例如从布兴语词义的扩展手段、词语的活用、短语的类型及其语法标志等词法方面去考察其存在的特点，从差比句、双宾句及复句是如何构成的，复句连词是否丰富等方面去进一步探讨其句法特点。基于调查语料，从语音跟语法界面、共时跟历时角度，进一步对布兴语的分析性特点进行深入的挖掘，揭示出其更多的语言规律。

参考文献

［1］戴庆厦 . 汉语的特点究竟是什么 . 云南师范大学学报（哲学社会科学版），2014（5）.

［2］戴庆厦，闻静 . 论“分析性语言”研究眼光 . 云南师范大学学报（哲学社会科学版），2017（5）.

［3］戴庆厦 . 再论汉语的特点是什么——从景颇语反观汉语 . 民族语文，2017（2）.

［4］高永奇 . 布兴话构词方式说略 . 语言研究，2002（3）：121-125.

［5］高永奇 . 布兴语研究 . 北京：民族出版社，2004.

［6］李云兵 . 中国南方民族语言语序类型研究 . 北京：北京大学出版社，2008.

［7］颜其香，周植志 . 中国孟高棉语族语言与南亚语系 . 北京：中央民族大学出版社，1995

瑞丽傣语 ju^{21} 的语法化

伦静[①]

瑞丽傣语属汉藏语系壮侗语族语言，是缺乏词形变化、词序比较固定、虚词使用丰富的分析性语言。ju^{21} 虚实兼用。作为动词是“居住、在”的意思，是一个高频词；虚词的用法，既能作介词，又能作体助词和语气词。本文以云南省德宏傣族景颇族自治州瑞丽市勐卯镇西门村的傣语为描写对象，试从共时角度对傣语 ju^{21} 的用法功能进行分析，探讨其语法化的形成路径和类型学属性。

一、瑞丽傣语 ju^{21} 的用法

瑞丽傣语动词 ju^{21} 经过语法化，由实变虚，虚实并存。从共时层面看，ju^{21} 的用法有：作动词、介词、体助词和语气词。

（一）ju^{21} 作动词用

瑞丽傣语 ju^{21} 作实义动词，其义有两种，一是表“居住”义，二是表“在”义。在句子中作谓语或谓语中心成分，能带宾语。

作“居住”义动词：

man^{453} jaŋ^{33} ju^{21} tə^{55} po^{33}me^{33}xau^{24}.　　他不跟父母一起居住。
他　不　居住 同 父 母 他们

hən^{453}laŋ^{24}man^{453}ju^{21}lan^{55}kaːŋ^{42} te^{55}te^{55}.　　他住的那栋房子很宽敞。
房子 栋 他　住 那 宽敞 非常

---

① 本文作者是瑞丽傣族，熟练掌握瑞丽傣语。

kau^{33}ka^{21}ju^{21}hən^{453}xau^{24}.　　我去他家住。

我　去 住 家　他

作“在”义动词：

mə^{33}va^{453} kau^{33} ju^{21} hən^{453} taŋ^{453} van^{453}.　　昨天我一整天在家。

昨天　我　在　家　整　天

man^{453} ju^{21} pə^{42} tsin^{33}.　　他在北京。

他　在　北　京

xau^{42} ju^{21}laɯ^{453} seŋ^{21}.　　饭在橱柜里。

饭　在 里　橱柜

（二）ju^{21} 作介词用

动词 ju^{21} 可以虚化为介词，引介处所成分作状语，构成“ju^{21}+NP”的介宾结构，表示谓语动词发生的具体位置，介词 ju^{21} 后的宾语可以由名词、指示代词、疑问代词或方位短语等充当。介宾结构“ju^{21}+NP”作状语时常常前置于谓语动词，但也可后置于谓语动词。

介词短语“ju^{21}+NP”前置于谓语动词：

kau^{33} ju^{21} hən^{453} tom^{42} p^{h}ak^{24} he^{55}.　　我正在家煮菜。

我　在　家　煮　菜　着

man^{453} ju^{21} ti^{33}t^{h}an^{42} ʔau^{33} laːi^{453}.　　他在那里学习。

他　在　那里　拿　文字

man^{453} ju^{21} ti^{33}t^{h}aɯ^{24} sak^{55} sə^{42}?　　他在哪里洗衣服？

他　在　哪里　洗　衣服

me^{33} tu^{33}　ju^{21} lə^{24} ku^{21} ŋiak^{33} he^{55}.　　我妈妈在床上躺着。

妈　我们 在　上　床　躺　着

介词短语“ju^{21}+NP”后置于谓语动词：

lok^{55}to^{33}lai^{55}men^{33}ju^{21}lə^{24}ho^{24}man^{453}he^{55}.　　这只鸟在他头上飞着。

鸟　只 这　飞　在 上 头 他　着

xau^{42}tse^{33}ju^{21}laɯ^{453}ʔaːŋ^{21}. 饭在盆里泡着。
饭 泡 在 里 盆

上面例句中的 ju^{21} 动词性减弱，虚化为介词，作句子的状语，指出谓语动词发生时的具体位置。ju^{21} 带的宾语分别是名词 hən^{453}“家”、指示代词 ti^{33} tʰan^{42}“那里”、疑问代词 ti^{33}tʰaɯ^{24}“哪里”、lə^{24}ku^{21}“床上”、方位短语 lə^{24}ho^{24}“头上”和方位短语 laɯ^{453}ʔaːŋ^{21}“盆里”。

瑞丽傣语中处所介词短语“ju^{21}+NP”作状语时，其位置显得较为灵活，可前置也可后置于谓语动词。原因何在？我认为，处所介词短语“ju^{21}+NP”前置于谓语动词的形式可能借自汉语。瑞丽傣语受汉语的影响，借入了汉语“处所介词短语前置于谓语动词”的语法形式。亲属语言中也出现这样的情况。正如韦景云指出，壮语的 ʔjou^{24} 作介词时，受汉语的影响，可前置也可后置于谓语动词，其前置形式更为普遍，甚至已有取代之势。① 吴福祥认为：“东南亚语言在‘居住’义语素的多功能模式及其演化路径上具有相似性，其扩散源很有可能是汉语。”② 可见，瑞丽傣语处所介词短语前置于谓语动词的形式很大可能是语言接触的产物。处所介词短语的后置形式应是瑞丽傣语原始的语法形式之一。瑞丽傣语中其他介词例如趋向介词 to^{21}“对、向”、时间介词 tsem^{33}“从、于”和原因介词 kuap^{33}“因为”都需后置于谓语动词。例如：

maɯ^{453}taːn^{42}to^{21}pʰaɯ^{24}? 你对谁说？
你 说 向 谁
me^{33} xau^{24} pen^{33} tsem^{33} pi^{33}kaːi^{33} hau^{55}. 他母亲从去年（就）病了。
母亲 他们 病 从 去年 了
man^{453} taːi^{33} kuap^{33} maɯ^{453}. 他因你而死。
他 死 因为 你

以上例句的介词 to^{21}、tsem^{33} 和 kuap^{33} 在句中作后置状语。介词虽都位于谓语动词之后，但其语法功能跟汉语中的补语不同，而与状语相同。

（三）ju^{21} 作体助词用

体范畴是指用形态手段或虚词这类分析性手段来表达的一种语法范畴。戴耀晶从

① 韦景云：《壮语 jou~^{5} 与泰语 ju~^{5} 的语法化差异分析》，载《中央民族大学学报》（哲学社会科学版），2007（6），139 页。

② 吴福祥：《东南亚语言“居住”义语素的多功能模式及语法化路径》，载《民族语文》，2010（6），9 页。

事件角度对体提出了定义，他认为：“体是观察时间进程中的事件构成的方式。”① 体虽然与时间有一定的关系，但不以说话时间为参照。从不同的角度观察某一事件的动作和行为，会得到不同的情景，表达出不同的体意义，例如完成体、进行体、持续体、反复体、完整体等。

瑞丽傣语动词 ju^{21} 经过语法化，可以虚化为体助词。ju^{21} 是瑞丽傣语中典型的体标记。体助词 ju^{21} 具体可细分为两种体意义：持续体和进行体。

1. ju^{21} 作持续体助词

持续体是对某种静态谓词所表的持续状态的观察。② 句子的谓语要求是静态形容词或静态动词，不关注动作行为的起点和终点。

当句子的谓语动词是静态形容词，持续体 ju^{21} 经常与 taŋ^{453} “还” 相搭配，构成 “taŋ^{453} + 形容词 + ju^{21}” 格式，ju^{21} 放在形容词之后，表达某种 “依然如故、没有变化” 的持续状态。例如：

lam^{55}mai^{42}tau^{42}lan^{55}taŋ^{453}mai^{42} ju^{21}. 那瓶热水还烫着。

水 热 瓶 那 还 热 体标记

ʔa^{33}saːk^{33} man^{453} taŋ^{453} lum^{21} ju^{21}, mo^{24}suŋ^{24}t^{h}iaŋ^{42} le^{33}.

年纪 他 还 嫩 体标记 会 高 再 语气词

他年龄还小，还会长高的。

van^{453} taŋ^{453} jaːu^{453} ju^{21}, pe^{21}maːŋ^{55}ka^{21}hən^{453}. 时间还长，别着急回家。

太阳 还 长 体标记 别 忙 回 家

上面例句中的体助词 ju^{21} 分别表达 “水热”“年纪小”“时间长” 这些状态的持续存在。表面上，傣语 ju^{21} 的 “持续体” 特征似乎是由副词 taŋ^{453} “还” 体现，而不是 ju^{21}。实际上，上述例句可以去掉 taŋ^{453}，句子的语义并没有发生变化，可将上面的三个例句说成：lam^{55}mai^{42}tau^{42}lan^{55} mai^{42} ju^{21}, ʔa^{33}saːk^{33} man^{453} lum^{21} ju^{21}, mo^{24}suŋ^{24}t^{h}iaŋ^{42} le^{33}, van^{453} jaːu^{453} ju^{21}, pe^{21}maːŋ^{55}ka^{21}hən^{453}。这表明，ju^{21} 本身就具有表示某种状态持续的语法特征。

当句子的谓语是静态动词时，持续体助词 ju^{21} 与谓语动词之间没有黏着力，可以与谓语动词连用，也可不连用。例如：

maɯ^{453} hu^{55} ju^{21}. 你知道的。

你 知道 体标记

① 戴耀晶：《现代汉语时体系统研究》，5 页，杭州，浙江教育出版社，1997。

② 刘丹青：《语法调查研究手册》，467 页，上海，上海教育出版社，2017。

kau^{33} mi^{453} ŋən^{453} ju^{21}. 我有钱的。
我 有 银子 体标记
me^{33} tu^{33} jaŋ^{33} mo^{24} xa^{24} kau^{33}, man^{453} han^{24} kau^{33} ʔuak^{21} hən^{453} ju^{21}.
妈 我们 不 会 找 我 她 看 我 出 家 体标记
我妈妈不会找我的，她看到我（从家）出来了的。

2. ju^{21} 作进行体助词

体助词 ju^{21} 作进行体助词，强调动作进行的过程，不关注动作的起点和终点。句子的谓语要求是动态动词。进行体助词 ju^{21} 常与副词 tək^{55} “正在” 相搭配，形成 “tək^{55} + 动词 + ju^{21}” 格式。例如：

man^{453} tək^{55} luan^{453} ju^{21}. 他还睡着呢。
他 还 睡 体标记
xau^{24} tək^{55} tsin^{33} xau^{42} ju^{21}. 他们正在吃着呢。
他们 正 吃 饭 体标记
kau^{33} tək^{55} tiam^{21} laːi^{453} ju^{21}. 我正在写字呢。
我 正 写 字 体标记

（四）ju^{21} 作语气词用

瑞丽傣语 ju^{21} 作陈述语气词时，在语义上兼具持续体的意义。体范畴功能与语气功能融合交叉，共用同一种形式，表达出完整而丰富的语义。

ju^{21} 作陈述语气词，表达保证和肯定的语气。用于肯定陈述句。

me^{33} maɯ^{453} tam^{453} tsaɯ^{33}, kau^{33} mo^{24} het^{24} li^{33} li^{33} ju^{21}.
妈妈 你 放 心 我 会 做 好 好 语气词
妈妈你放心，我会好好办事的。
meu^{453} man^{453} tsin^{33} lan^{55}, kau^{33} tsin^{33} ju^{21}.
种类 他 吃 那 我 吃 语气词
他吃的那种（食物），我（一直）吃的。
sə^{42} fun^{24} lai^{55} man^{453} tsek^{55} ju^{21}.
衣服 件 这 她 喜欢 语气词
这件衣服她喜欢的。

kon^{453} ko^{55} mə^{33}va^{453} maɯ^{453} taːn^{42} lan^{55} kau^{33} tuaŋ^{453} lai^{4} ju^{21}.
人 个 昨天 你 说 那 我 记 得 语气词
昨天你说的那个人，我记得呢。

例句中的 ju^{21} 在表达保证和肯定语气的同时，还兼表持续体的语义特征。在语义上透露出动作行为是持续进行或一直保持的。上面例句把句末的 ju^{21} 替换为肯定语气词 hə^{42}，句子的语气意义保持不变，表示说话人对事件的肯定，但再无持续体的语义特征。语气词 hə^{42} 只单纯地表示肯定语气，可以译为现代汉语的“的”。上面的四个例句可以改为：

me^{33} maɯ^{453} tam^{453} tsaɯ^{33}, kau^{33} mo^{24} het^{24} li^{33} li^{33} hə^{42}.
妈妈 你 放 心 我 会 做 好 好 语气词
妈妈你放心，我会好好办事的。
meu^{453} man^{453} tsin^{33} lan^{55}, kau^{33} tsin^{33} hə^{42}.
种类 他 吃 那 我 吃 语气词
他吃的那种（食物），我能吃。
sə^{42} fun^{24} lai^{55}, man^{453} tsek^{55} hə^{42}.
衣服 件 这 她 喜欢 语气词
这件衣服她喜欢的。
kon^{453} ko^{55} mə^{33}va^{453} maɯ^{453} taːn^{42} lan^{55}, kau^{33} tuaŋ^{453} lai^{42} hə^{42}.
人 个 昨天 你 说 那 我 记 得 语气词
昨天你提起的那个人，我记得的。

ju^{21} 可用于将来时态。尽管句子的动作行为尚未发生，但可以被保证和确认。例如：

maɯ^{453} to^{33} ʔuaŋ^{24}suŋ^{24} suŋ^{24} la^{42}, maɯ^{453}ti^{24} xa^{24}hak^{24}ju^{21}.
你 就 跳 高 高 语气词 你 将 腿 断 语气词
你就跳那么高吧，你的腿会断的。
maɯ^{453}to^{33}t^{h}eŋ^{24}sop^{24}t^{h}eŋ^{24}xaːm^{453}, ti^{24} lai^{42}hai^{42} ju^{21}.
你 就 辩论 嘴 辩论 话 即将 得 哭 语气词
你就回嘴吧，你即将会（被骂）哭的。

例句的动作行为虽然尚未发生，但因为句末 ju^{21} 的语气作用，这些动作行为被保证和确认过。

瑞丽傣语体助词 ju^{21} 和语气词 ju^{21} 两个范畴出现了交叉和融合的现象，共用同一种形式，反映出真实而丰富的语义。

（五）虚词 ju^{21} 的并用现象

前面分析，瑞丽傣语动词 ju^{21} 可以语法化为介词、体助词和语气词单独使用。同时，句子中虚词 ju^{21} 和实词 ju^{21} 可以共现，存在虚实并用的现象。

su^{453}tuaŋ^{453}haɯ^{42} ja^{33} hau^{453} ju^{21}məŋ^{453}pən^{33} ju^{21}li^{33}tsin^{33}vaːn^{24}.
祝愿 给 奶奶 我们 在 城市 别人 住 好 吃 甜
祝愿奶奶在异乡住得好吃得好。
meu^{453}man^{453}tsin^{33}lan^{24}, kau^{33}ju^{21}hən^{453} tu^{33} tsin^{33}ko^{21}ju^{21}.
种类 他 吃 那 我 在 家 我们 吃 过（语气词）
他吃的那种，我在我家吃过的。
jaːm^{453}lai^{55}man^{453}tək^{55}ju^{21}hən^{453}ju^{21}, ka^{21}xa^{24}lua^{55}.
时候 这 他 正 在 家 体助词 去 找（语气词）
现在他正在家，去找呀。
pai^{21}liaŋ^{24} kau^{33}, kau^{33}mo^{24}ju^{21} li^{33}li^{33} haːŋ^{453}kuai^{453}kau^{33}ju^{21}.
别 担心 我，我 会 住 好 好 自己 我 （语气词）
别为我担心，我会自己好好生活的。

第一个例句是介词 ju^{21} 和动词 ju^{21} 并用，第三个例句是动词 ju^{21} 和体助词并用，第四个例句是动词 ju^{21} 和语气词 ju^{21} 并用。

二、瑞丽傣语 ju^{21} 的语法化路径

综上所述，ju^{21} 在句子中有四种用法，可以作动词、处所介词、体助词和语气词，都是通过虚化而形成的。ju^{21} 的几种用法和语法意义存在密切的关系，它们之间的关系非常密切且有迹可循。下面探讨 ju^{21} 的语法化历程。

瑞丽傣语动词 ju^{21} 同时具有"居住"和"在"两种语义和用法，二者的演化方向是什么？我认为，瑞丽傣语 ju^{21} 语素作动词时，其语义的演变方向是"居住"义动词→

“在”义动词，即“居住”义动词的“ju^{21}”是语法化路径的起点。为什么？在概念上“居住”隐含“在”：某人“居住”在某地也就意味着此人“在”某地，而一个词语的隐含义相对其固有义，往往是后来衍生的意义。而且，“居住”指称的是一种活动，“在”断言的是一种状态，语义上前者较后者具体而实在，而语义演变的规律通常是由具体到抽象、由实在到泛化[①]。

任何一个词的语法化过程都是渐变的，瑞丽傣语 ju^{21} 的四种用法不是一开始就有的，而是语法化的结果，这四种用法也不是同步进行的。用语法化的眼光来看，一个语言形式的变化是渐变的，而不是突变的，它沿着下面的路径虚化：实词→语法词→附着成分→形态标记。[②] 在瑞丽傣语 ju^{21} 的四种用法中，“居住”义动词 ju^{21} 和“在”义动词 ju^{21} 均是意义实在的动词。由此可以看出，语法化的起点应是从动词 ju^{21} 开始。语义演变的规律通常是由具体到抽象、由实到虚，而介词 ju^{21} 与动词 ju^{21} 相比，动词性减弱，语义变虚；二者虽然都表达空间概念，但动词 ju^{21} 为词汇范畴，语法性弱，介词 ju^{21} 为功能范畴，语法性强。由此认为，介词 ju^{21} 是由动词 ju^{21} 语法化而来。动词 ju^{21} 语法化为介词，之后常带名词、指示代词、疑问代词或方位短语等成分构成介宾短语，在句中作状语，这使得介词 ju^{21} 跟谓语动词界限分明。介词 ju^{21} 与体助词 ju^{21}、语气词 ju^{21} 相比较，体助词 ju^{21} 和语气词 ju^{21} 的语法化程度更高。从意义上看，当 ju^{21} 在句末充当体助词和语气词时，语义上有了变化，其意义变得更加虚化。词义的虚化是介词 ju^{21} 进一步语法化的表现，这是体助词 ju^{21} 和语气词 ju^{21} 形成的必要条件。从形式上看，随着 ju^{21} 语法化为体助词，它与谓语动词之间的关系也发生变化，体助词 ju^{21} 紧跟在动宾短语之后，它们之间没有其他成分插入。对于语气词 ju^{21} 来说，句末位置是它语法化的必要条件。因此可以说，语气词 ju^{21} 和体助词 ju^{21} 是介词 ju^{21} 进一步语法化的结果。综上所述，瑞丽傣语 ju^{21} 的语法化路径为：动词 ju^{21} →介词 ju^{21} →体标记 ju^{21}/ 语气词 ju^{21}。

三、瑞丽傣语 ju^{21} 多功能用法的形成受分析性语言特点的制约

语言语法特点的形成和演变受语言类型特点的制约。把握住语言类型的特点分析语言，就能发现一些使用一般性语言研究方法所不能看到的新现象，能够揭示语言的深层特点。[③] 分析性语言在语音、语法、词汇、语义等方面都有自己不同于非分析性

① 吴福祥：《东南亚语言“居住”义语素的多功能模式及语法化路径》，载《民族语文》，2010（6），9 页。

② 石毓智、李讷：《汉语语法化的历程：形态句法发展的动因和机制》，82 页，北京，北京大学出版社，2001。

③ 戴庆厦、闻静：《论“分析性语言”研究眼光》，载《云南师范大学学报》（哲学社会科学版），2017（5），1 ~ 2 页。

语言的特点。瑞丽傣语属于分析性语言，单音节词根比例大，缺乏词形变化，词的义项多，主要靠虚词和语序表达语法意义。这些分析性特点是瑞丽傣语 ju^{21} 多功能用法产生的催化剂。从瑞丽傣语 ju^{21} 的多功能用法来反观，能够确认 ju^{21} 的语法多功能性与傣语分析性特点的不断增强有关。主要体现在以下方面。

（一）单音节词根促进“一词兼数职”语法化模式的发展

瑞丽傣语的单音节词根在词汇中所占比例大，单音节词是瑞丽傣语表义的主要单位。随着表义需求的扩大，只能通过语法化的手段达到“一词兼数职”，使得同一个词可以表达不同的语法范畴。在 207 个核心词（斯瓦迪士）中，单音节词有 188 个，占 90.8%，双音节词有 18 个，占 8.7%，三音节词只有 1 个，占 0.5%。其中双音节词和三音节词全为复合词，无单纯词。词汇的单音节性促进了瑞丽傣语词类的语法化演变，推动“一词兼数职”语法化模式的发展。动词 ju^{21} 从实到虚的演变正是“一词兼数职”语法化模式的体现。

（二）虚词的活跃发展推动“动词虚化”机制

语言的语法手段与语言的类型特点有关。作为分析性特点显著的瑞丽傣语，由于缺乏词形变化，虚词成为瑞丽傣语重要的语法手段之一，句子的表情达意离不开介词、助词、语气词这些能够表达句法关系的虚词。由于动词是词汇中表实词意义最多最常用的词，傣语实词语法化中表现得最为明显的是动词的语法化，语法化后的动词获得新的语法意义和功能，满足人们表义的需求。

虚词的活跃发展，推动了瑞丽傣语“动词虚化”这一机制的发展。瑞丽傣语“动词→介词→虚词”的语法化路径并非偶然现象，这一语法化模式在瑞丽傣语其他动词中也有表现。

如：$saɯ^{21}$ 作动词有“充满、填入、安放”之义，可语法化作介词和助词。作介词时，$saɯ^{21}$ 位于动词和宾语之间，表示动作施及某物。作助词时，表示动作有所施及。

作动词：	$saɯ^{21}$ xau^{42} 盛饭 盛　饭	$saɯ^{21}$ fun^{453} 添柴火 放　柴
作介词：	lam^{55} t^hum^{42} $saɯ^{21}$ $maːn^{42}$. 水　淹　（介词）村	水淹到村寨。
	fai^{453} mai^{42} $saɯ^{21}$ kon^{33}. 火　热　（介词）裤子	火烧着裤子。

作助词：ja^{21}pe^{21} haɯ^{42} ma^{24} xi^{42} saɯ^{21}. 别被狗拉屎到（身上）。
别 让 狗 拉屎 （助词）

haɯ^{42} 作动词，意为“给”，可语法化作介词和助词。在动词和宾语之间作介词，介宾结构作动作施予的对象。作助词时，表示动作是施予对象，句中不出现具体的对象。

作动词：me^{33}haɯ^{42}ŋən^{453}kau^{33}suaŋ^{24}paːk^{21}. 妈妈给我两百块钱。
妈 给 钱 我 二 百

作介词：muak^{21} haɯ^{42} man^{453}ma^{453}pʰaɯ^{453}pʰaɯ^{453}. 告诉他快来。
告诉 介词 他 来 快 快

作助词：ʔau^{33} sə^{42} ma^{453}luŋ^{33}haɯ^{42}.
拿 衣服 来 穿 助词
拿衣服给（不具体的对象）穿上。
pai^{21} tsa^{55} haɯ^{42}.
别 骂 助词
别骂他（“他”为不具体对象）。

ʔau^{33} 作实义动词，意为“要，拿，取”，可语法化作介词和助词。作介词时，表示把某物如何处置，相当于汉语的“把”字句。语法化后的动词 ʔau^{33} 在谓语动词后面作助词用，表示动作是主观采取的方式。

作动词：ʔau^{33}pʰak^{24}jaŋ^{33}ʔau^{33} xau^{42}. 要菜不要米饭。
要 菜 不 要 米饭

作介词：ʔau^{33} xau^{42}tsin^{33} piat^{33}. 把饭吃掉。
把（介）饭 吃 掉

作助词：tʰoŋ^{24}hoi^{21}lai^{55}sɯ^{55} ʔau^{33} ha^{21} het^{24} ʔau^{33} ha^{21}?
包 个 这 买 （助词）（语气词）做 （助词）（语气词）
这个包是买的？做的？
sɯ^{55} ʔau^{33}. 买的。
买 （助词）

通过语料可以看出，实词虚化是瑞丽傣语动词演变的主要机制。三个实义动词

saɯ^{21}、haɯ^{42}、ʔau^{33} 均拷贝了“动词→介词→虚词”的演变模式。瑞丽傣语的动词与虚词关系密切，“动词→介词→虚词”的语法化现象普遍，发展成熟。“实词虚化”机制是虚词的重要来源之一，虚化后的动词获得新的语法意义和功能，在句子中充当着不同的语法成分，多种词性用法并存。

实词虚化应是傣语动词演变的共同机制。傣语中表“居住”义的语素在共时层面上具有跨方言的共性，其语法的多功能性在其他傣语方言中均有体现。动词从实到虚的语法化路径大约是分析性语言的共性。“动词虚化”机制的形成和发展受分析性语言特点的制约，同时，分析性特点是“实词虚化”这一机制产生的催化剂。

参考文献

[1] 吴福祥. 东南亚语言“居住”义语素的多功能模式及语法化路径. 民族语文，2010（6）：9.

[2] 韦景云. 壮语 jou~^{5} 与泰语 ju~^{5} 的语法化差异分析. 中央民族大学学报（哲学社会科学版），2007（6）：139.

[3] 戴耀晶. 现代汉语时体系统研究. 杭州：浙江教育出版社，1997：5.

[4] 刘丹青. 语法调查研究手册. 上海：上海教育出版社，2017：446-447.

[5] 石毓智，李讷. 汉语语法化的历程：形态句法发展的动因和机制. 北京：北京大学出版社，2001：82.

[6] 戴庆厦，闻静. 论“分析性语言”研究眼光. 云南师范大学学报（哲学社会科学版），2017（5）：1-2.

分析性视角下古寨壮语前缀的类型特点及产生机制

蓝盛

壮语合成词的构成有多种形式，其中有一部分就是带词头构成的，即前缀。涉足壮语前缀的研究，前人已有不少的成果，主要有《壮语概论》(1998)、《壮语通论》(2006)、《燕齐壮语参考语法》(2011)、《下坳壮语参考语法》(2014)、《试论壮语动词的形态》(1990)等。这些研究主要集中在对壮语词缀基本特征的描写研究上，对其类型特征及其产生的机制未做深刻剖析。古寨壮语属壮语北部方言红水河土语语言。本文以古寨壮语为例介绍前缀的词义特征和类型特点，并从分析性角度出发探讨分析其产生的机制。

一、古寨壮语前缀的词义特征

古寨壮语前缀后面可以加名词、动词、形容词、代词、数词等，但从前缀词义本身出发，我们可以将其分为两类。一类是无实义，即没有词汇意义，只有语法意义；另一类是有实义，即既有词汇意义，又有语法意义。

（一）无实义前缀

这类词主要以单音节的形式依附在词根语素的前面，构成双音节或多音节词的合成词。前缀与词根语素组成合成词，在词中表达一定的语法意义，不同的前缀表达的语法意义不尽相同。这类前缀如果从词根语素分离出来，往往没有实义，同时也失去了其与词根语素合成时所表现出来的语法意义。这类词具有一定的数量，如：

ta^{21}-，表示某一特定的人称或辈分。

ta^{21}paɯ^{42} 媳妇

ta^{21}ɕe^{24} 姐姐

ta^{21}ŋu^{31} 五妹

ta^{21}wa^{33} 名为“花”的女性

tɕaːŋ^{55}-，表示某一时间点。

tɕaːŋ^{55}hat^{55} 早晨

tɕaːŋ^{55}ŋon^{21} 正午

tɕaːŋ^{55}ham^{42} 傍晚

tɕaːŋ^{55}hən^{21} 夜晚

faːn^{42}-，表示某一时间点。

faːn^{42}ɹaɯ^{21} 何时

faːn^{42}toːn^{33} 饭点

faːn^{42}θou^{42} 早饭点

faːn^{42}ɹiŋ^{21} 午饭点

toŋ^{21}-，表示某一时间点。

toŋ^{21}hat^{55} 早晨

toŋ^{21}ŋon^{21} 白天

toŋ^{21}ham^{42} 晚上

ɕu^{55}-，表示时间的先后顺序。

ɕu^{55}it^{55} 初一

ɕu^{55}ŋei^{42} 初二

ɕu^{55}ŋu^{31} 初五

ɕu^{55}ɕip^{31} 初十

taːi^{21}-，表示人或事物的前后顺序。

taːi^{21}it^{55} 第一

taːi^{21}ŋei^{42} 第二

taːi^{21}ha^{24} 第五

taːi^{21}ɕip^{31} 第十

ta^{24}-，表示从事某一工作或活动。

ta^{24}ɕoŋ^{42} 帮忙

ta^{24}kaːi^{55} 卖

ta^{24}ɕəɯ^{31} 买

ta^{24}kaːn^{33} 照料

to^{21}-，表示人或事物间的相互作用，动作或发展趋势。

to^{21}ta^{24} 打架	to^{21}ɕeŋ^{55} 吵架
to^{21}tam^{24} 撞击	to^{21}hən^{24} 往上

ka^{21}-，名物化标记，表示事物的类别特征。

ka^{21}kən^{55} 吃的	ka^{21}tan^{24} 穿的
ka^{21}hoŋ^{21} 红的	ka^{21}ɹaɯ^{21} 哪里

前缀 ɕu^{55}、ta^{21}、ta^{24}、to^{21}、ka^{21}、taːi^{21}、tɕaːŋ^{55}、faːn^{42}、toŋ^{21} 单独成词时往往没有实在的意义，只有与词根语素构成双音节或多音节词合成词时，才能表达出这种语法意义特征，而且这些语法意义特征是多样的，与前缀存在着密切联系。

虽说这些前缀单独分离出来难以发现其表达的意义，但如果我们联系词根语素，进一步对比分析，却可以发现词义演变的一些蛛丝马迹。如例词中的 ta^{21}，没有实义，但与之相对应的 ta^{42} 却有词义，表示姑娘，泛指年轻女性。如 ta^{42}paɯ^{42}（媳妇）、ta^{42}nuːŋ^{42}（妹妹）、ta^{42}ɕe^{24}（姐姐）、ta^{42}piu^{24}（表姊妹），此时词根前缀既可以用 ta^{42}，也可以用 ta^{21}，ta^{42} 和 ta^{21} 通用，无意义差别。但在表示专指的时候多用 ta^{21}，如 ta^{21}wa^{33} 名为“花”的女性，基本不用 ta^{42}。此外，在表示 pa^{21}pu^{21}（奶奶）、pa^{21}tai^{33}（外婆）、pa^{21}me^{42}（母亲）时，前缀不能用 ta^{42} 和 ta^{21}，只能用 pa^{21}。ta^{42} 和 pa^{21} 的主要区别在于：ta^{42} 多指年轻的、未结婚的姑娘；pa^{21} 多指中老年妇女，一般指已经结婚生子的女性。可见，ta^{42}/ta^{21} 和 pa^{21} 在使用上有明显的界限范围，而 ta^{42} 和 ta^{21} 界限比较模糊。分析可知，古寨壮语前缀 ta^{21} 应该来源于 ta^{42}（表年轻女性），由声调屈折变化而来。又如在武鸣燕齐壮语中，同样存在类似的用法。表示女性标记时用 ta^{33}，如 ta^{33}ɕe^{55}（姐姐）、ta^{33}ŋu^{31}（五妹）。表示无实义前缀时用 ta^{31}，且 ta^{31} 的使用范围比古寨壮语的 ta^{21} 更为宽广，既可表示女性，又可以表示男性，如 ta^{31}me^{33}（母亲）、ta^{31}pø^{33}（父亲）、ta^{31}pa^{55}（伯母）、ta^{31}luŋ^{42}（伯父）。不同的是古寨壮语无实义前缀 ta^{21} 专用于表年轻女性，而武鸣燕齐壮语无实义前缀 ta^{31} 常用于对年长者或长辈的敬称，词义虚化程度较高。

ka^{21}，为前缀，通常与词根语素结合，是一种名物化标记词。ka^{21} 与后面的词根语素分开后，单独成音节时没有实义，但从地名的角度可以推知 ka^{21} 有一定的实义。如古寨壮语地名 ka^{21}θaːn^{24}（加产）、ka^{21}θu^{33}（加苏）等，前缀 ka^{21} 为通名，多为地点方位词，表示“这里，地方”意。因此前缀 ka^{21} 可能是由名词虚化而来，用于表示名词标记。

tɕa:ŋ^{55}-，表示某一时间点。如 tɕa:ŋ^{55}hat^{55}（早上）、tɕa:ŋ^{55}ham^{42}（傍晚）、tɕa:ŋ^{55}hɯn^{21}（夜晚）等时间名词中，前缀 tɕa:ŋ^{55} 没有实义，类似 toŋ^{21}，表示时间点。但跟词根语素分离后产生实义，表示“中间”的意思，如 tɕa:ŋ^{55}ta^{42}（河中间）、tɕa:ŋ^{55}ɹuŋ^{42}（山弄间）。tɕa:ŋ^{55} 发展成为表时间名词的前缀，可能源于 tɕa:ŋ^{55}ŋon^{21} 一词。tɕa:ŋ^{55}ŋon^{21} 表示“正午”，可以理解为一天的中间点，前缀 tɕa:ŋ^{55} 表示“中间”，词根 ŋon^{21} 表示“天 / 日”。后来 tɕa:ŋ^{55} 通过类化作用，可以跟 hat^{55}（早晨）、ham^{42}（傍晚）、hɯn^{21}（夜晚）等结合，泛指某一时间点。

此外，壮语中有一些前缀借自汉语。如 ɕu^{55}it^{55}（初一）、ɕu^{55}ŋei^{42}（初二）、ta:i^{21}it^{55}（第一）、ta:i^{21}ŋei^{42}（第二）等表示一般序数的词中，前缀 ɕu^{55} 和 ta:i^{21} 分别借自汉语的“初”和“第”。ta^{24}ɕɯ:ŋ^{33}（打仗）、ta^{24}pa:i^{21}（打牌）等词中的 ta^{24} 也借自汉语的“打”，后来 ta^{24} 的词义出现虚化，与动词词根语素结合，组成多音节词，表示从事某一活动，如 ta^{24}ɕoŋ^{42}（帮忙）、ta^{24}ka:i^{55}（卖东西）、ta^{24}to^{33}（做木工活）、ta^{24}θa:n^{55}（做编制）等，ta^{24} 发展成为前缀。

（二）有实义前缀

这类前缀单独成音节词时词义较为显著，可以直接看出其表达的词汇意义，而与词根语素组合成双音节或多音节合成词时，词义往往出现不同程度的虚化，其功能作用更多地体现在语法意义上。这一类前缀中量词尤为突出，如下：

tu^{21}-，表示量词“只”。

tu^{21}mou^{55} 猪　　tu^{21}wa:i^{21} 牛
tu^{21}kuŋ^{33} 虾　　tu^{21}pja^{55} 鱼

tak^{31}-，表示雄性，可用于量词“头；只；个”。

tak^{31}ɕɯ^{21} 牛　　tak^{31}wei^{31} 小伟
tak^{31}pei^{31} 兄长　　tak^{31}ŋei^{42} 老二

nan^{55}-，表示量词“个”。

nan^{55}kwa^{55} 瓜　　nan^{55}ɹa:n^{21} 房子

nan^{55}lok^{55} 轮子　　nan^{55}θau^{33} 灶头

lək^{31}-，表示“孩子”，可充当量词“个”。

lək^{31}maːk^{33} 水果　　lək^{31}puk^{31} 柚子
lək^{31}maːn^{42} 辣椒　　lək^{31}fəŋ^{21} 手指

ko^{55}-，表示量词“棵”。

ko^{55}fai^{31} 树　　ko^{55}ɹen^{42} 苦楝树
ko^{55}ɕun^{55} 椿树　　ko^{55}ɕuk^{55} 竹子

量词之所以能发展为前缀，跟它后面所连接的词根语素有一定关系，即跟词根语素的类型有关。双音节或多音节词在语义表达上往往比单音节更加准确、清晰。壮语在实现多音节化时只能通过添加音节或吸收同化前后音节的方式来实现，而壮语的量词位于名词的前面，因此最容易被同化。名词通过同化和吸收量词来加强自身的名词性，增强表意功能。量词与名词的结合有的时候已经达到难以分离的地步，如“辣椒”，在壮语中是单音节词 maːn^{42}，而壮语中 maːn^{42} 有两层意思，除了表示名词性外，还表示形容词性的“辣”。为了区别两者，单音节 maːn^{42} 通过吸收具有计量功能的词语 lək^{31}，实现双音节化 lək^{31}maːn^{42}，表示名词性的“辣椒”。现在的 lək^{31} 和 maːn^{42} 结合得相当紧密，甚至 lək^{31} 已经失去了量词的功能，改用新的计量词 nan^{55}（个），如：

məŋ^{21} pai^{55} ɓat^{55} θoːŋ^{24} nan^{55} lək^{31}maːn^{42} tau^{55}.　　你去摘两个辣椒来。
你　去　摘　两　个　辣椒　来

例句中，nan^{55} 和 lək^{31} 原本都做量词“个”，但 lək^{31} 已经被 maːn^{42} 吸收同化，失去量词功能，甚至在表达和描述 maːn^{42} 的数量时，已经不能再用个体量词 lək^{31}，而改用了 nan^{55}。类似的，壮语中表达水果类的名词，前面大多带有前缀 lək^{31}，如 lək^{31}puk^{31}（柚子）、lək^{31}lei^{21}（梨）、lək^{31}kaːm^{55}（柑橘）等，在计量时，多用 nan^{55}，而不能用 lək^{31}。更甚者，不用 lək^{31} 就无法表意，如 lək^{31}tɕau^{33}（梧桐果），如果不用 lək^{31}，单说 tɕau^{33}，无意义。同样的，表示“梧桐树”时，也不能单说 tɕau^{33}，而必须冠以前缀 ko^{55}（棵），构成双音节词 ko^{55}tɕau^{33}（梧桐树），才能正确表意。我们认为 tɕau^{33} 一开始是可以单独表意的，表“梧桐树”“梧桐果”等，后面为了区分词性，准确表意，才向双音节方向发展，因为在壮语地名中还有 luːk^{42}tɕau^{33} 的说法，意思是长满梧桐的山谷，luːk^{42} 意为“山谷”，tɕau^{33} 为“梧桐”。

此外还有表示动作行为的实词语素：

ku^{21}-，表示动词“做”。

ku^{21}θak^{31} 洗东西　　ku^{21}ȵip^{31} 裁缝

ku^{21}ɹei^{42} 种地

tok^{55}-，表示动词“掉落”。

tok^{55}liŋ^{33} 偏斜　　tok^{55}tam^{33} 偏低

tok^{55}θaːŋ^{55} 偏高　　tok^{55}liŋ^{55} 孤零零

壮语中存在语法化的现象，特别是动词，可以通过词义的演变、虚化，成为表达语法意义的重要形式。如 tok^{55} 在古寨壮语中的本义是“掉，落”：

ɓaɯ^{55} fai^{31} tok^{55} ɹoŋ^{21} tau^{24}.　　树叶掉下来。

叶子 树 掉 下 来

tok^{55} 的本义是动词性“掉，落”，可以引申为“丢失，丧失”“嫁”等。如 tok^{55}ɕaːi^{21}（丢失财富）、tok^{55}miŋ^{42}（丧命）、te^{55} tau^{24} tok^{55} ɕoːŋ^{42}nai^{31}（她嫁来这里）。tok^{55} 还可以做副词用，表示“又”，如 ŋon^{21} tok^{55} ŋon^{21}（一日又一日）。而 tok^{55} 作为前缀时，我们可以把它当做程度副词来看待，表示“稍微，些许”。如 tok^{55}liŋ^{33}（稍微倾斜）、tok^{55}tam^{33}（稍微偏低）、tok^{55}liŋ^{55}（稍微孤零）等，表达的是一种空间上的相对性。前缀 tok^{55} 虽然已经失去了动词性，成为了表达语法意义的手段，但我们还能隐约感觉到造成这种位置高低有别、分布疏密有间的原因是 tok^{55} 的本义“掉，落”使然。因此，tok^{55} 成为前缀是由动词虚化而来。

再如 ku^{21}，表示动词“做”，用作前缀表示某一动作行为。如 ku^{21}θak^{31}（洗东西），ku^{21} 表示“做”，θak^{31} 表示“洗”，两者结合表示洗衣服、被褥一类的动作行为。从形式上看，古寨壮语表示“做”意的还有一个音 ku^{42}，调类为第 6 调，其他壮语方言表示“做”的 ku^{6} 大多是第 6 调。由此可知，古寨壮语前缀 ku^{21}（第二调）是由 ku^{42}（第六调）变来的，属于屈折变调。罗聿言研究认为巴马壮语动词 kuːk^{10} 演变为前缀是意义不断泛化和形式变化双重作用的结果。因此，词义虚化、形式变化是壮语前缀产生的一个重要途径。

根据词类特点，以上这些前缀可以分为两类，一是量词类，如 tu^{21}、tak^{31}、nan^{55}、$lək^{31}$、ko^{55} 等，单独成词时可以充当人或物的量词，而作为前缀与词根结合时，其量词性弱化，但仍然可见，主要起到加强语义表达的作用，使词根语素的表意更加明晰化。另一类是动词类，如 ku^{21} 和 tok^{55}，这两个词具有很强的行为动作特性，与词根语素结合时，虽然这种动作性在一定程度上被削弱，但还是能感受到其中的隐性动作特征。通过考察分析，我们发现古寨壮语前缀主要来源于量词、动词和名词等，其中来源于量词的占比较大，且能产性强，是壮语前缀的重要来源。

二、古寨壮语前缀的类型特点

古寨壮语属于壮语方言中的一个语言点，具有一定的代表性，它在发展变化中所表现出的特点既有整个壮语的类型共性特点，又有自身的个性特点，融共性和个性于一体。这些共性和个性表现在语音、语义和语法等方面，通过对这些特点进行概括和总结，有助于揭示整个壮语前缀的类型特征。古寨壮语就前缀而言，其主要特点如下：

（一）别类作用

古寨壮语前缀具有一个重要特点，那就是别类作用。当前缀和词根语素结合成词时，词根语素往往被类别化。如前缀 to^{21} 后面往往接动词词根语素，表示互动范畴。如例词 $to^{21}jəɯ^{24}$（相互对视），动词词根 $jəɯ^{24}$（看），表达的是一种单向的动作行为，但是带上前缀 to^{21} 后，表达的是一种双向的动作行为“互相对视”，类似的还有 $to^{21}ta^{24}$（互打）、$to^{21}ɕoŋ^{42}$（互帮）、$to^{21}kuːn^{33}$（互灌）。$ta^{24}ɕəɯ^{24}$（煮东西），其中 $ɕəɯ^{24}$ 表示“煮”这一动作行为，当带上前缀 ta^{24} 以后，泛指充当“厨师”这一类角色，类似的还有 $ta^{24}to^{33}$（木匠活）、$ta^{24}ɕam^{31}$（洗澡）、$ta^{24}ɕap^{55}$（砌东西）。此外，量词充当前缀后加名词组成合成词，其别类作用更加突出，如前缀 tu^{21} 表示动物类，ko^{55} 表植物类，pou^{42} 表示人，tak^{31}、$koŋ^{55}$、$ʔai^{55}$ 表雄性类，ta^{42}、me^{42}、$ɕo^{42}$ 表雌性类，等等。别类作用是壮语前缀的一个重要特点，是实现词语精准表意的重要手段。

（二）词义虚化

词义虚化是壮语前缀的一大特点。我们认为壮语前缀的前身都是具有实在意义的实词语素，当其与词根语素结合后，词义出现了不同程度的虚化，词的功能更多表现在语法意义上。古寨壮语的前缀存在无实义和有实义两种就证明了这一点。无实义前缀是词义高度虚化的表现，我们要费一番周折才能找出其本义，如 ta^{21} 来源于 ta^{42}，本义“姑娘”，ka^{21} 本义为“地方”等，但有一些词我们已经很难找到其本义了，如 to^{21}、ta^{24}、$fa{:}n^{42}$ 等。有实义前缀是词义虚化较低的表现，有的还没有虚化或处于正在虚化的阶段，所以我们对其来源和本义比较明了，较容易识别。如大多数量词虚化为名词前缀，其量词性特点很明显，$tu^{21}mou^{55}$（猪），前缀 tu^{21} 为量词“只”；动词虚化为前缀，其动作性特点凸显，如 $ku^{21}\theta ak^{31}$（洗东西）、$ku^{21}mo^{55}$（做法事），虽然 ku^{21} 后接的词根语素 θak^{31}（洗）和 mo^{55}（喃诵）都是动词，但 ku^{21} 的词义“做”还是很显著，词义的虚化还没彻底。

（三）名物化

古寨壮语大多前缀可跟动词或形容词组合，促使动词或形容词词根语素名物化。如 $ka^{21}kən^{55}$，ka^{21} 为前缀，$kən^{55}$ 是动词“吃”，两者结合表示“吃的东西”；$fa{:}k^{42}hoŋ^{21}$，$fa{:}k^{42}$ 是来源于量词“把”的前缀，$hoŋ^{21}$ 是形容词“红”，两者结合表示工具名词“那把红色的”。名物化多来源于量词的前缀，其中原因值得探讨。壮语中的量词是一种重要的词类，其语法功能十分强大，从句法功能来看，壮语量词在句中可做主语、谓语、宾语、定语、状语和补语，且所充当的句法成分多具有指代性，指代的对象也多为名词。从词法上看，量词可以受多种词类的修饰，如名词、动词、形容词、代词等，且组成的合成词中，词性往往产生名词化。由此可见，量词与名词有着某种特殊的联系，这或许跟量词从名词发展而来的原因有关，使得量词带有名词性的特点，即便发展成为前缀，依然保留这种名词特点。

（四）变调

就形式上而言，古寨壮语部分前缀是由其他词通过变调产生的。如前文提到的 ta^{21} 和 ku^{21}，分别由 ta^{42} 和 ku^{42} 变来，都是由第 6 调变为第 2 调。再如 $pei^{21}nu{:}ŋ^{31}$（亲戚、朋友），其原本的组合方式是 pei^{31}（兄）+ $nu{:}ŋ^{31}$（弟），但组合后 pei^{31}（兄）出现了变调，调类由 6 调变成了 2 调的 pei^{21}，词义也虚化了。古寨壮语出现的这种变调现象是前缀为了试图与本义词区别开来而在形式上做出让步和调整的表现，主要是为了虚化前缀，突出合成词的语义特点。有意思的是这种让步调整有时候也未能区别于原来的词义，反而把本义带了出去，使本义偏离了原来的形式。如前缀 ku^{21} 原本是为了与本义 ku^{42}（做）区分开来而做出的变调调整，但这种调整并没有摆脱本义，反而把本义“做”带了进来，以致 ku^{21} 既充当前缀，又可以表示行为动词“做”，更甚者在表达行为动词“做”时，多用前缀形式 ku^{21} 而少用本义词 ku^{42}。这种变调现象主要出现在个别词语中，虽然不是很具有普遍性，但对壮语前缀的产生具有一定的解释力。

（五）借用

随着壮语与汉语的接触，壮语受汉语的强势影响，出现了向汉语借用词汇来丰富自身表达的现象。壮语很多词汇都借自汉语，前缀也不例外。古寨壮语借用汉语前缀可以分为两类，一类是从汉语借入的量词，如 ko^{55}（棵）、kan^{55}（斤）、kaːi^{33}（块）、tiu^{21}（条）、ɕik^{55}（尺）等，这些词的主要特点是能产性强，可以跟名词、动词、形容词、代词等词根语素结合，发展成为双音节或多音节合成词，是壮语前缀的重要组成部分。另外一类是表示时间先后和名次顺序的词，如 ɕu^{55}（初）和 taːi^{21}（第）。古寨壮语借用汉语前缀的时候，不是单个借用的，而是一整套借用，即前缀和词根一起。如 ɕu^{55}（初）是跟着 ɕu^{55}ʔit^{55}（初一）、ɕu^{55}ŋei^{42}（初二）等时间序数词借进来的，其中壮语 ɕu^{55} 来自汉语的“初”；taːi^{21}（第）是跟着 taːi^{21}ʔit^{55}（第一）、taːi^{21}ŋei^{42}（第二）等名次序数词借进来的，其中壮语 taːi^{21} 来自汉语的“第”。这类词的借用主要以双音节或多音节的形式借入，属于整词借用，其前缀在壮语中一般不单独使用，能产性也不强，很少跟壮语中的固有词组合成合成词。

以上这些特征中，别类作用、词义虚化、名物化、借用等在壮语中具有一定的普遍性，而变调现象则出现在个别语言点中，且目前考察到的词汇较少，有待开展跨方言土语的比较研究。壮语分南北两大方言，方言下又分若干个土语，其语言特点既有共性上的一致性，又存在个性上的差异。古寨壮语前缀具有壮语前缀普遍的类型特点，同时又有自己的个性化特征，体现了语言的共性和个性的统一，对深化壮语前缀的类型特点研究具有一定的参考价值。

三、古寨壮语前缀的产生机制

从类型上来看，世界上的语言可以分为分析性语言和非分析性语言两种。戴庆厦先生认为分析性语言的特征有别于非分析性语言，研究分析性语言必须要有分析性眼光，同时列举了分析性语言的 5 个主要特征：（1）缺少形态；（2）单音节词根所占比例大，双音节词多由两个单音节词根构成；（3）语序比较固定，不能随意调换；（4）虚词丰富，种类多；（5）韵律丰富。以上这些特征完全符合壮语的语言特点，因此，壮语可以算是典型的分析性语言，且属于强分析性语言。我们认为古寨壮语前缀的产生与壮语强分析性的特点有关。

人类语言语音的有限性和词义的无限性是一种对立统一的结构关系，两者总是处在一定的平衡中，从而保证人类语言的有效沟通交流。但是，随着社会的不断发展变化，带来的信息量越来越多，需要用到的词义也越来越多，这在一定程度上打破了语音有限性与词义无限性的平衡，促使语言在发展过程中不断寻找新的平衡点，一种是创造新词，一种是扩大词的表达功能。此外，语言的经济原则要求人们在交流中注意提高交际的效率，做到精准表意、有效沟通。语言中的这些规律和原则可以解释壮语前缀的产生问题。壮语前缀依附于词根，词根语素通过添加前缀可以扩大词的表义功能，如词根 $kən^{55}$，表示“吃”（动词），通过添加前缀 ka^{21}，组成合成词 $ka^{21}kən^{55}$，表示“吃的东西”（名词），使得词义“吃”实现了从动词到名词的转变，扩大了词的表义功能。又如词根 $nu\text{ː}ŋ^{31}$，表示“弟弟、妹妹”，通过添加前缀 ta^{21}，构成合成词 $ta^{21}nu\text{ː}ŋ^{31}$，表示“妹妹”，从而与“弟弟”分别开来，使词根语素 $nu\text{ː}ŋ^{31}$ 的表意更加准确明了。可见，扩大语义表达、精准表意是壮语前缀的一个重要功能，符合语言发展变化的规律。

壮语是分析型语言，以单音节为主，缺乏形态变化，词序和虚词是重要的语法手段。为了表达更多的词义概念和语法功能，壮语必须对自身的语言结构形式进行调整，而双音节或多音节化是重要的途径和手段选择。词汇的双音节或多音节化不仅能够使语法功能表达的明晰化，同时还可以增强词义表达的准确性和有效性。在双音节或多音节化机制的作用下，壮语词根语素通过吸收同化个别的词语来实现表意。如古寨壮语 $kuŋ^{33}$，有“虾”“爷爷”“弯曲”三个义项，这就容易造成表义不明。但当我们在前面加上前缀时，表义就明晰化了：加表动物类的前缀 tu^{21}，组成合成词 $tu^{21}kuŋ^{33}$，表示的义项是“虾”；加上表示人的前缀 $ʔai^{55}$，组成合成词 $ʔai^{55}kuŋ^{33}$，表示的义项就是“爷爷”；加上表物体类的前缀 nan^{55}，组成合成词 $nan^{55}kuŋ^{33}$，表示的义项则为弓箭的“弓”。可见，壮语前缀具有很强的别义功能，是构成多音节或双音节表意的重要手段。至于量词为什么成为前缀的重要来源，这可能跟壮语量词的语法特征有关，具有计量、类别、替代、连接等语法功能，同时能受名词、动词、形容词、代词等修饰，且量词多处于这些修饰语的前面，两者结合越来越紧密，从而最容易被吸收和类化，发展成为前缀。

语言虽然是一个开放的结构系统，但它有着自身的结构规律，即便是外来成分，也同样受到这种结构规律的制约。壮语与汉语接触密切，且汉语对壮语的影响深厚而持久，有一些前缀就是借自汉语，如古寨壮语中的 $ɕu^{55}$（初）、$ta\text{ː}i^{21}$（第），作为前缀单独使用时没有实义，且能产性很弱，必须跟基数词连用构成序数词组时才有意义，

如 ɕu^{55}it^{55}（初一）、taːi^{21}it^{55}（第一）。可见其借入的时候是以双音节或多音节的形式直接借入的，而这类前缀形式能够进入壮语的前提是壮语存在双音节或多音节的语音形式，即壮语中出现了由单音节向双音节或多音节转变的内部音节机制。即便是能产性较高的前缀借词 ko^{55}（棵）、kan^{55}（斤）、kaːi^{33}（块）、tiu^{21}（条）等，也要先借为计量词，然后再发展为前缀。因此，壮语中前缀的借用同样受到壮语结构系统的制约，即分析性属性的制约。

壮语作为分析性语言，有着众多的分析性特点，如缺少形态变化、单音节占优势、语序相对固定、虚词丰富、韵律发达、量词多且功能强大、一词多义、声调发达，等等。壮语的这些分析性特点与壮语前缀的产生或多或少都存在一定联系，但也有主要和次要之分。我们认为缺少形态变化和语序固定是催生壮语前缀的主要原因。由于缺少形态变化，很多语法功能无法表达，只能借助助词，随着助词的频繁使用，跟词根语素的结合越来越紧密，最后以词缀的形式被词根语素同化和吸收。另一个是语序，壮语的前缀一般由位于词根语素前面的词发展而来。壮语前缀词义尚未虚化前，在句中一般都位于词根语素的前面，如 θoːŋ^{55} pou^{31} wun^{21}（两个人），量词 pou^{31}（个）位于词根语素 wun^{21}（人）的前面，后来发展成为前缀。壮语的语法结构中，语序是相对固定的，如主语位于宾语前面、修饰成分位于中心语的后面、数量词位于名词前面等，这为壮语前缀的产生提供了条件。

四、结束语

古寨壮语前缀从词义上可以分为无实义和有实义两种，在类型上表现出来的特点有别类作用、词义虚化、名物化、变调、借用等，具有壮语前缀的普遍特征，又体现了自身的个性特点，是人类语言共性和个性的统一。从产生机制来看，古寨壮语前缀的产生是语言发展的客观要求，是分析性语言系统结构自我调节的结果。壮语作为以单音节为主、缺少形态变化的分析性语言，在信息量增加、词义丰富、精准表意、有效沟通等语言原则的驱使下，由单音节词根向双音节或多音节的方向发展，从而达到扩大词的语法功能和语义表达的目的，实现语言的高效、快速交流。壮语前缀的产生是壮语多种分析性特点共同作用的结果，同时存在主次之分，其中缺少形态变化和语序相对固定发挥主要作用，是前缀得以产生的重要条件。

壮语前缀的产生原因应该是多方面的。古寨壮语是壮语方言土语中的一种语言，其所具有的语言现象虽未能代表整个壮语的全貌，但在一定程度上也反映了壮语在发展中的一些类型特点和规律。本文主要从分析性语言的特点出发对古寨壮语前缀做一些描写，并尝试解释其产生的内部机制，提供一种可能性和个案研究，其中的一些想法和观点还不是很成熟，有待进一步探讨。

参考文献

[1] 戴庆厦，闻静 . 论“分析性语言”研究眼光 . 云南师范大学学报（哲学社会科学版），2017（5）.

[2] 李锦芳，胡素华 . 汉藏语系量词研究 . 北京：中央民族大学出版社，2005.

[3] 罗聿言 . 论巴马壮语词缀 ku:k^{10} 的形成 . 广西师范学院学报（哲学社会科学版），2014（7）.

[4] 覃国生 . 壮语概论 . 南宁：广西民族出版社，1998.

[5] 覃晓航 . 壮语特殊语法现象研究 . 北京：民族出版社，1995.

[6] 韦景云，覃晓航 . 壮语通论 . 北京：中央民族大学出版社，2006.

[7] 韦景云，何霜，罗永现 . 燕齐壮语参考语法 . 北京：中国社会科学出版社，2011.

论浪速语重叠手段的分析性属性[①]

闻静

世界语言存在不同的类型区分，语言句法系统的各个层面无不受到语言类型的影响和制约，在句法表征上呈现出不同的形式特点，因此，句法系统的每一个微观层面会直接或间接地透露出语言类型特点的信息。在研究方法上，我们除了可以根据语言系统的整体类型特征观察某一局部的句法特点外，亦可“以微知著”，从局部句法手段的细微之处，破译语言的编码信息，判断其类型归属。

重叠是世界语言普遍采用的一种句法手段。藏缅语重叠手段的使用尤为突出，形式也丰富多样，但具有分析性语言的“家族”共性。在句法操作层面以及句法形态功能、重叠的组合方式上，藏缅语的重叠手段整体上表现出有别于非分析性语言的特质。因此，重叠是我们观察语言类型特点、认识类型层次的一个重要视角和窗口。

浪速语是景颇族的一个支系语言，这个支系主要分布在云南西南边疆，境外缅甸、印度北部地区也有分布。国内外浪速人都称其语言为“浪峨语”，景颇族景颇支系称其为“莫汝语”，汉族人称其为“浪速语”。浪速语属汉藏语系藏缅语族缅语支，类型上是一种分析性较强的语言。

本文以云南省德宏傣族景颇族自治州芒市五岔路乡浪速语为语料依据[②]，提取重叠手段的句法特点作为研究“切片”，以此考察分析性语言句法手段的具体操作方法。还通过与亲属语言的比较，解释句法特点形成的原因、机制，希望能为分析性语言的类型学研究提供具体的理论支持。

---

① 本研究为国家社会科学基金一般项目（项目编号：14BYY136）“藏缅语方式状语语法形式的类型及历史演变”的阶段性成果之一。

② 本文浪速语的语料来源除笔者在田野调查中获得的一手语料外，还得到了母语人云南民族大学相旷垄的大力支持。论文写作过程中得到中央民族大学戴庆厦教授的悉心指导。谨此致谢。

一、从重叠手段的组合方式看分析性特点

浪速语重叠手段的分布范围较为广泛，重叠的形式组合多样。重叠的方式以音节为单位，只存在音节的整体重叠，不存在内部音位的重叠。不同类型的音节形式都可以按照一定模式进行重叠组合，如单音节、双音节或多音节词都可以作为重叠的语音单位，其中，以单音节、双音节的重叠居多。

重叠的组合模式上，有单音节的 AA 式、XXA 式、khə^{31}AA 式重叠，也有双音节的 AABB 式、ABAB 式、a^{31}A a^{31}B 式、ABAC 式、ABCB 式等重叠。双音节的重叠模式较为多样，多以“2+2”的四音格形式出现。

重叠的构成要素上，有音节的直接拷贝，也有与配音音节的组合拷贝；既有表义音节的重叠，也有纯配音形式的重叠。浪速语重叠的具体形式如下：

AA 式　主要出现在动词、形容词、量词、副词、代词的重叠上，重叠方式为单音节词的拷贝。例如：

sɛ^{55}sɛ^{55} 懂

ŋuai^{31}ŋuai^{31} 喜欢

tsɔ^{55}tsɔ^{55} 轻轻

pa^{31}pa^{31} 会

pɔ̱^{35}pɔ̱^{35} 薄薄

na̱i^{55}na̱i^{55} 悠悠

XXA 式　主要出现在形容词、状词的重叠上，重叠方式是拷贝配音作用的音节，单音节形容词或状词本身不重叠。例如：

ʃiŋ^{55}ʃiŋ^{55}kjɔʔ^{31} 冷嗖嗖

kjauŋ^{35}kjauŋ^{35}ŋuk^{31} 绿油油

tak^{31}tak^{31}nɔʔ^{31} 黑乎乎

pɔ̃^{35}pɔ̃^{35}khju^{31} 白生生

taŋ^{35}taŋ^{35}nɔʔ^{31} 黑黢黢

khak^{55}khak^{55}nɔʔ^{31} 黑黝黝

AABB 式　主要出现在名词、动词、形容词的重叠上，重叠方式是前后两个单音节语素的分别拷贝。例如：

xək^{55}xək^{55}thɔ̃^{35}thɔ̃^{31} 前前后后

kjɔ^{55}kjɔ^{55}tɔʔ^{31}tɔʔ^{31} 上上下下

tʃa̱t^{55}tʃa̱t^{55}jauŋ^{55}jauŋ^{55} 漂漂亮亮

nɛʔ^{31}nɛʔ^{31}pa^{31}pa^{31} 日日夜夜

ŋɔn^{35}ŋɔŋ^{35}ŋuai^{31}ŋuai^{31} 舒舒服服

tsəŋ^{31}tsəŋ^{31}tshauŋ^{35}tshauŋ^{35} 生生世世

ja̱k^{55}ja̱k^{55}ju̱m^{35}ju̱m^{35} 歪歪斜斜　　jauŋ^{55}jauŋ^{55}ʃɔʔ^{55}ʃɔʔ^{55} 漂漂亮亮

ABAB 式　主要出现在双音节数量短语及动词短语上，重叠方式是双音节短语的整体拷贝。例如：

kjɔ^{35}na^{51}kjɔ^{55}na^{51} 听着听着　　sam^{31}khɛʔ^{55}sam^{31}khɛʔ^{55} 三股三股

vu^{55}na^{51}vu^{55}na^{51} 看着看着　　tə̆^{31}khɛʔ^{55}tə̆^{31}khɛʔ^{55} 一根一根

a^{31}A a^{31}B 式　主要出现在形容词、动词的重叠上，重叠方式是配音音节 a^{31} 分别与两个单音节词素的组合。例如：

a^{31}ɣə̱^{35}a^{31}ŋai^{31} 不大不小　　a^{31}mjɔ̱̃^{31}a^{31}ŋja̱m^{31} 不高不矮

a^{31}tʃhaʔ^{55}a^{31}tʃa̱t^{55} 不干不净　　a^{31}phauk^{55}a^{31}lɛʔ^{55} 出尔反尔

a^{31}kjin^{31}a^{31}tan^{31} 不慌不忙　　a^{31}mjɔ^{35}a^{31}ʃau^{31} 不多不少

ABAC 式　主要是动词、形容词及相应词组的重叠，重叠方式是双音节实词的第一音节的拷贝。例如：

mə̆^{31}tʃhaʔ^{55}mə̆^{31}tʃa̱t^{55} 不干不净　　ka̱t^{55}jɛ^{31}ka̱t^{51}lɔ^{31} 搞来搞去

ɣu^{55}jɛ^{31} ɣu^{55}lɔ^{31} 看来看去　　ta^{55}jɛ^{31}ta^{55}lɔ^{31} 说来说去

tsai^{55}jɛ^{31}tsai^{55}lɔ^{31} 弄来弄去　　tʃhi^{31}jɛ^{31}tʃhi^{31}lɔ^{31} 用来用去

ABCB 式　主要是动词或动词词组的重叠，重叠方式是动词词组中第二个单音节动词的拷贝。例如：

mjɔ^{55}ka̱t^{55}ʃau^{55}ka̱t^{55} 做多做少　　tsɔ^{55}kjɛʔ^{55}ʃauk^{55}kjɛʔ^{55} 吃吃喝喝

多　做　少　做　　吃　下　喝　下

khə^{31}AA 式　主要是形容词的重叠，重叠方式是配音音节 khə^{31} 加上单音节形容词的直接拷贝。例如：

khə^{31}mjɔ^{55}mjɔ^{55} 非常多　　khə^{31}mjɔ̱̃^{55}mjɔ̱̃^{55} 非常高

khə^{31}fa^{55}fa^{55} 非常远　　khə^{31}xaŋ^{55}xaŋ^{55} 非常长

从以上八种的重叠方式可以看出，浪速语重叠的形式多样，重叠的音节组合严整、富有整齐的节奏变化，体现出分析性语言重叠组合的特点。具体分析如下：

（1）从重叠的语音特点来看，相对于藏缅语形态特征突出的语言，浪速语重叠更加重视单音节的重叠组合，而不是音节内部的音位和谐。不同的类型组合中，双声、叠韵或谐韵的屈折性重叠较少，也不存在音变后的重叠。

（2）从重叠的内部结构来看，浪速语的重叠更多的是词与词或是词组与词组之间的并列组合。如上述 3、4、6、7、8 的重叠，绝大多数是词语间的并列组合。如 xək^{55}xək^{55}thɔ̃^{35}thɔ̃^{31} 是两个方位词“前”与“后”的并列组合，ɣu^{55}jɛ^{31} ɣu^{55}lɔ^{31} 是两个动词词组“看来”与“看去”的并列组合，sam^{31}khɛʔ^{55}sam^{31}khɛʔ^{55} 是两个数量短语“三股”的并列组合。这些重叠结构的内部组合关系较为松散，前后两部分可以独立使用。

浪速语也存在一些构词重叠。构词重叠主要出现在 XXA 式重叠，以及部分带有 a^{31} 或 mǎ^{31} 音节的重叠之中。如上述第 5 类重叠，a^{31}phauk^{55}a^{31}lɛʔ^{55} “出尔反尔”中，phauk^{55} 是动词“反”之意，lɛʔ^{55} 是动词“转”之意，分别与衬音音节 a^{31} 结合构成四音格形式，用以形容一个人说话做事反复无常、没有定性的状态。这是一种由两个动词语素叠加组合为四音格状词的构词方式。但是，这种重叠构词的现象在浪速语中并不多见。浪速语的重叠更多的是一种并列的句法组合，而非构词组合。

二、从重叠手段的功能属性看分析性特点

在谈及重叠手段的形态功能时，我们有必要对其做一个界定。在世界语言中，重叠可以实现词形变化或是词类的转化，本文称之为重叠的“句法形态”功能，如传统西方语法学界所讨论的重叠构词属于此种功能。重叠也可以使词入句后生成新的句法语义范畴，但词本身的句法属性不会改变，本文称之为重叠的“语义形态”功能。从重叠手段的功能属性上来看，浪速语重叠具有语义形态功能突出的特点。

（一）凸显的语义形态功能

浪速语重叠手段的分布非常广泛，可以操作的词类包括代词、动词、形容词、状词、副词、量词及数量短语等多种实词及短语，重叠后的实词可以表达不同于原式的句法意义。具体情况如下：

1. 重叠表示多数，兼有加强语气的作用，主要用在疑问代词上。例如：

（1）ja̱m^{31}mɛ^{31} khak^{55}khak^{55}li^{55} ʒa^{55}?[①] 家里哪些人来过?
家 （方）谁 （叠）来（尾）

（2）nǒ^{31}na̱uŋ^{55}kǒ^{31}jauk^{55}kǒ^{31}jauk^{55}li^{55}kǒ^{31}nɛ̃^{55}? 你们到底哪几个要来?
你们 哪个 （叠） 来 要

2. 重叠表示反身的语法意义，同时兼有强调的意味，用于第三人称单数后是最为常见的用法，其他人称后亦可。例如：

（3）jɔ̃^{35}jɔ̃^{35} ka̱t^{55}ʒa^{55}. 他自己做。
他（叠）做 （尾）

（4）ŋɔ^{31} jɔ̃^{35}jɔ̃^{35} ka̱t^{55} nɛ̃^{55}. 我自己要做。
我（叠） 做 要

（5）jɔ̃^{35}na̱uŋ^{55}jɔ̃^{35}jɔ̃^{35}tau^{31}a^{31}kɔ̱^{55}. 他们自己挖。
他们 （叠） 挖 （尾）

（6）nǒ^{31}na̱uŋ^{55}jɔ̃^{35}jɔ̃^{35} ka̱t^{55}kɛʔ^{55}! 你们自己做吧!
你们 （叠） 做 （语）

3. 重叠表示动作行为的“持续”“反复”，主要用在动词及动词词组上。例如：

（7）ŋɔ^{31}kjɔ^{35}na^{51}kjɔ^{35}na^{51}jaŋ^{31} juk^{55}muk^{55} va^{55}. 我听着听着走神了。
我 听 着（叠） （助）走神 （尾）

（8）ŋǒ^{31}na̱uŋ^{55}sap^{55}na^{51}sap^{55}na^{51}jaŋ^{31} ɤə̱^{55}lɔ^{51}va^{55}. 我们玩着玩着长大了。
我们 玩 着（叠） （助）长 来（尾）

4. 重叠表示“周遍”“全部”，主要用在量词上。例如：

（9）tʃhɛ^{31}pɛ̱^{55}man^{31}thou^{55}jauk^{31}jauk^{31}sam^{31}tʃhɛʔ^{55}kɛ̃^{31}.
这 些 馒头 个 （叠）三 个 分
这些馒头每人都分三个。

① 本文语料标注所用缩略语：叠——重叠；语——语气助词；泛——泛义动词；尾——句尾词；祈使——祈使助词；貌——体貌助词；方——方所助词；话——话题助词；宾——宾语助词；状——状态助词；实然——实然标记。

（10）nɔ̃^{31}a^{31}tsaŋ^{55}lam^{35}lam^{35} jɔ̃^{35}ju^{35}li^{55}aʔ^{31}!　　　　你把东西都拿来吧！
　　你 东西　件（叠）拿　来（语）

5. 重叠表示动作行为“逐个”“连续”的进行方式，用在数量短语上。例如：

（11）tə̆^{31} khɛʔ^{55} tə̆^{31} khɛʔ^{55} ka̱t^{55} tsəŋ^{55} pjɛʔ^{55}　　　　一根一根地砍光
　　一 根　（叠）（泛）砍　光

（12）phə̆^{31} ɣuk^{31} tə̆^{31}tɛ̃^{31} tə̆^{31} tɛ̃^{31} ka̱t^{55} tsɔ^{35} tsai^{31} puŋ^{55} kham^{31} mɛ^{31} vɔʔ^{31} tʃø^{55}.
　　蚂　蚁　一 趟　（叠）（泛）吃　东西 洞　口　（方）搬　到
　　蚂蚁把吃食一趟一趟搬到洞口。

6. 重叠表示某种情貌状态的进一步变化、发展，有程度加深的意味，用在动词及形容词上。例如：

（13）ʃi^{35} nɛ^{31}nɛ^{31} ka̱t^{55} pø^{55} va^{55}.　　　　果子红了。
　　果子 红（叠）（泛）变（尾）

（14）jɔ̃^{35} tshau^{31}tshau^{31}ka̱t^{55} pø^{55} va^{55}.　　　　他胖了。
　　他 胖　（叠）（泛）变（尾）

7. 重叠表示强调语气，用在疑问代词、副词上。例如：

（15）tʃhɛ^{31}kə̆^{31}mjɔ̱^{55}kə̆^{31}mjɔ̱^{55}ka̱t^{55} a̱uŋ^{55}ʒa^{55}?　　　　这卖多少钱？
　　这　多少　（叠）（泛）卖（尾）

（16）nɔ̃^{31}kə̆^{31}mɛ^{51}kə̆^{31}mɛ^{51}na^{31} ɤə̱ŋ^{55} ʒa^{55}?　　　　你在哪儿？
　　你 哪　（叠）　正在（助）（尾）

（17）tʃɔʔ^{31} ʒu^{31} pəŋ^{31} pəŋ^{31} ju^{31}li^{55} aʔ^{55}.　　　　有的全部都拿来。
　　存在 的　全部（叠）拿　来（语）

（18）nə̆^{31}na̱uŋ^{55}pəŋ^{31} pəŋ^{31} li^{55} kɛʔ^{55}!　　　　你们全部都来啊！
　　你们　全部（叠）来（语）

（19）jɔ̃^{35}təŋ^{31}saŋ^{35}saŋ^{35} ka̱t^{55} ka̱t^{55}ʒa^{55}.　　　　他就是故意的。
　　他 故意　（叠）（泛）做（尾）

可以看出，在语义形态功能上，浪速语重叠手段的操作层面主要是句法语义，而非词汇语义，这一特点明显区别于分析性弱的语言。具体分析如下：

第一，浪速语的重叠属于词或词组意义的并列叠加，在语义上体现了“量级”的增加。

如上述第 1、4、6 类重叠，特别是第 1 类重叠，重叠式与原式形成了复数与单数的形式区别。同时，重叠还使句法结构伴有语气增强的语用效果，甚至有的只作用于语气的强调功能，而不附加其他任何语义内容。如第 7 类重叠例（16）中，通过疑问代词 kǒ^{31}mɛ^{51} “哪儿”重叠，用来表达说话人想得知对方方位信息的迫切愿望。例（19）中，通过双音节副词 təŋ^{31}saŋ^{35} “故意”的第二个音节重叠，用来强调说话人对对方行为目的的主观猜测。可以看出，重叠式与原式所表达的句法语义相同，对于客观事件的陈述没有形成差异，但与原式相比，重叠式可以生成原式所没有的情感效果，言语交流中，重叠能够更加充分地传递出说话人的主观信息。

第二，重叠手段是主观化凸显的一个重要手段。

重叠还可以赋予浪速语部分实词生动的情貌义，如第 3、5、6 类重叠表示动作“持续”“反复”的状态。通过重叠，可以非常具体、细致地对动作行为进行描摹和再现，使抽象的动作概念具象化。这种描摹功能取决于说话人的认知，主观性突出。因此，可以说，在浪速语中，重叠手段是一种凸显主观表达的句法手段。重叠这一主观化的句法手段，在很多分析性语言中都普遍存在，如汉语和其他藏缅语族语言。

从不同词类的重叠中，可以看出，浪速语多数重叠式与原式在句法功能上基本保持了一致。上述所有类型的重叠都只是作用于实词句法语义的变化，而不作用于句法属性的转变。如数量短语原式可以直接修饰动词，重叠后表示“逐次”，仍可作动词的状语。疑问代词、副词的原式与重叠式的句法功能没有变化，都可以作动词的方式状语，只是在句法语义或语气上有所改变。

因此，在语义的调量、语气的增强以及语用主观性表达的凸显上，这些重叠手段的语义形态功能在浪速语中表现突出。

（二）重叠手段的其他分析性伴随特点

浪速语重叠的语义形态功能并不是孤立存在的，常常会伴有其他句法特点的出现。其中，泛义动词作为状语的句法标记，是伴随重叠手段而产生的一个重要句法特点。

如上文所述，重叠使实词具有生动、细致的情貌义，可以生成不同于原式的主观表达。因此，重叠这一“赋义”手段很多是作用在状语槽位的各类实词上，叠式状语可以对动作行为的方式或状貌、情态作具体而生动的描述。例如：

（20）a^{31}la̱^{51}a^{31}khja^{51} ka̱t^{55} mau^{55}tsuai^{31}　　毛手毛脚地干活
毛手 毛脚 （泛）活 干

（21）xəŋ^{31}lɔʔ^{31}xəŋ^{31}khjat^{55}ka̱t^{55} phɔ̃^{31}　　慌里慌张地跑
慌里 慌张 （泛）跑

（22）a^{31}xək^{55}a^{31}thɔ̃^{31}ka̱t^{55} li^{31}lɔ^{33}　　不前不后地来
不前不后 （泛）来

（23）na^{35}na^{35}pyi̱^{31}pyi̱^{31}ka̱t^{55} su^{33}　　歪歪扭扭地走
歪 歪 扭 扭 （泛）走

可以看到，浪速语的叠式状语之后，常常会跟随一个泛义动词 ka̱t^{55}。所谓“泛义动词”① 是动词系统中的一个特殊类别，使用频率很高。这类动词与原来的词汇意义相比已经明显弱化，已无具体的表义特征，属于句法功能较为灵活的一类特殊动词。浪速语的泛义动词 ka̱t^{55} 的动词意为“做、弄”，具有一般动词的句法属性，可以做谓语，可以带宾语，还可以附带各种时体类助词。例如：

（24）tʃhɛ^{31}lam^{31}mau^{31}nɔ̃^{31}ja̱m^{31}saŋ^{31} ka̱t^{55} aʔ^{55} sɛ^{31}!　　这件事你自己做吧！
这 件 事 你 自己 做 （祈使）吧

（25）ŋɔ^{31}pɛ̱^{55} ka̱t^{55} nɛ̃^{55} lɔ̃^{55} mə̆^{31}sɛ^{55}.　　不知道我能做些什么。
我 什么 做 将来 能 不 知道

泛义动词作为叠式状语的主要句法标记时，与重叠手段在“状谓”结构中相互配合，相映成“句”，共同构成了浪速语多动词连用的结构模式。泛义动词作为重叠“赋义”手段的伴随形式，其分析性特点具体表现在：

1. 泛义动词和其他虚词一样，是叠式状语的句法标记

浪速语泛义动词主要出现在叠式状语之后，非叠式状语中并不常用。如在单音节动词状语后，一般使用助词 jaŋ^{31} 连接前后两个动词，前一动词表动作方式；而双音节叠式或多音节叠式动词状语通常配之以泛义动词 ka̱t^{55}，［多音节见例（20）（21）］。二者的分布差异例证如下：

jaŋ^{31} 标记单音节动词状语：

（26）jɔ̃^{35} mɔʔ^{31} pji̱^{31} jaŋ^{31} ŋɔ^{31} ʒɛ^{51} ɣu^{55}.　　他斜着眼看我。
他 眼 斜 （状）我 （宾）看。

① 学界也称“泛指动词”“轻动词”。

（27）jɔ̃^{35}ɣə̠^{31}jaŋ^{31} ta̠^{55}. 他笑着说。
他 笑（状）说

ka̠t^{55} 标记双音节叠式动词状语：

（28）ŋɔ^{31}muk^{31}suk^{55}ʒɛ^{51} ŋuai^{31}ŋuai^{31} ka̠t^{55} ka^{35} va^{55}.
我 书 （宾）喜欢（叠）（泛）感到（尾）
我（感觉）有些喜欢看书了。

（29）ŋɔ^{31}jɔ̃^{35}ʒɛ^{51} mai^{35}mai^{35} ka̠t^{55} ka^{35} va^{55}.
我 他（宾）恨 （叠）（泛）感到（尾）
我很恨他了。

例（28）（29）中，动词重叠后表示动作行为的一种变化状态，ŋuai^{31} 是“喜欢”，ŋuai^{31}ŋuai^{31} 则是“有些喜欢”；mai^{35} 是“恨”，mai^{35}mai^{35} 则是“恨”程度加深的状态。可见，jaŋ^{31} 和 ka̠t^{55} 连接的是两种不同类型的动词状语，这种差异不仅表现在状语的形式上（基式与重叠式的差别），也表现在状语的句法语义上。由于重叠手段使动词的语义形态发生了改变，因此，ka̠t^{55} 表现出不同于 jaŋ^{31} 的句法功能，即 ka̠t^{55} 标记动词重叠式情貌类状语，而 jaŋ^{31} 则是标记动词原式陈述性状语。

如果说重叠是使实词具有情貌义的重要手段，那么，泛义动词则是对叠式情貌状语起到强调、凸显的重要标记。这一句法作用与其他状态助词相似，浪速语泛义动词完全可以和状态助词 tsa^{35} 互换，来标记叠式情貌类状语。例如：

（30）pɔ̠^{35}pɔ̠^{35}ka̠t^{55}/tsa^{35} xam^{31} 薄薄地切
薄薄 切

（31）tsɔ^{55}tsɔ^{55} ka̠t^{55}/tsa^{35}kham^{35}pɛʔ^{31} 轻轻地敲门
轻轻 门 敲

可见，浪速语的泛义动词已经虚化为与虚词无异的标记形式，与状态助词的功能边界模糊，是一种典型的叠式状语标记。

2. 泛义动词是重叠带动下的“双音步”配音要素

泛义动词 ka̠t^{55} 除了与状态助词 tsa^{35} 能够分别标记情貌状语外，二者还能共同构成双音节的标记形式 tsa^{35}ka̠t^{55} 或 ka̠t^{55}tsa^{35}。在自然语流中，两个标记的顺序无硬性规定，与叠式状语形成了“双双”对称的双音步和谐，即叠式双音节（或四音节）状语与双音节标记的和谐。这样，整个状语结构就生成了“2（状语）+2（句法标记）”或“4（状语）+2（句法标记）”的韵律重读模式。“双音节”标记中，泛义动词与状态助词对状语的标注功能是相当的，这种叠加连用的羡余现象，完全是分析性语言“双音步”韵律机制下的一种类型后果。

在强大的音步和谐的类推下，泛义动词进一步虚化为既无词汇意义又无句法意义的配音形式。即使双音节标记在句法结构中并非具有强制性，可以省略为单标记或无标记结构，但是，在这种叠式状语的结构中，双音节标记相对于单标记或是无标记而言，却是一种最为自然也更为顺口的表达形式。因此，“泛义动词 + 助词”（或是“助词 + 泛义动词”）的双音节模式，是母语人言语交际的首选形式，在自然语流中得到固化。例如：

（32）jɔ̃^{35} jauŋ^{55}jauŋ^{55}tsa^{35} ka̱t^{55}/ka̱t^{55}tsa^{35}mə̆^{31} thaŋ^{31}mɔ̱n^{55}li^{31} ʒa^{55}.
她 漂亮（叠）（状）（泛） 总是 打扮 来（尾）
她总是打扮得漂漂亮亮地来。

（33）jɔ̃^{35} ŋɔn^{35} ŋɔn^{35} tsa^{35} ka̱t^{55}/ka̱t^{55}tsa^{35} pa^{35}tʃa̱u^{31}ʒa^{55}.
他 舒服（叠）（状）（泛） 会 说 （尾）
他很会说话。

三、从与景颇语重叠手段的比较中看浪速语的分析性特点

本文选取景颇族另一支系语言景颇语作为参照点，来进一步观察浪速语重叠手段的分析性特点。景颇语既有分析性特点，也保留了一定的形态特征，被认为是藏缅语南北语言的“中介语”。所以，从与景颇语的反观中，可以更清晰地映照出浪速语的分析性特点。

浪速语与景颇语重叠手段具有很多类型上的共性，诸如重叠方式多以单音节重叠为主、音节组合形式多样、注重韵律的音步和谐等。这些重叠的音节组合特点明显区别于北部嘉绒语、羌语、普米语等语言。然而，在重叠手段的功能分布上，浪速语表现出不同于景颇语的分析性特点。具体如下：

（一）浪速语重叠手段的句法形态功能基本丧失

重叠手段的句法形态功能和语义形态功能在浪速语中分布并不均衡。上文已经讨

论过浪速语重叠具有凸显的语义形态功能，具有很强的“赋义”能力，但是其句法形态功能却基本丧失。这一特点在与景颇语的比较中可以更为清晰地看到。景颇语中也存在叠式动词作状语的情况。例如：

景颇语[①]：

（34）ji³¹nam³³ʃaŋ³¹tʃaŋ³³, mă³¹ʒaŋ³³thuʔ³¹thuʔ³¹ʒai³¹ wa³¹ ai³³.
雨季　进入的话　雨　下　（叠）（泛）（貌）（尾）
进入雨季的话经常下雨。

（35）naŋ³³ka̱³³ka̱³³ ti³³ uʔ³³!　　你经常写吧！
你　写（叠）（泛）（尾）

例（34）（35）中，景颇语动词 thuʔ³¹“下”，重叠式为 thuʔ³¹thuʔ³¹，表示“经常下雨”的状态，动词 ka̱³³“写”，ka̱³³ka̱³³ 表示“经常写”的状态，分别作核心泛义动词 ʒai³¹（不及物）、ti³³（及物）的状语。

显然，通过重叠，景颇语的单音节动词都具有了状貌义，同时完成了去及物化，实义动词由此直接降格为状语。这样，重叠虽然实现了对动词的句法转换，同时也造成了谓语核心的空位。为了填补句法空位，本身具有动词属性但无具体表义作用的泛义动词，就成为充当谓语核心的最佳选择。在整个“状谓”结构中，叠式动词状语降格为情貌状语，承担整个“状谓”结构句法语义的表达；泛义动词则成为“状谓”结构中不表语义的功能性核心成分。可以看出，景颇语重叠手段对于动词具有强大的句法转换能力。在重叠句法形态功能的作用下，景颇语的动词重叠式只能修饰泛义动词，不能修饰实义动词，而不重叠的动词原式则可以直接作实义动词的修饰成分。[②] 例如：

叠式动词状语修饰泛义动词：（36）sa³³sa³³ʒai³¹ 老去
去 去（泛）
动词原式修饰实义核心动词：（37）khʒap³¹tsu̱n³³ 哭着说
哭　说

景颇语叠式动词作状语的“状谓”结构形式为：

① 景颇语语料出自戴庆厦、傅爱兰：《从语言系统看景颇语动词的重叠》，汉语重叠问题国际研讨会，2000年1月。

② 戴庆厦：《景颇语重叠式的特点及其成因》，载《语言研究》，2000（1）。

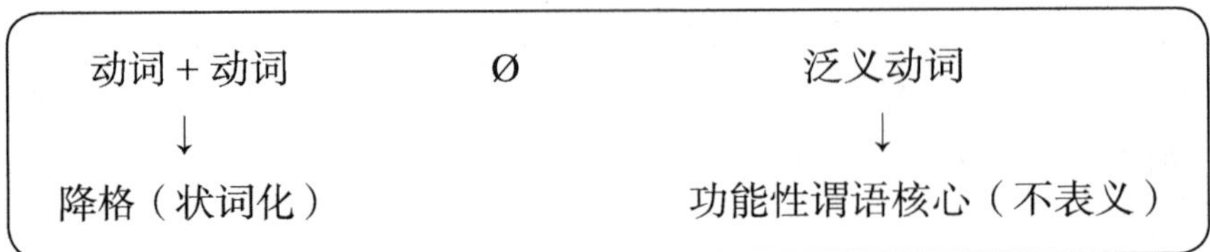

然而，浪速语却不存在上述类似的动词重叠，只有部分表示心理状态的动词可以直接重叠，重叠后意味着状态程度的加深。例如：

（38）jɔ̃^{35}sɛ^{55} sɛ^{55} ka̠t^{55} pø^{55} va^{55}. 他懂了。（从不懂到懂）
他 懂 （叠）（泛）变 （尾）

（39）jɔ̃^{35}pa^{31}pa^{31} ka̠t^{55} pø^{55} va^{55}. 他会了。（从不会到会）
他 会（叠）（泛）变 （尾）

例（38）（39）中，动词 sɛ^{55} 为"懂"，sɛ^{55}sɛ^{55} 表示"从不懂到懂"的状态，pa^{31} 为"会"，pa^{31}pa^{31} 表示"从不会到会"的状态。显然，两个单音节动词重叠后，句法语义发生了变化，重叠手段的这一"赋义"特点和例（28）（29）一致。并且，例（28）（29）中的叠式动词仍保留了动词的及物性，可以带宾语。

不同于景颇语，浪速语很少出现泛义动词做功能性谓语核心的现象（但泛义动词可以作一般性的谓语核心）。在例（38）中，sɛ^{55} sɛ^{55} 所修饰的核心谓语是动词 pø^{55} "变成"，泛义动词只是一个跟随在叠式动词状语之后的标记成分。例（39）中，pa^{31}pa^{31} 同样修饰的是动词 pø^{55}，而非泛义动词。

因此，浪速语重叠功能区别于景颇语，重叠对于动词几乎不具有（或极少具有）句法转换能力，动词重叠后并没有完全状词化（仍能够带宾语），需附带泛义动词才能修饰核心动词。浪速语叠式动词作状语的"状谓"结构形成了不同于景颇语的构式：

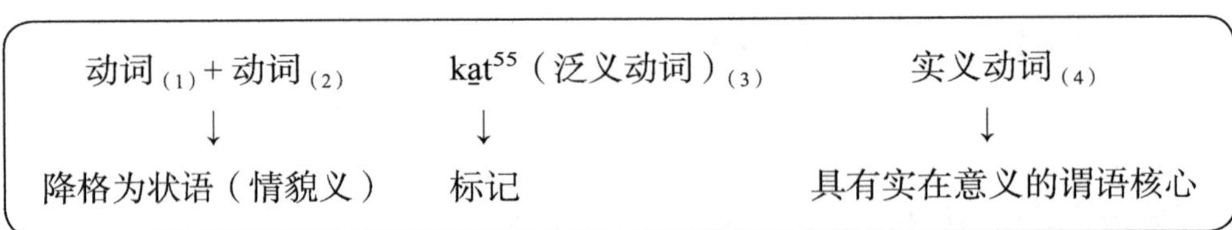

这样，浪速语构成了四动词连用的句法格局，而每一动词实则代表了不同的句法状貌，承担着各自的句法功能。动词重叠后具有了某种情貌义，附带泛义动词后降格为状语，实义动词则作为表达具体语义的谓语核心。

可见，浪速语重叠手段的句法形态功能明显弱于景颇语：一是，重叠手段只作用于动词的语义形态层面，却不作用于动词的句法形态层面。由于重叠对动词的句法转换能力缺失，无法形成句法空位，也就很少存在泛义动词作功能性的谓语核心的现象，泛义动词则主要作为一种句法标记。二是，浪速语重叠对于动词的作用范围非常有限，可以直接重叠的动词类型仅仅局限于表示心理或情感状态的动词中，如“喜欢”“恨”“懂”之类，其他动词很少能够直接重叠。

（二）浪速语泛义动词作为叠式状语标记，更为独立、灵活

在“状谓”结构中，浪速语泛义动词的句法功能主要是对状语成分的标注，这种标记功能具有一定的灵活性。正如上文所述，浪速语泛义动词既可以作为“加合”标记的配音形式，如例（32）（33），在有些“状谓”结构中还可以省略，如例（20）~（23）中的四音节叠式状语之后，泛义动词 ka̱t^{55} 都可以省略。这一灵活的句法特点与同为缅语支的载瓦语相似。在载瓦语①中同样存在泛义动词作为配音要素、与状态助词连用的“双标记”现象。例如：

（40）ja̱ŋ^{31}khǎ^{55}na̱m^{55}ʒʅ^{55} tʃo̱i^{31}tʃo̱i^{31} tsa^{31}　ku̱t^{55}　mo̱n^{55}ʒa^{55}.
她　什么时候　　漂漂亮亮（状）（泛）打扮（实然）
她总是打扮得漂漂亮来的。

（41）wu^{31}tsham^{51}tɔi^{55}tsa^{31}　ku̱t^{55}　tsɛn^{31}pji^{31}aʔ^{31}.
头发　　短（状）（泛）剪　给（祈使）
把头发剪短吧。

景颇语②泛义动词除了作为功能性的核心成分、受叠式动词状语的直接修饰外，也可以做叠式状语的标记成分。例如：

（42）ʃi^{33}khʒai^{33}ʃa^{31}kǎ^{31}le^{55}kǎ^{31}lau^{31}ʒai^{31}　jup^{55}to̱^{33} ŋa^{31}ai^{33}.
他 独自地　翻来覆去　　（泛）睡　着　在（尾）
他独自翻来覆去地睡着。

（43）an^{55}the^{33}joŋ^{31}pheʔ^{55}a^{31}ʒoi^{55}a^{31}ʒip^{55}ti^{33}sat^{31}mjiʔ^{31}ai^{33}.
我们　都（宾）　蹂躏状　（泛）杀　（尾）
他极力蹂躏我们。

① 遮放载瓦语语料出自朱艳华、勒排早扎：《遮放载瓦语参考语法》，北京，中国社会科学出版社，2013。
② 景颇语语料出自戴庆厦：《景颇语参考语法》，北京，中国社会科学出版社，2012。

但是，景颇语不存在“双标记”现象，“状谓”结构只有“单标记”一种形式，因而，泛义动词作为句法标记的独立性、灵活性也相对较弱。由于景颇语是具有较多形态特点的语言，泛义动词甚至表现出一定的黏着性，语法化为部分状词的词缀。①

从比较中看出，景颇语、浪速语的重叠手段呈现出一定的差异。景颇语重叠手段的句法形态功能与语义形态功能都有所保留，泛义动词也随之表现出既可作功能性的谓语核心、也可作句法标记的“双重”功能，这一特点与形态特征发达的藏语、羌语、普米语、嘉绒语等北部语言接近。而浪速语重叠的语义形态功能突出，但句法形态功能基本丧失，泛义动词多数情况只作为情貌状语的句法标记，这与分析性强的南部缅彝语支语言相似。景颇语泛义动词作为功能性的谓语核心，应是一种相对古老的功能形态。

四、结语

传统西方语法学界更多关注的是形态特征发达语言的重叠手段，多认为重叠是用于构词的形态手段（Haspelmath 2002；② Inkelas 2006③），而较少注意到分析性语言重叠的功能特点。浪速语虽在某些句法范畴上（如使动范畴）保留有少量形态屈折的痕迹，但整体上是分析性的。通过对其重叠手段的个案研究，我们可以从中窥见分析性语言重叠手段在构造模式、功能属性上的个性特点：

分析性语言的重叠，实际上多是词或词组的同义（反义）组合而形成的并列短语，重叠的形态功能并不重在构词的派生或换类。因此，重叠在强分析性语言中更多的是表现出一种语义形态手段。这一语义形态功能还会影响、带动其他句法要素的变化，使其同样呈现出鲜明的分析性色彩。浪速语泛义动词作为一类状语标记，就是在重叠语义形态的直接影响下，所产生的一种形式标记。在分析性机制的推动下，这种形式标记可“增”可“减”，既可以作为双音步规律的配音形式，也可以进一步简化、脱落。

由于篇幅的限制，本文只重点选取了亲属语言景颇语与浪速语进行比照，虽然考察的语种有限，但仍可发现重叠手段在形态功能上的差异。那么，藏缅语重叠又有哪些不同的类型，以重叠为核心要素的句法形式系统又会呈现出哪些差异，是什么机制导致了重叠手段的不同特点。如果，我们将比较范围扩大至整个语族，有可能会见到更多、更奇妙的景观。

---

① 戴庆厦：《景颇语参考语法》，100页，北京，中国社会科学出版社，2012。

② Haspelmath, Martin. Understanding Morphology. Oxford：Oxford University Press. 2002.

③ Inkelas, Sharon. Reduplication. In Keith Brown (ed.) Encyclopedia of Language and Linguistics. Oxford: Elsevier. 2006.

德昂语是分析性为主的语言

——以梁方言风吹坡话为例

杨晓平　杨志喆

引　言

德昂语属于南亚语系孟高棉语族佤德昂语支。根据语音的异同，中国境内德昂语可以划分为梁、布雷、汝买三种方言。本文语料以笔者的母语云南省德宏傣族景颇族自治州芒市风吹坡村的梁方言德昂话为依据（以下称“德昂语风吹坡话”），分析其语言类型属性。

德昂语风吹坡话属于 SVO 型语言。主要特点有：①语音方面，无声调，声韵系统比较发达且复杂，有单辅音也有复辅音，有单元音也有复合元音，有一般音节也有前加音节，元音的长短对立具有区别词义的功能。②词汇方面，单音节词根和双音节合成词占绝大多数，单音节词根是表达意义的主要单位。③语法方面，语序和虚词是德昂语主要的语法表达手段，修饰词多置于被修饰词之后，个别修饰词可置于被修饰词之前，基本语序为主语—谓语—宾语（SVO），少数情况为宾语—主语—谓语（OSV）或宾语—谓语—主语（OVS）。

研究语言，必须重视其类型学特点，弄清它的类型学特征。这不仅有助于正确把握该语言的特点，发现并解释该语言生成的各种语言现象，而且对于认识该语言与其他语言的关系也有帮助。经研究，笔者认为德昂语在类型属性上是一种以分析特点为主又兼有较多黏着、屈折特点的分析性语言。截至目前，未曾见过有人从类型学角度对德昂语分析性特点进行专题研究。汉藏语系的大多数语言是分析性强而黏着、屈折特点弱，如汉语、壮语、苗语、彝语、哈尼语等；部分语言虽然属于分析性语言但却有较多黏着、屈折特点，如景颇语、克伦语等。本文参考和借鉴汉语、景颇语等汉藏语系语言的相关研究成果，采用分析性视角研究德昂语，希望能够更加清楚地认识、辨析德昂语的分析性特点和非分析性特点，并能从中发现德昂语其他的新特点。

一、从词的音节数量看德昂语的分析性特点

德昂语的词可以分为单音节词、双音节词和多音节词，其中双音节词又可分为一个半音节词和两个音节词构成的复合词。为了更加科学、直观地阐释德昂语是单音节性强的分析性特点，这里使用了美国语言学家莫里斯·斯瓦迪士（Morris Swadesh）的200个基本词（实际为207个）来测试德昂语的词汇，统计结果如下：

表 1　德昂语风吹坡话词汇统计表 1

单音节词		双音节词		三音节词	
146 个	占 70.53%	54 个	占 26.09%	7 个	占 3.38%

通过分析上表中的数据和207个基本词汇，可以得出以下三点认识：

第一，在207个基本词汇中，单音节词最多，占被测试词汇总数的一半以上，处于绝对优势地位。双音节词次之，占26.09%。三音节词只有7个，仅占3.38%。

第二，双音节词可分为三小类：单纯词有36个，都是一个半音节词，如a´si“谁”，s´ta“尾巴”；复合词有17个，如ʔɔŋ（地方）ʔɯ（这）“这里”，plaːŋ（明亮）kiɛr（月份）“月亮”；含虚语素的只有1个，如miɤu（种类）hɑr（表“其他的”后缀）“其他”。

第三，三音节词很少，仅占3.38%，可分为两类：单音节词构成的三音节词有2个，如paːi（整）duɑʔ（都）duɑʔ（都）“全部”；单音节词和一个半音节词构成的三音节词有5个，如k´tɑu（洞）ŋaːi（脸）“眼睛”，a´l̥ɔt（呼吸）phɤːm（气）“呼吸”。

综上所述，在德昂语中，单音节单纯词和一个半音节单纯词最多，为182个，占了87.92%，双音节复合词次之，三音节词最少。这说明德昂语的词汇主要以单音节、一个半音节的单纯词为主，这是德昂语具有分析性语言特征的重要表现。

通过扩大词汇量，本文进一步考察和分析德昂语词汇构成的特点。笔者曾经使用少数民族语言调查表对风吹坡话的3157个词条进行过调查和记录，统计出音节数量及其比例如下：

表 2　德昂语风吹坡话词汇统计表 2

	单音节	双音节	三音节	四音节	四音节以上
词条数	1464	1148	418	106	21
比例	46.37%	36.36%	13.24%	3.36%	0.67%

如上表所示，在扩大词汇量以后，德昂语词汇依然是单音节词最多，其次是双音节词，两项合计占比 82.73%。另外，还有三音节、四音节及四音节以上的词，三项合计仅占 17.27%。单音节、双音节在词汇中占优势地位，这与分析性特征十分相符。

德昂语的双音节词包含了一个半音节单纯词和两个主要音节词组成的复合词。据统计，一个半音节单纯词有 501 个，占双音节词总数的 43.64%；两个主要音节词构成的双音节词有 647 个，绝大部分为复合词，单纯词很少，占了双音节词总数的 56.36%。与一个半音节单纯词相比，两个主要音节词组成的复合词能产性相对较强，是丰富德昂语双音节词的重要手段，也是分析性的表现。

可见，德昂语是以单音节词和双音节词为主的分析性语言。这是德昂语最基本、最重要的分析性特征。

德昂语单音节词根作为表义的主要单位，对语言其他特点的存在及演变产生着重要的影响和制约作用，比如四音格词的大量产生与发展便是得益于单音节性强这一特征，这与分析性不无关系。笔者曾经以自己的母语风吹坡话为研究对象，调查并记录了 786 条四音格词，包括 ABCD、AABB、ABAB、ABCB、ABAC、ABCC 六种语音形式类型，大部分四音格词均是由单音节词构成，构词时除了遵循相关的语法、语义原则以外，部分四音格词还特别注重双声、叠韵、谐韵、重叠等词法韵律。

二、从词义的扩展手段看德昂语的分析性特点

由前文可知，德昂语是以单音节为主的分析性语言，单音节词根是表义的主要单位。然而，单音节词根表达意义的功能是有限的，随着社会的日益发展及新生事物的不断涌现，单音节词义很难满足各种复杂概念的表达需要。在此情况下，德昂语词的构成便突破了单音节性的限制，出现了不同的词义扩展形式，即属于黏着、屈折式的形态变化和属于分析式的词类活用。形态变化与词类活用不仅是德昂语扩展词义的重要手段，而且也是德昂语丰富词汇语法意义的有效途径。

（一）形态变化

1. 前缀

德昂语是使用前缀占优势的语言。前缀多是弱化音节（也称“前加音节”）。当前缀附加在有意义的语素前面时，能够改变其词性和词汇的语法意义。换言之，前加音节在德昂语中既有构词的作用，也有构形的作用。

（1）不带前缀为动词，带上前缀为与词根词汇意义相关联的名词。例如：

kiap（夹）—— aˊkiap（火钳 / 夹子）　　gɑːp（剪）—— aˊgɑːp（剪子）
vɑʔ（钩住）—— aˊvɑʔ（钩子）　　mɑːŋ（咽）—— aˊmɑːŋ（脖子）
bra（偷）—— aˊbra（小偷）　　ʑɑːp（扇）—— aˊʑɑːp（扇子）

（2）不带前缀为形容词，带上前缀为名词。例如：

rɯ（疯）—— aˊrɯ（疯子）　　daːp（傻）—— aˊdaːp（傻子）
blɑʔ（白的）—— aˊblɑʔ（小白）　　vɑŋ（黑的）—— aˊvɑŋ（小黑）

（3）不带前缀为介词，带上前缀为名词。例如：

khrum（在……下面）—— aˊkhrum（下面）
pro（在……旁边）—— aˊpro（旁边）
khuɑi（在……上面）—— aˊkhuɑi（上面）

（4）不带前缀为他动词，带上前缀为自动词。例如：

kah（解开）—— aˊkah（自己解开）　　ʑaiʔ（撕）—— aˊʑaiʔ（自己裂开）
lah（折断）—— aˊlah（自己折断）　　ʑuh（摇动）—— kˊʑuh（自己晃动）

（5）不带前缀为单独动作，带上前缀为相互动作。例如：

krɔih（一个人换）—— aˊkrɔih（互换）
gaʔ（一只狗咬）—— aˊgaʔ（互相咬）

guk（一个人打）—— a´guk（互相打）
luiʔ（一个人得罪）—— a´luiʔ（互相吵）

2. 变音

所谓变音，主要是通过声韵的变化来表示不同的意义。同前缀一样只出现在单音节词上。例如：

ʐa:i 我俩—— ʐei 我们	ʔa:i 咱俩—— ʔɑ:i 咱们
pa:i 你俩—— pɑ:i 你们	ka:i 他俩—— kɑ:i 他们
hɔ:m 吃（饭）—— hɑp 吃（菜）	va:t 烤（火）—— da:t 烤（肉、衣服）

南亚语系孟高棉语族诸语言中都有数量不等的前缀成分或变音形式，相比之下，德昂语前缀成分的数量及复杂程度虽然不及克木语、莽语、柬埔寨语等亲属语言的数量众多而复杂，变音的使用范围也相当有限，但前缀或变音依然是德昂语构造新词、扩展词汇意义及丰富语法意义的重要手段之一。

（二）词类活用

一个词可兼有不同的词类，是德昂语使用经济原则扩展词义、丰富语法意义的另一个重要手段。例如：

1. 名词兼作动词、形容词、副词、量词。例如：

rɑ:ŋ："篱笆 / 墙"（名词）——"围住"（动词）
klɛi："雨水"（名词）——"下雨"（动词）
khu:r："风"（名词）——"刮风"（动词）
s´nɑ:m："药"（名词）——"救治"（动词）
bɑʔ："花纹"（名词）——"（很）花"（形容词）
de:ŋ："路"（名词）——"向"（副词）
tu："身体"（名词）——"只 / 头 / 条 / 匹"（量词）
gɑ:ŋ："房子"（名词）——"户"（量词）
k´ʔɛ:ŋ："瓶子"（名词）——"瓶"（量词）
hur："袋子"（名词）——"袋"（量词）

2. 动词兼作名词、形容词。例如：

pɔh："开花"（动词）——"花"（名词）
pli："结果"（动词）——"果子、水果"（名词）
kaʔ："跳舞"（动词）——"舞蹈"（名词）
kʼʔɤ："唱歌"（动词）——"歌曲"（名词）
ʔim："活"（动词）——"生的"（形容词）
daːŋ："长大"（动词）——"大的"（形容词）
aˊlaːŋ："纺 / 绕"（动词）——"圆的"（形容词）
ŋɔih："涨价"（动词）——"价格"（名词）——"贵"（形容词）
saːu："生病"（动词）——"疾病"（名词）——"痛的"（形容词）
ʔuih："闻"（动词）——"味儿"（名词）——"臭"（形容词）

3. 形容词兼作名词、动词、副词。例如：

sik："涩"（形容词）——"一种植物汁液"（名词）
teːŋ："黄的"（形容词）——"黄（稻谷成熟）"（动词）
mɛi："热的"（形容词）——"发烧"（动词）
gre："慢"（形容词）——"慢地"（副词）

4. 代词兼作形容词。例如：

ʔo："我"（代词）——"我的"（形容词，充当领属定语）
ʑaːi："我俩"（代词）——"我俩的"（形容词，充当领属定语）
ʑei："我们"（代词）——"我们的"（形容词，充当领属定语）

以上例子说明，词类活用能产性也较强，是德昂语分析性增强的又一表现。

三、从语序的固定情况看德昂语的分析性特点

德昂语每一种句法结构的基本语序类型都是比较固定且不能随意调整的。比如：主谓结构是"主语 + 谓语"，动宾结构是"动词 + 宾语"，述补结构是"述语 + 补

语”，定中结构是“中心语 + 定语”，状中结构是“中心语 + 状语”，专有名词修饰普通名词时是“通称 + 专称”，领属定语修饰名词时是“中心名词 + 领属定语”，名词修饰名词时是“中心语 + 属性定语”，数量词修饰名词时是“名词 + 数量词”，数量词修饰动词时是“动词 + 数量词”，话题结构是“话题 + 述题”，差比句结构是“形容词 + 比较标记 + 基准”，等比句结构是“比较主体 + 连词 + 基准 + 形容词 + ‘相似’义动词”或“比较主体 + 形容词 + ‘相似’义动词 + 基准”等。例如：

ʔo tɑːŋ pɔːm 我煮饭。
我 煮 饭

hɔːm phɑːi ʐɑʔ 吃饱了
吃 饱 了

hɑːu gre gre 慢慢走
走 慢 慢

lik ʔo 我的书
书 我

kraʔ ʔu tu 一头牛
牛 一 头

ʐei muh tˊʔaːŋ 我们是德昂族。
我们 是 德昂

mɔːi pih gaːŋ 你扫地。
你 扫 房子

klaːŋ rɔŋ 红裙子
裙子 红

ʐɑːŋ lɛk 猪肉
肉 猪

rɑu tˊʔaːŋ 德昂寨子
寨子 德昂

hɔːm ʔu sˊlɑʔ 吃一碗
吃 一 碗

ʔɑn dʒaːr khoʔ ʔo 他比我高。
他 高 过 我

ʔo kaːi mɔːi diam kˊn̥eːr 我和你一样矮。
我 和 你 矮 像

mɔːi aˊʐɑh kˊn̥eːr ma mɔːi 你像你妈妈一样漂亮。
你 漂亮 像 妈妈 你

与同属 SVO 型的汉语不同，德昂语的修饰语、附加语一般置于被修饰语、中心语之后，差比句的结构也通常采用“形容词 + 比较标记 + 基准”的表达方式，这些句法特征与德昂语属于典型的 SVO 型和前置词语言密切相关。相反，汉语并非典型的 SVO 型及前置词语言，这种类型学上的特殊性使得汉语出现了若干语言特征或句法结构不合乎 Greenberg 的语法共性，因此，汉语的修饰语、附加语往往置于被修饰语、中心语之前，差比句结构也采用了与德昂语完全相反的表达方式，即“基准 + 比较标记 + 形容词”。

为了强调、凸显某个句法成分，抑或为了满足某种语义表达的需要，在特定的语境条件下，德昂语有四种语序可以改变。另外，德昂语还存在三种比较特殊的语序及表达模式，即等比句结构、述补结构与框式介词。

1. 可以改变的语序

（1）德昂语的状中结构一般为“中心语 + 状语”，即修饰成分置于被修饰成分之后；而当否定副词、程度副词、部分时间副词作修饰成分时，则是“状语 + 中心语”，即修饰成分置于被修饰成分之前。例如：

ʔo ʔu gɔːi 我不在。
我 不 在

moːi maːi haːu 你别去。
你 不要 去

braːi n̥aːm ʔap lɛi 天还没黑呢。
天 尚未 黑 呢

a´dɯ tɯ mɛi 今天更热。
今天 更 热

pli tʃɤn sin ʐaʔ 果子将熟了。
果子 将 熟 了

ʔan hɔiʔ ʔit ʐaʔ 她已经睡了。
她 已经 睡 了

（2）德昂语除了有 SVO 的语序类型外，还有 OSV 的语序类型，但 OSV 语序只出现在疑问句中。例如：

mɔːi ʃrɔk a´si 你找谁?
你 找 谁

a´si mɔːi ʃrɔk 你找谁?
谁 你 找

mɔːi haːu a´m̥a 你去哪里?
你 去 哪里

a´m̥a mɔːi haːu 你去哪里?
哪里 你 去

（3）德昂语动词与方式副词构成的短语，语序类型基本上是动词在前、方式副词在后。但是，在疑问句中德昂语动词与方式副词的语序既可以是“动词 + 方式副词”，也可以是“方式副词 + 动词”。例如：

raːn baːim̥a 怎么做?
做 怎么

baːim̥a raːn 怎么做?
怎么 做

taːŋ baːim̥a 怎么煮?
煮 怎么

baːim̥a taːŋ 怎么煮?
怎么 煮

（4）一般情况下，德昂语的主语通常位于宾语之前，主语是话题。但有时候为了突出和强调宾语，可以采用调整语序的方式将宾语置于主语之前，宾语成了话题或句子表达的重点，这时句子结构的语序类型为 OSV/OVS。例如：

ʔo hɔiʔ ʐɯ tʃo ʔan. 我见过她了。
我 已经 见 过 她 .
ʔan ʔo hɔiʔ ʐɯ tʃo. 我见过她了。
她 我 已经 见 过
tuʔi kɤːr kau hɔːm pɔːm ʔu k´daːŋ. 十个人吃一锅饭。
人 十 个 吃 饭 一锅
pɔːm ʔu k´daːŋ hɔːm tuʔi kɤːr kau. 一锅饭吃十个人。
饭 一锅 吃 人 十 个

宾语调到主语之前做话题时，话题后面会有一个停顿，以此凸显被强调的句法成分。上例第三句和第四句除了语序不同之外，还可以同时兼用语调重音表达不一样的意义。第三句凸显的句法成分为主语“十个人”，表示“十个人吃的饭比想象中的少”之义；而第四句则强调的是宾语“一锅饭”，表示“一锅饭可以喂饱的人数比想象中的多”之义。对此，我们更倾向于将第三句、第四句中位于句首的成分看作句子表达的重点，即句子焦点，而非话题。

2. 特殊的语序

（1）在德昂语中，与“比较主体 + 连词 + 基准 + 形容词 + ‘相似’义动词”的等比句模式相比，“代词 + 基准 + 形容词 + ‘相似’义动词”的表达模式更为常见，也使用得更为普遍。例如：

ʐaːi a´saːn dʒaːr k´n̥eːr. 我和阿三一样高。
我俩 阿三 高 像
paːi ma mɔːi a´ʐah k´n̥eːr. 你和你妈妈一样美。
你俩 妈妈 你 美丽 像
kaːi kun ʔan l̥aʔ k´n̥eːr. 他和他爸爸一样聪明。
他俩 爸爸 他 聪明 像

笔者认为，“比较主体 + 连词 + 基准 + 形容词 + ‘相似’义动词”的等比句结构可能是语言接触的产物，是德昂语在与汉语长期接触、交流的过程中借用了汉语的等比句表达模式，而真正属于德昂语自身具有的等比句结构为“代词 + 基准 + 形容词 + ‘相似’义动词”，因而该结构在人们的日常交流中使用得更为普遍。

（2）德昂语绝大部分述补结构的语序均为“述语 + 补语”，而个别述补结构的语序却为“补语 + 述语”，并且这种结构是固定的，不能随意改变。例如：

ʑɯ ʑɔt 看见　　ʑɯ s´ŋaːu 听见　　ʑɯ ʔuih 闻到
见 看　　见 听　　见 闻

（3）在德昂语中框式介词为“前置词 + 后置词 + 名词”的语序。例如：

gɔːi paːŋ phɤːn 在桌上　　gɔːi khrum ku 在床下
在 上 桌子　　在 下 床
gɔːi pro plaːŋ 在河边　　gɔːi nar a´piau 在书包里
在 旁边 河　　在 里 书包

除了以上四种可以改变的语序和三种特殊语序之外，德昂语各种句法结构的语序基本都是固定的，而且在其他典型的 SVO 语言中都是普遍存在的，不能随意更改和调整，这是分析性的特点。

四、从韵律的注重程度看德昂语的分析性特点

韵律可以分为词法韵律和句法韵律两种基本类型，它是人类语言提高表达能力、增强表达效果的主要手段。不同语言韵律的强度、形式和特点不同，这与该语言的分析性强弱有关。德昂语作为以分析性为主的语言，在构词或凸显某个句法成分时也特别讲究韵律，即注重“词法韵律”。德昂语的韵律形式主要分为以下几种：

1. 元音舌位的搭配为“前高后低”

德昂语部分并列复合词在构词时受语义、语法的制约，而部分并列复合词则遵循语音和谐原则，即前一个语素的元音舌位比后一个语素高。例如：

kun ma 父母　　khuːr klɛi 风雨
父亲 母亲　　风 雨
pɔːm tau 饭菜　　kɔːn saːu 后代
饭 菜　　孩子 孙子

2. 音节的搭配为“前弱后强”

德昂语有许多“一个半音节”的单纯词，即前面的音节为无实际意义的弱化音节，后面的音节为一个有意义的语素。例如：

sˊŋaːi 太阳	aˊʐaːŋ 彩虹
kˊʔut 云	aˊvaːi 老虎
tˊʔaːŋ 德昂	pˊlɔh 门

3. 双声、叠韵、谐韵

德昂语的四音格词在构词时除了受到语义、语法的制约之外，部分四音格词还要遵循语音和谐规律，即一、三音节或二、四音节存在双声、叠韵或谐韵等韵律。例如：

hɔːm pɔːm hap tau 吃 饭 吃 菜	吃饭吃菜（二四音节不同，一三音节双声）
ʔukun ʔukɔːn 父亲 孩子	父子（一三音节相同，二四音节双声、谐韵）
ʔuta ʔuʐa 丈夫 妻子	夫妻（一三音节相同，二四音节叠韵）
laih gru laih graːm 洗 衣服 洗 （配音）	洗衣服（一三音节相同，韵律配音在后）

4. 重叠

音节重叠也是德昂语注重韵律的一种表现。单音节词重叠成双音节词、两个意义相关的单音节名词或意义相反的单音节动词各自重叠构成四音格词，以及部分单音节动词或形容词可以重叠做补语，重叠的功能是强调动作行为的结果。例如：

vaŋ 黑	vaŋ vaŋ 有点黑
tʃaːm 尝	tʃaːm tʃaːm 尝一尝
baʔ 花纹	baʔ baʔ 花花（的）
aˊsi 谁	aˊsi aˊsi 哪些（人）
dʒɔːm 跟	dʒɔːm dʒɔːm 跟跟（动作草率）
khuːr klɛi 风雨 风 雨	khuːr khuːr klɛi klɛi 风风雨雨 风 风 雨 雨
lip lɛh 进出 进 出	lip lip lɛh lɛh 进进出出 进 进 出 出
guk ʐam 打死 打 死	guk ʐam ʐam 打得死死的 打 死 死

ra:i khɔih 晒干　　　　　　　　　　ra:i khɔih khɔih 晒得干干的
晒　干　　　　　　　　　　　　　　晒　干　　干

5. 语调重音

德昂语句子焦点实现的最重要方式为语调重音。添加焦点标记词、省略非焦点成分等词汇、句法手段均可省略不用，但语调重音是不能不用的焦点表现手段，这是德昂语注重韵律的另一种表现。例如：

a. (muh) a´m̥ɯ a´sa:n ha:u hɔ:m khat.　　　　（是）昨天阿三去喝喜酒。
　是　　昨天　阿三　去　吃　结婚 / 婚礼
b. a´m̥ɯ（muh）a´sa:n ha:u hɔ:m khat.　　　　昨天（是）阿三去喝喜酒。
　昨天　是　　阿三　去　吃　结婚 / 婚礼
c. a´m̥ɯ a´sa:n（muh）ha:u hɔ:m khat.　　　　昨天阿三（是）去喝喜酒。
　昨天　阿三　是　　去　吃　结婚 / 婚礼

由以上几个例子可以看出，焦点标记词“muh（是，轻读）”位置的不同会产生不一样的句子焦点。换言之，如果焦点标记词“muh（是，轻读）”置于句中的某个论元成分之前，那么它后面的论元成分便是整个句子所要强调的重点信息。如 a 句强调时间状语“a´m̥ɯ（昨天）”，b 句强调主语“a´sa:n（阿三）”，c 句强调动宾短语“hɔ:m khat（喝喜酒）”。然而，焦点标记词“muh（是，轻读）”只是作为语调重音的辅助手段对句子焦点进行定位与强化，即使省略不用，上述各例中的焦点信息依然可通过语调重音来凸显，而且不改变整个句子的意义。

五、结语

文章通过参考与借鉴汉语、景颇语等汉藏语系语言的研究成果，从语言类型学及分析性的视角分析德昂语风吹坡话，并对德昂语分析性特点和非分析性特点进行尝试性的梳理和分析，发现部分德昂语单音节词存在词根附加前缀、变音等黏着、屈折性特点，但与黏着特征鲜明的嘉绒语、道孚语、普米语、羌语等语言相比，其黏着特征是比较弱的。同时，德昂语又具有单音节性强、词类活用能力较强、语序基本固定、在构词和凸显某个句法成分时注重韵律等分析性特点，但若与分析特征更为浓厚的彝语、哈尼语、布兴语、缅语等语言相比，其分析性特征又要显得弱些。在南亚语系诸语言中，相对于莽语、柬埔寨语而言，德昂语的黏着特征比较弱，但与佤语相比，佤语的分析性又比德昂语更强一些。因此，我们可以大体上将德昂语认定为以分析特点为主又兼有较多黏着、屈折特点的分析性语言。德昂语潜在的其他分析性特点，比如义项的扩大能力、双音节化等特点，还有待通过与亲属语言、非亲属语言的比较等多角度地分析与挖掘，从而更加全面、深入地认识德昂语的分析性特点。

参考文献

[1] 陈相木，王敬骝，赖永良 . 德昂语简志 . 北京：民族出版社，1986.

[2] 李云兵 . 中国南方民族语言语序类型研究 . 北京：北京大学出版社，2008.

[3] 刘丹青讲授，曹瑞炯整理 . 语言类型学 . 上海：中西书局，2017.

[4] 陈国庆 . 孟高棉语言前缀 . 语言研究，2010 年第 30 卷第 1 期 .

[5] 戴庆厦 . 汉语的特点究竟是什么 . 云南师范大学学报（哲学社会科学版），2014 年第 46 卷第 5 期 .

[6] 戴庆厦 . 再论汉语的特点是什么——从景颇语反观汉语 . 民族语文，2017（2）.

[7] 戴庆厦 . 论景颇语的分析性属性 // 北京大学中国语言学研究中心《语言学论丛》编委会 . 语言学论丛（第六十二辑）. 北京：商务印书馆，2020.

[8] 张海铭 . 现代汉语词类活用现象的多视角考察 . 陇东学院学报（社会科学版），2006 年第 17 卷第 2 期 .

汉语寻甸方言横山话“讲”的多功能性及语法化[①]

胡淇研

自《马氏文通》以来，汉语言说动词的研究引起人们的注意，并不断深化。一些专家对言说动词共时、历时特点进行分析，指出其演变发展过程和虚化机制。有的还从跨语言、跨方言角度进行专题论述，深化了言说动词的研究。

寻甸方言属云南汉语方言滇中方言片区，其言说动词“讲”具有许多不同于其他方言的丰富特点。本文运用描写语言学和语法化的理论与方法，以寻甸县横山话（以下简称“横山话”）为研究对象，对“讲”语法化的不同路径进行分析，指出不同标记反映了言说动词“讲”虚化的不同阶段。

一、横山话“讲”的多功能性

横山话的“讲”，跟普通话中的“讲”一样，主要作动词、介词使用。作动词时，表示言说意义，但能虚化为多种与言说意义有关的形式标记。做介词时，表示“就……而言”。例如：

（1）妈妈讲去街上逛逛去。

（2）他讲电脑有辐射。

（3）讲干活么他倒是比哪个都厉害。

（4）讲力气他倒是比你大的。

---

① 笔者是土生土长的云南昆明市寻甸县功山镇横山村人，自幼就说横山话。本文语料除来自笔者的母语外，其余内容从横山田野调查中取得。

例句（1）（2）的“讲”做动词使用。（3）（4）中“讲”做介词使用，表示“就……而言”的意义。“讲”还能虚化为转述、传闻、引语、从句、重申、语气、自我表述、话语等标记。分述如下：

（一）转述标记

“讲”转述别人的话语，标明话语内容的来源，具有传信功能。[①] 转述的话语可以是直接转述，也可以是间接转述。例如：

（1）讲医生不负责任。
（2）讲生得个儿子。
（3）讲叫我不要回寻甸了。
（4）讲今年生意好做得很。
（5）讲这次回去帮他带点药膏。
（6）讲明天要下雨还。

例（1）的意思是（某人）说“医生不负责任”。例（4）是（某人）说“今年生意很好做”。例（5）是（某人）说“这次回去帮他带点膏药”。

（二）传闻标记

“讲”位于句首或句末，表传闻，含有“听说”意义。例如：

（1）讲那个小娃这下还不是好好的。
（2）讲昆明的房价贵得很。
（3）讲老涛买得房子了。
（4）他家两个小娃都考上大学了讲。
（5）今年烤烟好卖得很讲。
（6）老虎要买车了讲。

例（1）的意思是“听说那个孩子现在也是好好的”。例（3）是“听说老涛（人名）已经买了房子了”。例（5）是“听说今年的烤烟很好卖”。

① 周娟：《新化方言言说动词“讲”的虚化及其制约因素》，载《暨南学报》（哲学社会科学版），2018（5），112 页。

这个“讲”含有转述的意义，但引出的内容来源不明确，无法辨别说话主体是“谁”。它与转述标记的区别是，在于转述的句子说话者是明确的，具体知道是“谁说的”；而传闻标记，说话者对信息的来源不明确，传闻的内容也具有不确定性。

（三）引语标记

“讲”做直接引语或间接引语标记，用于“主语＋讲+V+X”或“主语+V+O+讲+X”的结构中，起到标明话语X为引语的作用。①“讲”可以省略，但不影响基本意义，有了它附加引语的功能。例如：

（1）我讲问她咯要回去。

（2）奶奶讲问她们这几天生意咯好。

（3）二叔讲喊你帮他带点东西。

（4）我问他讲几时回来。

（5）妈妈告诉我讲买点菜。

（6）他咒我讲我是最成不得的。

例（1）的意思是“我说问她要不要回去”，也可是“我问她要不要回去”。例（3）是“二叔说让你帮他带点东西”或“二叔让你帮他带点东西”。（1）～（3）中，谓语的中心词在另一个动词上，“讲”并未完全虚化，仍含言说意义，省略不影响句子的表达；（4）～（6）中“讲”与前面的动词分开，言说义进一步弱化，成为引语标记。

（四）从句标记

“讲”用于“主语+V+讲＋从句”的结构中引导从句。该结构中的动词主要有：言说动词（说、问、喊、款、吹）、认知动词（认为、觉得、希望）和部分能愿动词（可能、应该、愿意）等。例如：

（1）我问讲他们几时回来。

（2）他吹讲他样样都会。

（3）他应该讲是会的。

① 周娟：《新化方言言说动词“讲”的虚化及其制约因素》，载《暨南学报》（哲学社会科学版），2018（5），111页。

（4）他说讲不去了。
（5）他认为讲这种做法不对。
（6）我觉得讲不行。

例（1）的意思是“我问他们什么时候回来”。例（2）是“他说他什么都会”。此时，“讲”意义完全虚化，可以省略，引导其后的宾语从句。

（五）重申标记

“讲”用于句首或句末，重申说话者已说过的话，常伴随着说话者不满、不耐烦、生气的情绪，语音上需要重读。例如：

（1）讲我们晚上就上去了。
（2）讲吃不掉，喊你少拿点。
（3）讲明日不来么后日来。
（4）在屋头还不是没得哪事讲。
（5）喊你忙着点讲。
（6）叫你冒乱讲。

例（1）的意思是“我们晚上就上去了”，“讲”含有“你之前已经问过，我再次告诉你”的意思。例（5）是“让你动作快一点”，发话人再次催促。“讲”重申的内容常是听话者已知的，说话者再一次说明，伴随着不耐烦的情绪。

（六）语气词

“讲”语音弱化，做句末语气词，表强调。例如：

（1）今日这个太阳烤得热乎乎的讲。
（2）屋头的猪还不是喂饲料长大的讲。
（3）我忘记掉了讲。
（4）整不来讲。
（5）无聊得很讲。
（6）累得很讲。

例（1）的意思是“今天的太阳晒得很暖和”。例（3）是“我忘记了”。例（5）是“很无聊”。“讲”无实义，做句末语气词，能使话语表达得更加顺畅自然。

（七）自我表述标记

“讲”位于句首或句末，表达说话者自己的观点，标明说话的主体是谁，隐含“告知”意义，语音上不用重读，句法上相当于连词。[①] 例如：

（1）讲冒煮了，我们忙不得来。
（2）讲这个电视也还是好看的。
（3）讲一下就回来了，你先去。
（4）讲这个车可以的，比国产的还好。
（5）讲回来吃晚饭了。
（6）讲不冷还是热的。

例（1）的意思是“不要煮了，我们太忙，来不了”。例（3）是“我一会就回来了，你先去”。“讲”前省略说话主体“我”。

（八）话语标记

“讲”位于句首或句中，用于开启新话题，抢占话题或者延续话轮。“讲”表明说话主体准备发表观点，提醒听话人注意。

1. 开启话题

“讲”位于句首，开启一个新的话题，目的是提醒或吸引听话人注意后面的内容。例如：

（1）讲你望望他家的房子还不是盖起来了。
（2）讲你望望我家这个瓜也没在了。
（3）讲咯是他家有个小娃了？

例句（1）~（3）的意思分别是“你看他家房子也盖起来了”“我家的瓜也没

① 林华勇、马喆：《廉江方言言说义动词“讲”的语法化》，载《中国语文》，2007（2），151 页。

了”“他家是不是有个小孩了”，“讲”开启了新的话题。

2. 接话、插话标记

“讲”用于句首或句中，表明说话者有意接话、准备插话或者抢夺话语权。其后有较长的语音停顿。例如：

（1）讲，这个事情想想还不是觉得怪我们。

（2）讲，要不是老人帮着，靠他们自己苦么有多很。

（3）讲，你的脾气么还不是改改。

例（2）的意思是“要不是有老人帮忙，靠他们自己赚钱没那么厉害”。“讲”后有语音停顿，常用逗号隔开。

3. 延续话题

“讲”用于句中，承接上文内容，延续整个话语，能使交际衔接更加顺畅自然，具有吸引听话人注意及延续话轮的作用。例如：

（1）我说我们打算在寻甸生么，讲回去做系统 B 超，讲问问姑妈咯可以。姑妈说寻甸做不成么去昆明做，到时候回来建册检查就行了。

（2）对话情景：甲：我妈，我小弟几时回去呀？

乙：讲你老表们上来，怕是跟着你老表们去，讲今天他跟着坐车回去考试，讲他先回去么可以帮帮忙，到时候我们车坐不下。

甲：哦，好嘛。

例（1）的“讲”意义主观化为“想”，用于衔接话语。例（2）中“讲”承接上文内容，延续整个话语交际。做话语标记时，“讲”可以连续多次出现于交际语境中。

二、横山话“讲”的虚化演变链

上文显示“讲”一词具有多重意义，并不断虚化。不同的虚化意义相互间是有联系的，能够构拟出一条虚化的演变链。下文对其演变过程进行具体分析。

语言演变链（Evolutionary Chain），是指语言间存在的不同特点反映出的语言演变关系。它如同一条由多个链节构成的链条，把不同语言出现的特点有机地连接在一起，表明这些不同特点在演变过程中的地位、性质（包括演变的先后、主次、方向等），系统地展示这一语言群在历史演变中存在的共同演变规律。[①] 演变链可通过语言和方言的比较获得，也可以通过一种语言内不同要素的比较获得。笔者根据横山话“讲”的语义特点和句法相关性，并参考汉语其他方言的演变，认为“讲”的多重意义间有其内部虚化的链接性，归纳出以下三条演变链。

（一）言说动词→转述标记（传闻标记）→引语标记→从句标记

从语义功能的强弱来看，横山话中“讲”经历了“言说动词到从句标记”的语义弱化过程。言说动词“讲”前成分的已知和无定性，使其前的成分可以省略，成为转述标记或传闻标记；再经过句法上的重新分析，语义不断弱化成为引语标记；在“主语 +V+ 讲 + 从句”结构中，一开始“讲”与其他动词共现，言说义进一步弱化，然后类推与感官、心理、认知动词连用，言说义脱落，成为从句标记。横山话的从句标记“讲”由引语标记虚化而来，从跨语言、跨方言的角度看，“讲”有可能进一步虚化为“标句词”。例如：

（1）他讲应该是个小姑娘。　　（主 +$V_{讲}$+ 宾）→（动词）

（省略“讲”前的成分）↓↓

（2）讲我家的橘子树被别人拔掉了。　　（讲 + 主 + 谓 + 宾）→（转述标记）

（讲 +V 共现，“讲”含转述义，V 弱化）↓↓

（3）奶奶讲问我们几时放假。　　（主 + 讲 +V+ 其他）→（开始引语标记）

（“V+O+ 讲”，“讲”语义弱化）↓↓

（4）我问他讲给要回去。　　（主 +V+O+ 讲 + 其他）→（过渡引语标记）

（“V+ 讲”结构，“讲”语义虚化）↓↓

（5）爸爸喊讲快点回去。　　（主 +V+ 讲 + 其他）→（完全引语标记）

（“$V_{认知}$+ 讲”，“讲”语义泛化）↓↓

（6）他觉得讲这种做法不对。　　（主 +$V_{认知}$+ 讲 + 句子）→（从句标记）

例（1）的“讲”是言说动词；例（2）“讲”前的内容具有已知性，可以省略，“讲”含“某人说”的意义，成为“转述标记或传闻标记”；例（3）中，补出前面的主语，“讲”处于“主语 + 讲 +V+ 其他”结构中，含“转述”意义，受其后动词的影响，语义弱化，成为“具有转述性质的引语标记”；例（4）中，“讲”位于前项动词

① 戴庆厦：《论亲属语言演变链》，载《贵州民族学院学报》（哲学社会科学版），2011（2），86 页。

宾语后，意义进一步弱化，用于引出后面的内容；例（5）“讲”受前一个言说动词的影响，意义泛化，成为引语标记；例（6）的“讲”与认知动词连用，言说意义完全消失，用于引导从句。从（1）~（5），“讲”的语义逐渐弱化，言说意义逐渐丢失，但仍能找到“言说义”痕迹。至（6），“讲”受认知动词的影响，言说义完全丢失，成为引导从句的标记词。

这种演变，在汉语方言和其他语言中也存在。Heine & Kuteva（2002），刘丹青从跨语言的研究中发现，言说动词虚化成标句词是一个普遍的语法现象；[①] 李明、贝罗贝、曹茜蕾认为言说动词发展成标句词经过认知阶段的语义泛化；黄燕旋认为揭阳方言言说动词“呾”经历了“言说动词→引语标记→准引语标记→标记词”的语法化过程，言说动词发展为标句词的关键阶段是引语标记阶段；[②] 方梅则认为北京话里的“说”经历了“言说动词→引语标记→准标句词→标句词”的演变发展；[③] 林华勇、马喆对比普通话、广州、廉江、汕头方言，认为“讲”经历了“动词→自我表述标记→准标句词→标句词”逐渐虚化的过程；[④] 周娟认为新化方言“V 言说 + 讲（引语标记）+ 小句宾语”结构中，“讲”受转喻机制的促动，逐渐脱离言说义，不断转指和泛化，演化成宾语从句标记。[⑤] 不同语言、方言中言说动词的语法化阶段不同，语法化动因有其演变的内部联系性。

（二）言说动词→重申标记→语气词

根据句法的重新分布，横山话“讲”经历了“言说动词→重申标记→语气词”的虚化过程。语气词“讲”由言说动词省略后续成分或修饰成分，重新分布而来。例如：

（1）他讲够了是。　　（主语 +V讲 + 其他）→（动词）

（省略主语，重读）↓↓

（2）讲是你网的问题。　　（讲 + 其他）→（重申标记）

（句法重新分布）↓↓

① 刘丹青：《汉语里的一个内容宾语标句词——从“说道”的“道”说起》，见《庆祝〈中国语文〉创刊50 周年学术论文集》，北京，商务印书馆，2004。

② 黄燕旋：《揭阳方言言说动词“呾”的语法化》，载《中国语文》，2016（6）。

③ 方梅：《北京话里“说”的语法化——从言说动词到从句标记》，载《中国方言学报》，2006（1）。

④ 林华勇、马喆：《廉江方言言说义动词“讲”的语法化》，载《中国语文》，2007（2），151 页。

⑤ 周娟：《新化方言言说动词“讲”的虚化及其制约因素》，载《暨南学报》（哲学社会科学版），2018（5），111 ~ 112 页。

（3）整不成讲。　　（其他 + 讲）→（重申标记）

（读音弱化）↓↓

（4）今年雨水多得很讲。　　（其他 + 讲）→（语气词）

例（1）的“讲”是言说动词；例（2）“讲”前省略主语，重读，变成重申标记；例（3）中“讲”读音弱化，句法上重新分布，成为句末重申标记词；例（4）“讲”的读音进一步弱化，成为句末语气词。

在汉语的其他方言中，言说动词转变成语气词也是一种常见的现象。谷峰认为古汉语语气词“云”从“内容宾语（+NP）+ 云”中的言说义动词“云”虚化而来，遵循“转述义—听说义—不置可否义—不确信义”的演化路径，演化出不置可否、不确定、推测的意义；[①] 郑良伟指出台湾闽语的“讲”有表催促、提醒的语气；钱奠香认为海南屯昌话的“讲”表出乎意料的语气；黄燕旋认为揭阳方言言说动词“呾”经历“言说动词→准语气词→语气词”的发展过程，衍生出反驳语气的用法，且“呾”向语气词演变是一种省略引发的语法化现象。[②]

（三）言说动词→自我表述标记（连词）→话语标记

从语用功能来看，“讲”能从言说义向认知义转化，主观化为连词，随之弱化成话语标记。例如：

（1）他讲忙不得。　　（主语 +$V_{讲}$+ 其他）→（动词）

（省略主语，意义虚化）↓↓

（2）讲不咂了这个烟。　　（讲 + 其他）→（连词）

（语义弱化）↓↓

（3）讲咯是他家老人没在掉了嘎。　　（讲 + 其他）→（话语标记）

例（1）的“讲”是言说动词；例（2）中，“讲”前省略主语，意义虚化，成为连词；例（3）中“讲”位于句首，语义弱化，不表达真值语义关系，用作组织言谈的话语标记。

横山话的“讲”做话语标记时，构成“X+ 讲”的结构。例如：

（1）我讲是他的福气，我讲好好地带的，我讲人家没得个爹妈，小娃带大么还不

① 谷峰：《从言说义动词到语气词——说上古汉语“云”的语法化》，载《中国语文》，2007（3），235 页。

② 黄燕旋：《揭阳方言言说动词“呾”的语法化》，载《中国语文》，2016（6）。

是认自家的。

（2）我讲他怕是起来早了，我讲喊他再睡下。他说不睡了，他听见有喇叭响，可能是班车上来了。我恁个讲怕不是，班车不会来恁个早。

例句中“我讲 / 我恁个讲”已经词汇化为一个固定结构，无实义，做话语标记。“我讲”引导的话语常置于“我恁个讲”之前，“我恁个讲”含有再次强调说话者所说内容的作用。此外，横山话中类似的结构“讲么讲”“讲么是恁个讲”“讲么是讲”也处于词汇化链条上，语义虚化，凝固成一个固定的形式，用于自然口语中，有引进话题、连接话语、组织话语的功能。

汉语中也存在这种演变路径。董秀芳认为现代汉语中有很多两音节和三音节的词“X 说”正处于词汇化的过程中，其意义也从言说义向认知义转化；[①] 王静考察了现代汉语中“我说”的语音、语义、句法分布、词汇化、语法化情况认为，“我说”的语义虚化伴有主观化倾向，由一个非词单位逐渐发展为词，用于连接篇章，具有组织话语的作用；刘芳也认为动词“说”经过认知上的主观化，虚化成连词成分，进而词汇化为话语标记；Lord、Heine etal. 和 Saxena 等人研究表明，具有某种显著语义特征的过程动词可通过语法化形成表示小句连接的语法标记，言说动词“说”由单纯的实义动词发展演变为表原因的从属连词；喻薇、姚双云认为言说动词“说”能从具体行为泛化指向抽象概念，并能与其他语素组合成表示多种不同功能的话语标记；[②] 方梅论述了自然口语中连词的弱化现象，连词不再表达真值语义关系，而被用做组织言谈的话语标记。[③]

三、结语

综上所述，横山话的“讲”除做动词、介词外，已虚化成转述、传闻、引语、从句、重申、语气、自我表述、话语等标记。根据语义功能强弱、句法的重新分布以及语用功能的不同，存在以下三条演变链：

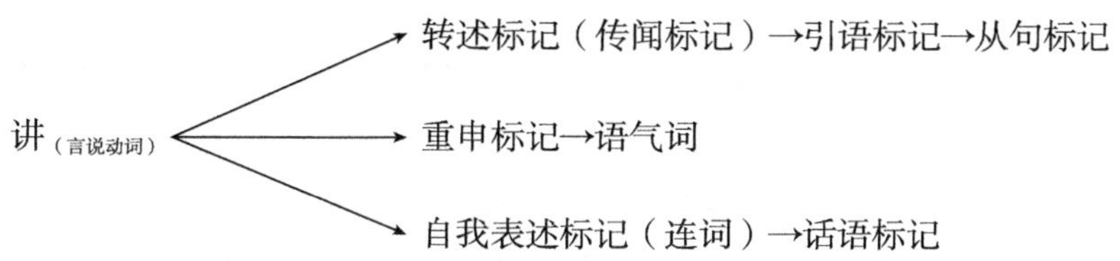

① 董秀芳：《“X 说”的词汇化》，载《语言科学》，2003（2），56 页。

② 喻薇、姚双云：《言说动词“说”的语法化考察》，载《湖北师范大学学报》（哲学社会科学版），2018（2），11 页。

③ 方梅：《自然口语中弱化连词的话语标记功能》，载《中国语文》，2000（5），459 页。

“讲”具有如此强烈的虚化功能，大约与横山话的强分析性特点有关。分析性语言缺少形态，主要通过词根语的语义表示各种语法关系。这一属性使得词语特别是常用词语出现了一词多功能的现象，即同一个词能够表达多种不同的意义。横山话“讲”的语法化，既是分析性语言的需要，又是语言经济原则的需要。从“讲”一词的语义和功能的变化可以看到横山话动词的演变途径。

参考文献

［1］周娟 . 新化方言言说动词“讲”的虚化及其制约因素 . 暨南学报（哲学社会科学版），2018（5）：111–112.

［2］黄燕旋 . 揭阳方言言说动词“呾”的语法化 . 中国语文，2016（6）：686.

［3］林华勇，马喆 . 廉江方言言说义动词“讲”的语法化 . 中国语文，2007（2）：151.

［4］戴庆厦 . 论亲属语言演变链 . 贵州民族学院学报（哲学社会科学版），2011（2）：86.

［5］谷峰 . 从言说义动词到语气词——说上古汉语“云”的语法化 . 中国语文，2007（3）：235.

［6］董秀芳 .“X 说”的词汇化 . 语言科学，2003（2）：56.

［7］喻薇，姚双云 . 言说动词“说”的语法化考察 . 湖北师范大学学报（哲学社会科学版），2018（2）：11.

［8］方梅 . 自然口语中弱化连词的话语标记功能 . 中国语文，2000（5）：459.

［9］张安生 . 西宁回民话的引语标记“说着”、“说”. 中国语文，2007（4）.

［10］方梅 . 北京话里“说”的语法化——从言说动词到从句标记 . 中国方言学报，2006（1）.

［11］戴庆厦 . 汉语的特点究竟是什么 . 云南师范大学学报（哲学社会科学版），2014（5）.

［12］高增霞 . 现代汉语连动式的语法化视角 . 北京：中国社会科学院博士论文，2003.

［13］田源 . 汉语“说”类动词研究 . 武汉：华中师范大学硕士论文，2007.

［14］施伟伟 . 现代汉语传信标记“X 说”研究 . 长春：吉林大学博士论文，2017.

［15］刘丹青 . 汉语里的一个内容宾语标句词——从“说道”的“道”说起 // 庆祝《中国语文》创刊 50 周年学术论文集 . 北京：商务印书馆，2004.

［16］中国社会科学院语言研究所词典编辑室 . 现代汉语词典 . 第 7 版 . 北京：商务印书馆，2017.

［17］吴积才 . 云南省志·卷五十八·汉语方言志 . 昆明：云南人民出版社，1989.